Thomas Schweinschwaller &
Georg Zepke (Hrsg.)

Selbstorganisation konkret!
Empirische Befunde zu Möglichkeiten und Grenzen von Agilität
und Selbstorganisation

Thomas Schweinschwaller
& Georg Zepke (Hrsg.)

Selbstorganisation konkret!
Empirische Befunde zu Möglichkeiten und
Grenzen von Agilität und Selbstorganisation

texte zur systemischen
organisationsforschung

Auch als E-Book erhältlich.

© Georg Zepke, 2021
Verlag: T.S.O. Texte zur Systemischen Organisationsforschung, Wien
www.organisationsforschung.at
Grafische Gestaltung: Lars Huetz (4h-digital.de), Nele Steinborn, Wien
Lektorat: Mag[a]. Dr. Michaela Fasching, Helmut Gutbrunner, Wien
Herstellung: BoD – Books on Demand, Norderstedt
ISBN: 978-3-9504160-2-2

Inhalt

Vorwort | *Gerhard Benetka* — 7

Einleitung. Selbstorganisation und Agilität beforschen | *Georg Zepke & Thomas Schweinschwaller* — 9

1 Verortung der Selbstorganisation und Einführung in die grundlegenden Konzepte und Ansätze — 17

Die Welt in Bewegung: Auswirkungen auf das Verständnis von Arbeit | *Thomas Schweinschwaller* — 18

Auf der Suche nach Alternativen: Konzepte und Ansätze der Selbstorganisation im Überblick | *Georg Zepke & Thomas Schweinschwaller* — 38

Selbstorganisation in sozialen Systemen: Selbstverständlichkeit oder Widerspruch? | *Georg Zepke* — 63

2 Erfahrungen mit agilen Ansätzen in der Softwareentwicklung — 83

Anforderungen an Führungskräfte agiler Softwareentwicklungsteams | *Gernot Weißensteiner* — 84

Scrum unter allen Umständen? Probleme bei der Einführung und dem Einsatz von Scrum | *Mario Dambauer* — 96

Retrospektiven in agilen Softwareprojekten: Reflexion in selbstgesteuerten Teams | *Andrea Alexa & Georg Zepke* — 105

3 Hierarchien dekonstruieren und mit Alternativen experimentieren — 117

Neue Organisationsformen in hierarchiefreien und hierarchiereduzierten Unternehmen | *Christian Hauser* — 118

Kollektivierte Orte des Entscheidens in Organisationen mit nicht-hierarchischem Anspruch | *Claud A. Goutrié* — 129

Schulorganisation 2.0 – Zur Einführung von Soziokratie im Schulsystem | *Elisabeth Scherrer* — 142

4 Querschnittsthemen: Lernen, Führungsverständnis und implizite Praktiken — 153

Selbstgesteuertes Lernen von Mitarbeiter*innen durch Personalentwicklung fördern | *Sandra Nowak* — 154

Linienmanagement im selbstorganisierten Umfeld – zwischen Dezentralisierung von Macht und Revitalisierung eigenschaftstheoretischer Führungskonzepte | *Petra Morgenbesser* — 165

Implizite Praktiken der Selbstorganisation in Non-Profit-Organisationen | *Klaus Kreisel* — 176

5 Ausblick — 185

Zusammenfassende Diskussion und weiterführende Perspektiven | *Thomas Schweinschwaller & Georg Zepke* — 186

Literatur — 193

Autor*innen — 201

Vorwort

Gerhard Benetka

Das „Herzstück" des vorliegenden Bandes bilden empirische Untersuchungen, die als Abschlussarbeiten im Rahmen des an der Fakultät für Psychologie der Sigmund Freud PrivatUniversität, Wien in Kooperation mit der ARGE Bildungsmanagement durchgeführten Universitätslehrgangs *Beratungswissenschaften und Management sozialer Systeme* eingereicht und approbiert wurden. Es handelt sich bei diesem Universitätslehrgang um ein „berufsbezogenes Studium", d. h. um einen Lehrgang, in dem die vielfältigen beruflichen Erfahrungen, die die Studierenden einbringen, gewissermaßen den Stoff für den Unterricht abgeben. Der akademische Grad, mit dem diese Ausbildung abschließt, verweist darauf, dass diese beruflichen Erfahrungen eben nicht nur zum Gegenstand einer fachlichen Reflexion, sondern auch zum Gegenstand einer *wissenschaftlichen* Untersuchung gemacht werden sollen.

Freilich ist dieser wissenschaftliche Anspruch nicht leicht einzulösen. „Das Bekannte überhaupt", sagt Hegel, „ist darum, weil es bekannt ist, nicht erkannt." Praktiker*innen scheint es grundsätzlich an der nötigen Distanz zu fehlen, um ihre eigene Berufspraxis einer wissenschaftlichen Kritik zu unterziehen. Zudem mangelt es ihnen oft an profunder sozialwissenschaftlicher Expertise. Andererseits leidet die von professionellen Sozialforscher*innen durchgeführte Praxisforschung oft an eben dieser Distanz zur Berufspraxis, was sich vor allem darin äußert, dass ihre Ergebnisse für die Praktiker*innen selbst bisweilen wenig relevant sind. Die wissenschaftliche Praxis folgt zum Teil Regeln, die für den berufspraktischen Alltag ohne Belang sind. Wissenschaftliche Forschung ist z. B. der Einhaltung der Gesetze der formalen Logik verpflichtet, für Handlungsvollzüge in der Berufspraxis sind formallogische Gesichtspunkte letztlich irrelevant. Wichtiger noch ist vielleicht der Aspekt der Zeit: Praktiker*innen handeln unter Zeitdruck, sie müssen hier und jetzt Entscheidungen treffen. Ist eine Entscheidung getroffen, so ist sie nicht mehr ungeschehen zu machen. Völlig anders die Verhältnisse in der Wissenschaft: Immer wieder kann der*die Wissenschaftler*in, wenn etwas nicht funktioniert, von Neuem, von vorne beginnen, in den Büchern zurück- und wieder vorblättern, kann nochmals die Quellen befragen, kann eine Untersuchungsstrategie verwerfen und eine andere, neue organisieren. Der Pfeil der Zeit ist, während er in der beruflichen Praxis wie im alltäglichen Handeln nach vorne gerichtet ist, in der Wissenschaft umkehrbar.

Was kann man tun, um diese strukturelle Differenz zwischen Wissenschaft und Praxis zu überwinden? In der Wissenschaftstheorie zentral ist die Unterscheidung zwischen der Beobachtung aus der Perspektive der ersten und der Beobachtung aus der Perspektive der dritten Person. Dazwischen gibt es etwas, das man eine Beobachtung aus der Perspektive der zweiten Person nennen könnte: die Generierung von neuem Wissen aus dem Dialog heraus. Auf diesem Prinzip fußt die Psychotherapie, und nicht zufällig fallen in der Psychotherapie – man denke an die Rolle, die Fallgeschichten z. B. in der Geschichte der Psychoanalyse spielen! – Therapie und Forschung oft zusammen. Gilt für die Beratung nicht Ähnliches? Ist nicht auch sie Wissensgenerierung aus dem Dialog heraus? In Bezug auf die Gültigkeit des Beratungswissens könnte man in Analogie zur Psychotherapie formulieren: Valide sind Hervorbringungen aus einem Dialog dann, wenn beide Dialogpartner*innen diese gemeinsame Hervorbringung konsensuell als gültig anerkennen. Unversehens mutiert das Paradigma der Beratung zu einem Forschungsparadigma – zu einem in Zukunft vielleicht brauchbaren Paradigma der Praxisforschung.

Den beiden Herausgebern dieses Bandes sei dafür gedankt, dass sie mit ihrer Arbeit empirischen Studien aus dem Universitätslehrgang zur Veröffentlichung verholfen haben. Sie stärken damit eine Überzeugung, die der Entwicklung der Lehrpläne zugrunde lag: dass nämlich der Umstand, dass die Studierenden ihre eigenen beruflichen Zusammenhänge zum Untersuchungsgegenstand machen, den Wissenschaftler*innen, die sie unterrichten und anleiten, einen Zugang zu Ausschnitten und Perspektiven einer sozialen Realität verschafft, die für die sozialwissenschaftliche Forschung auf anderem Wege vielleicht gar nicht zu erfassen wären.

Univ.-Prof. Mag. Dr. Gerhard Benetka

Dekan der Fakultät für Psychologie, Sigmund Freud Privat Universität, Wien

Einleitung. Selbstorganisation und Agilität beforschen

Georg Zepke und Thomas Schweinschwaller

Kaum ein Thema der Organisationsentwicklung wird aktuell so lebhaft diskutiert wie die Möglichkeiten und Grenzen, die mit der Anwendung „neuer" agiler, partizipativer und hierarchiefreier Konzepte in unterschiedlichen Organisationstypen verbunden sind. Unter Bezugnahme auf unterschiedliche Konzepte und Begrifflichkeiten wie New Work, Agilität, Soziokratie und Holokratie, kollegial geführte Unternehmen, „Reinventing Organizations" etc. werden in immer mehr Unternehmen Initiativen gestartet, neue Strukturen eingeführt, Vertreter*innen von erfolgreich entwickelten Praxismodellen und Selbststeuerungskonzepten eingeladen, Kongresse organisiert und Diskussionen geführt. Auch wenn sich zu den oft kraftvollen und plausiblen Plädoyers für gänzlich neue und ganzheitlichere Organisationsformen zunehmend kritische Stimmen dazugesellen (vgl. etwa Kühl, 2017, 2019; Bauer, Hohl & Zirkler, 2019) und von Praktiker*innen nach wohl zuweilen überzogenen Erwartungen Ernüchterung geäußert wird: Selten war die Zeit für das Erproben und Etablieren neuer kollektiver Führungskonzepte und innovativer Organisationsmodelle so günstig wie jetzt!

Dieser Band möchte einen Beitrag zur Zwischenbilanz von bisherigen Erfahrungen auf Basis von qualitativen Studien leisten und Ergebnisse aus Untersuchungen zur praktischen Umsetzung unterschiedlicher Facetten und Ansätzen von Selbstorganisation zur Verfügung stellen. Dabei ist es nicht das Ziel, einen weiteren Ansatz oder ein neues Instrument daraus abzuleiten; vielmehr geht es darum, auf empirischer Basis Erfolgsfaktoren, aber auch Herausforderungen und Schwierigkeiten in der konkreten Anwendung von Selbstorganisationskonzepten und -praktiken herauszuarbeiten.

Die Beiträge in diesem Band sollen dazu ermutigen, im eigenen Wirkungsbereich nach Alternativen zu tradierten hierarchischen Organisationsmodellen zu suchen; das Bedürfnis nach Lust und Freude an der Arbeit als Quelle der Entfaltung ernst zu nehmen und verstärkt auf die Funktionstüchtigkeit von selbstgesteuerten Teams zu vertrauen. Wir sind davon überzeugt, dass die Möglichkeiten von innovativen Organisationsmodellen noch lange nicht erkundet und ausgereizt sind.

Gleichzeitig ist das Buch aber auch von einer kritischen Haltung gegenüber überzogenen Erwartungen, was Selbstorganisationskonzepte in Organisationen leisten können und leisten sollen, durchzogen. Deshalb werden auch Grenzen, Schwierigkeiten und Herausforderungen, die mit der Umsetzung verbunden sind, fokussiert.

Im ersten Teil des Bandes werden *Selbstorganisationsthemen in ihrem gesellschaftlichen Kontext* diskutiert, *grundlegende Konzepte und Ansätze* vorgestellt und ihre *organisationstheoretische Verortung* dargelegt:

„Die Welt in Bewegung: Auswirkungen auf das Verständnis von Arbeit" (Thomas Schweinschwaller)

Die Brisanz des aktuellen Diskurses rund um Selbstorganisation lässt sich nur in seinem gesellschaftlichen Zusammenhang verstehen. In diesem Beitrag erfolgt ein historischer Abriss der sich wandelnden Bedeutung von Arbeit, insbesondere der Auswirkungen, die mit der zunehmend umfassenden Digitalisierung verknüpft sind. Aus aktuellen gesellschaftlichen Megatrends werden Konsequenzen für den aktuell hohen Stellenwert von Selbstorganisation und Agilität gezogen.

„Auf der Suche nach Alternativen: Konzepte und Ansätze der Selbstorganisation im Überblick" (Georg Zepke und Thomas Schweinschwaller)

In diesem Beitrag werden nach einer Definition von Selbstorganisation einige Vorläufermodelle sowie wesentliche, dem Konzept von Selbstorganisation zugrunde liegende Ansätze, auf die oft Bezug genommen wird, wie etwa Soziokratie und Holokratie, New Work, agile Methoden (wie Kanban und Scrum) sowie die einflussreichen Überlegungen zur „integralen evolutionären Organisation" (Laloux, 2015), in kompakter Form dargestellt.

„Selbstorganisation in sozialen Systemen: Selbstverständlichkeit oder Widerspruch?" (Georg Zepke)

Bei der Befassung mit Selbstorganisation steht man rasch vor der Herausforderung zu definieren, welche Aspekte tatsächlich neue und erfolgversprechende Beiträge zur Organisationsgestaltung darstellen, welche sich hingegen auf Neuakzentuierung beschränken oder gar Grenzen der Umsetzbarkeit ausblenden. Anhand von sechs Schlüsselthemen wird versucht, die damit verbundenen Spannungsfelder organisationstheoretisch auszuleuchten.

Der zweite Teil des Bandes, das Herzstück, setzt sich aus kompakten Beiträgen mit *empirischen Ergebnissen* zu Forschungsfragen rund um unterschiedliche Praktiken der Selbstorganisation und Agilität zusammen. Die Beiträge basieren auf Masterarbeiten, die im Rahmen des Universitätslehrgangs Beratungswissenschaften der Fakultät für Psychologie der Sigmund Freud PrivatUniversität Wien, der in Kooperation mit der ARGE Bildungsmanagement durchgeführt wird, entstanden sind. Die Arbeiten wurden durchgehend von erfahrenen Berater*innen, Führungskräften und Praktiker*innen verfasst, die sich im Anschluss an einen mehrjährigen Universitätslehrgang zu „Coaching, Organisations- & Personalentwicklung" bzw. „Supervision, Coaching & Organisationsentwicklung" im Zuge ihrer Masterarbeit vertieft mit den theoretischen Hintergründen von Agilität und Selbstorganisationskonzepten befasst und aus ihrer Praxis entstandene Forschungsfragen empirisch untersucht haben.

Methodisch wurde bei den für diesen Band ausgewählten Masterarbeiten eine qualitative Forschungsstrategie verfolgt, um der Differenziertheit, dem Facettenreichtum und auch der Widersprüchlichkeit des Forschungsgegenstandes gerecht zu werden. Das bedeutet, dass bei allen Arbeiten qualitative Erhebungsmethoden – wie teilstrukturierte Interviews etwa mit Führungskräften und Mitarbeiter*innen sowie Berater*innen und Expert*innen – eingesetzt wurden.

Mit qualitativen Forschungsstrategien werden nicht vorab definierte Hypothesen geprüft, das Ziel sind nicht Ergebnisse mit universellem Geltungsanspruch oder betriebswirtschaftlich finanziell ausdrückbare Wirkungsanalysen. Vielmehr wird versucht, auf Basis eines offenen und vertieften Ausleuchtens der Einschätzungen von Akteur*innen im Feld – und damit als Expert*innen von gelebter (Selbst-)Organisationspraxis – „dichte Beschreibungen" des Themas zu entwickeln, Erfahrungswissen zu systematisieren und daraus verallgemeinerbare Hypothesen abzuleiten (Zepke,

2016). Die Qualität einer qualitativen Forschungsarbeit kann dabei nicht durch dieselben Gütekriterien (Validität, Reliabilität und Objektivität), die bei quantitativen – etwa fragebogenbasierten – Forschungsprozessen sinnvoll sind, bestimmt werden, sondern durch spezifische qualitative Gütekriterien wie Regelgeleitetheit, intersubjektive Nachvollziehbarkeit, kommunikative Validierung etc. (vgl. etwa Steinke, 2009; Zepke, 2016).

Durch die unterschiedlichen Praxiserfahrungen der Studienautor*innen konnten Zugänge in Praxisfelder hergestellt werden, die für ausschließlich wissenschaftlich tätige Forscher*innen – etwa an der Universität – kaum möglich wären. Zudem ist die Güte des Datenmaterials sehr hoch, u. a. aufgrund der hohen Qualität der Interviewführung durch die Ausbildung der Autor*innen in systemsicherer Gesprächsführung.

In Summe wurden über hundert Interviews mit Gründer*innen, Führungskräften, Mitarbeiter*innen, Branchenexpert*innen und Berater*innen geführt, die sich mit Selbstorganisation und Agilität im Unternehmenskontext beschäftigen. Dabei wurden die Erfahrungen aus etwa fünfzig unterschiedlichen Organisationen berücksichtigt, wovon etwa zwei Drittel dem Profit-Bereich zuzuordnen sind, wobei sowohl Klein-, Mittel- als auch Großbetriebe der IT-Branche, des Handels und der Dienstleistungsbranche befragt wurden. Ein Drittel der untersuchten Organisationen gehört dem Non-Profit-Sektor an bzw. ist mit Themen der Zivilgesellschaft befasst.

Die dargestellten neun Arbeiten sind in drei thematische Bereiche („Agilität", „Hierarchiefreiheit" und „übergreifende Themenstellungen") zusammengefasst. Die ersten drei befassen sich mit *Erfahrungen mit agilen Ansätzen* in der Softwareentwicklung. Gerade die agile Softwareentwicklung und die seit Anfang des Jahrtausends verstärkt umgesetzten agilen Ansätze als Reaktion auf die oftmals ernüchternden Erfahrungen mit dem gerade im dynamischen IT-Umfeld viel zu unflexiblen klassischen Projektmanagement sind ein wesentlicher Impulsgeber für die Selbststeuerung auch in anderen Branchen.

Einleitung

*„Anforderungen an Führungskräfte agiler Softwareentwicklungsteams"
(Gernot Weißensteiner)*

Führung wird in der agilen Softwareentwicklung keineswegs überflüssig. Die Aufgabe bei der Leitung selbstgesteuerter Teams führt jedoch zu wesentlichen Veränderungen in den Anforderungen an die Führungskräfte. In diesem Beitrag wird untersucht, welches Selbstverständnis von Führung und welche konkreten Praktiken sich in der Praxis herauskristallisieren, um das widerspruchsreiche Anforderungsprofil zu erfüllen. Daraus werden vier unterschiedliche Strategien und Typen abgeleitet, wie agile Führungskräfte auf Herausforderungen in ihren Unternehmen reagieren.

„Scrum unter allen Umständen? Probleme bei der Einführung und dem Einsatz von Scrum" (Mario Dambauer)

Scrum ist ein besonders verbreitetes agiles Verfahren, bei dem Projekte mit kleinen, sich selbst organisierenden Teams mittels eines iterativen Prozessrahmens umgesetzt werden. Doch nicht immer erfüllt die Einführung von Scrum die gesetzten Erwartungen. In diesem Beitrag werden Problemfelder und Herausforderungen bei der Einführung von Scrum dargestellt, um daraus Konsequenzen für die Praxis ableiten zu können.

„Retrospektiven in agilen Softwareprojekten: Reflexion in selbstgesteuerten Teams" (Andrea Alexa und Georg Zepke)

Nicht nur Flexibilisierung und Tempoerhöhung sind wesentliche Bestandteile agiler Praxis, die gegenläufigen Elemente – das achtsame Innehalten und Verlangsamen sowie die rückblickende Reflexion von Prozessen im Rahmen von so genannten „Retrospektiven" – sind ebenso wichtig. Doch auf welche Schwierigkeiten stößt die Umsetzung der Retrospektive in der Praxis? In diesem Beitrag werden die Herausforderungen, die mit der Reflexion insbesondere von zwischenmenschlichen gruppendynamischen Themen verknüpft sind, fokussiert. Des Weiteren werden wesentliche Erfolgsfaktoren für den Einsatz von Retrospektiven als wirkungsvollen Reflexionsverfahren erarbeitet.

Während in der agilen Methodik die Selbstorganisation vor allem auf den Einsatz selbstgesteuerter Teams sowie auf weitaus flexiblere Methoden und

Formate zur Arbeit etwa an Projekten setzt, wird von anderen Ansätzen versucht, in noch umfassenderer Weise und auf der Ebene der gesamten Organisation *Hierarchien zu dekonstruieren und mit Alternativen zu experimentieren.* Dabei handelt es sich nicht nur um Wirtschaftsunternehmen, sondern insbesondere auch um Non-Profit-Organisationen und zivilgesellschaftliche Initiativen und Einrichtungen, die sich verstärkt mit Selbststeuerung befassen.

„Neue Organisationsformen in hierarchiefreien und hierarchiereduzierten Unternehmen" (Christian Hauser)

Organisationen mit kollektivierten Führungsstrukturen stehen oft vor der Frage, worin und durch welche neuen Praktiken und Vorgehensweisen sowie Organisationsformen sie sich nun konkret von konventionellen Unternehmen unterscheiden. In diesem Beitrag werden einige wesentliche Praktiken herausgearbeitet. Zudem wird die mit neuen Organisationsformen verknüpfte Anforderung an die individuelle Selbstorganisation als wesentlicher Faktor für eine erfolgreiche Umsetzung neuer Organisationsmodelle dargestellt.

„Kollektivierte Orte des Entscheidens in Organisationen mit nicht hierarchischem Anspruch" (Claud A. Goutrié)

Entscheidungen sind systemtheoretisch betrachtet das Schlüsselelement von Organisationen, insbesondere in Zeiten der Veränderung. Dementsprechend verdichtet sich in Organisationen mit nicht hierarchischem Anspruch die Frage des Gelingens der Organisation, v. a. hinsichtlich deren Umgangs mit Entscheidungen. In diesem Beitrag wird skizziert, welche kollektivierten Orte des Entscheidens sich als Alternative zur traditionellen Führung herauskristallisieren und anhand welcher Dimensionen sich erfolgreich etablierte Entscheidungsorte darstellen lassen.

„Schulorganisation 2.0 – Zur Einführung von Soziokratie im Schulsystem" (Elisabeth Scherrer)

Schulen sind als Organisationen in einem besonders sensiblen und relevanten Bereich der Gesellschaft angesiedelt und haben dabei zunehmend vielfältige und anspruchsvolle Aufgaben in einem dynamischen Umfeld zu erfüllen. Dennoch sind an Schulen Experimente mit völlig neuen Steuerungsmodellen noch selten und stoßen an die Grenzen der Rahmenbedingungen der Organisation. In diesem Beitrag wird der Frage nachgegangen, welche Erfahrungen Schulen mit der Einführung von soziokratischen Organisationsformen haben und auf welche spezifischen Herausforderungen der Organisationstyp Schule dabei stößt.

Im dritten und abschließenden Abschnitt der empirischen Beiträge werden *Querschnittsthemen*, die in allen Organisationen, die sich mit Selbstorganisation befassen, relevant sind, dargestellt; und zwar jenseits der angewandten Konzepte, unabhängig davon, wie weitreichend dabei Hierarchien abgebaut werden und ob sie sich vom Zugang her an einem agilen Selbstverständnis orientieren. So gilt es verstärkt, selbstgesteuerte Lernprozesse zu initiieren und zu unterstützen sowie das Profil- und Selbstverständnis von Linienführungskräften nachzuschärfen. Aber auch Organisationen, die sich vom Selbstverständnis und Anspruch her gar nicht als „neue" selbstorganisierte Organisation definieren, entwickeln oftmals höchst erfolgreiche implizite Praktiken der Selbstorganisation.

„Selbstgesteuertes Lernen von Mitarbeiter*innen durch Personalentwicklung fördern" (Sandra Nowak)

Individuelle Selbstorganisation ist zunehmend in allen – aber natürlich insbesondere in agilen und selbstgesteuerten – Organisationen zu einer von den Mitarbeiter*innen geforderten Schlüsselkompetenz geworden. Auf Basis von Interviews mit Expert*innen aus Unternehmen mit neuer Organisationsform, aber auch aus konventionell hierarchischen Organisationen wird in diesem Betrag dargestellt, welche Anforderungen selbstgesteuertes Lernen stellt, welche organisationalen Rahmenbedingungen das selbstgesteuerte Lernen von Mitarbeiter*innen fördern und welche Konsequenzen sich daraus für die Personalentwicklung ableiten lassen.

„Spannungsfelder und Zumutungen im Linienmanagement im selbstorganisierten Umfeld" (Petra Morgenbesser)

Das mittlere Management und Linienführungskräfte von Organisationseinheiten haben per se eine anspruchsvolle und spannungsreiche Position, da sie die oftmals widersprüchlichen Anforderungen und die Logik der Gesamtorganisation sowie die oft anders gelagerten Interessen der Mitarbeiter*innen ausbalancieren müssen.

Bei der Führung von selbstgesteuerten Teams und Organisationseinheiten – unabhängig vom konkreten Konzept – verschwinden diese Widersprüche allerdings nicht; sie radikalisieren sich zum Teil oftmals sogar. Die damit verbundenen spezifischen Herausforderungen und Zumutungen werden in diesem Beitrag nachgezeichnet.

„Implizite Praktiken der Selbstorganisation in Non-Profit-Organisationen" (Klaus Kreisel)

Nicht zentral vorgegebene selbstorganisierte Prozesse sind grundsätzlich immer Bestandteil von Organisationen als sozialen Systemen und sichern deren Überleben. In diesem Beitrag wird der Frage nachgegangen, wie viel Selbstorganisation in wertebasierten Non-Profit-Organisationen – die sich nicht ausdrücklich als „selbstorganisiert" begreifen – steckt und welche impliziten Praktiken sich dabei auch ohne Bezug auf ein konkretes Konzept herauskristallisieren.

Bei aller Unterschiedlichkeit der Schwerpunkte, Themen und Beiträge zeigt sich dennoch, dass es immer wieder ähnliche Erfolgsfaktoren sind, die über das Gelingen und die Akzeptanz von Selbstorganisationsprozessen entscheiden.

„Zusammenfassende Diskussion und weiterführende Perspektiven" (Thomas Schweinschwaller und Georg Zepke)

Auf Basis der Inspirationen durch die vorliegenden Beiträge werden gebündelt Konsequenzen gezogen und Praxishinweise für eine vitale und realistische Gestaltung der Selbstorganisation abgeleitet.

Dieses Buch richtet sich an alle, die sich mit dem Thema Selbstorganisation und Agilität beschäftigen und einen Blick hinter die Kulissen – in die Praxis von Selbstorganisation und Agilität in Organisationen – werfen wollen.

Wir möchten den Autor*innen dieses Bandes für das Teilen ihrer Forschungsergebnisse, den Einblick in die Praxis und in die Anwendungsfelder von Selbstorganisation danken. Wir wünschen unseren Leser*innen Inspiration durch die empirische Aufbereitung dieses Themas.

Verortung der Selbstorganisation
und Einführung in die
grundlegenden Konzepte
und Ansätze

Die Welt in Bewegung: Auswirkungen auf das Verständnis von Arbeit

Thomas Schweinschwaller

1 Einleitung

Selbstorganisation und Agilität im Kontext von Organisationen scheinen aktuell sehr in Mode zu sein und sind aus der Managementliteratur nicht mehr wegzudenken. Selbstorganisation und Agilität sind sicherlich als wichtige Bausteine und Grundlagenelemente für die Organisationsgestaltung zu betrachten, weil damit ein flexibleres Reagieren auf sich ändernde Ansprüche von Kund*innen und Technologien möglich wird. Dieser Trend kommt nicht ganz unvermittelt und ist nicht nur aus dem Kontext von Organisationen allein verstehbar, sondern ist auch durch gesellschaftliche Entwicklungen bedingt. In diesem Beitrag wird ein kurzer Blick auf diese Dynamiken und deren Auswirkungen auf unsere Arbeitswelt geworfen.

Zu Beginn wird ein kurzer Überblick über die Entwicklung von Arbeit im gesellschaftlichen Kontext gegeben und es wird ausgeleuchtet, welche gesellschaftlichen Dynamiken uns gegenwärtig beschäftigen. Im Zentrum der Argumentation steht die Annahme, dass Stabilität und Agilität Organisationsprinzipien von sozialen Systemen sind. Darauf aufbauend werden die Einflussfaktoren beschrieben, welche aktuell auf unser gegenwärtiges Gestaltungsverständnis von Arbeit einwirken. Unter Agilität kann eine Kompetenz, mit „bewegten Zukünften" umzugehen, verstanden werden. Zum Abschluss wird die Debatte über Selbstorganisation und Agilität unter drei verschiedenen Gesichtspunkten dargestellt.

Gesellschaftliche Entwicklungen und Innovationen hatten schon immer einen Einfluss darauf, wie sich unsere Arbeit gestaltet. Es ist ein wichtiges Strukturmerkmal von Gesellschaften, wie Arbeit organisiert wird und welche Haltungen und Annahmen unter dem Begriff Arbeit zusammengefasst werden. Arbeit ist wesentliches Bindeglied und Konfliktherd zugleich – in der Gesellschaft und in unseren Köpfen: „Denn eine Gesellschaft ohne Arbeit, so scheint es, ist eine Gesellschaft ohne Mitte, eine Gesellschaft, der im Großen wie im Kleinen, im Lebensalltag der Menschen wie in der Politik, in der Wirtschaft, im Recht etc. das orientierende Zentrum und die Koordination abhanden gekommen ist" (Beck, 2007, S. 37). In unserem Verständnis von Arbeit steht dabei die Erwerbsarbeit im Fokus, was dazu führt, dass häusliche Arbeit – etwa Pflege, Betreuung und Erziehung von Familienmitgliedern – oder die ehrenamtliche Arbeit in Bezug auf gesellschaftliche Anerkennung, soziale Absicherung und Bezahlung anders bewertet werden. Arbeit in einem weiten Sinn verstanden regelt unser soziales Mit- und Füreinander und ist weit mehr als ein bezahlter Job von Einzelnen.

Arbeit ist neben dem Gelderwerb auch identitätsstiftend. Arbeit ermöglicht uns, dass wir uns entwickeln; dass wir mit anderen Menschen verbunden sind – etwas schaffen, tun, gestalten – und Gratifikationen (wie z. B. Lohn und Anerkennung) für unsere Leistungen bekommen (können) (Badura, 2017). In unserer westlichen Kultur kann Arbeit auch als eine Quelle und Ausgestaltungsform – bezugnehmend auf Marx – der Entfremdung verstanden werden, durch die es zu einem Entzug von Lebensenergie kommt (Kühl, 2004). Diese Entfremdung kann sich zur Überbelastung oder Erschöpfung steigern und führt im Extremfall zum Verstummen von uns und der Welt um uns herum (Rosa, 2020). Arbeit kann auch als eine Wirkkraft, als eine Art Verstärker von Lebensenergie gesehen werden, z. B. durch ein Resonanzerleben, das dann auftritt, wenn wir das Gefühl von Lebendigkeit und Sinnhaftigkeit wahrnehmen (Rosa, 2020), wobei wiederum auch Selbstwirksamkeit erlebt werden kann (Badura, 2017).

2 Gesellschaftliche Dynamiken

2.1 Arbeit im Wandel der Zeit im Zeitraffer

Das Verständnis von Arbeit ist einem ständigen Wandel und stetiger Weiterentwicklung unterworfen – genauso wie das Verständnis dessen, was Gesellschaft ausmacht. Arbeit kann als markantes Spiegelbild der gesellschaftlichen Vorstellung über den Umgang mit Zeit verstanden werden, wie im Folgenden gezeigt wird.

In der Antike bis zum frühen Mittelalter wurde Arbeit als Abwesenheit von Freizeit verstanden. Die, die jene zum Leben notwendigen Arbeiten verrichtet haben, waren meist Unfreie und Sklav*innen und wurden in Bezug auf gesellschaftliche Rechte ignoriert. Das Verständnis von Arbeit ändert sich in unserer westlichen Welt durch den Einfluss der monotheistischen Religionen, die Arbeit mehr in Richtung von „Labor" rücken (Füllsack, 2009). „Labor" heißt etymologisch „Mühe" (Duden Etymologisches Wörterbuch, 2002). Das Erdulden und Ertragen dieser Mühsal stand über Jahrhunderte für ein gottgefälliges Leben. Arbeit war hier als ein Teil der Schuld, die zu Lebzeiten zu schultern ist, um nach dem Tod in eine arbeitsfreie Ewigkeit eingehen zu können, angesehen.

Arbeit entwickelt sich nach der Aufklärung und den darauf aufbauenden technischen Disruptionen zu einer Grundlage für die Existenzberechtigung von Menschen im Diesseits. Michel Foucault zeichnet nach, dass sich durch diese Erfindungen die Erwartungshaltung an Produktivität geändert hat. Arbeitstechniken werden in der Moderne laufend perfektioniert. Diese Entwicklungsleistungen führen zu einem Siegeszug der Produktivität und des Perfektionismus. Diese Anpassung macht vor dem Individuum nicht halt, nimmt schleichend die Persönlichkeit in Besitz und führt als psychisches Gefängnis zu Selbstoptimierung (Foucault, 1977). Die Industrialisierung führt dazu, dass Arbeit zur Bürger*innenpflicht erhoben wird. Arbeitslosigkeit wird eher mit Faulheit und einem zweifelhaften Charakter gleichgesetzt. Personen ohne Arbeit müssen befürchten, in Anstalten festgehalten zu werden, um umerzogen zu werden. Nach der Befreiung vom Absolutismus durch die Französische Revolution wächst der Einfluss des Bürgertums, der Entrepreneur*innen und Händler*innen, die durch industrielle Fortschritte und einer Masse an Arbeitenden auch Wohlstand und Wachstum erzeugen: fast ausschließlich zum Nutzen der Besitzenden (Pierenkemper, 2015). Die Ungleichheiten zwischen denen, die besitzen, und denen, die für das Vermehren des Besitzes arbeiten, werden Schritt für Schritt größer. Die sozialen Ungerechtigkeiten nehmen Ende des 19. Jahrhunderts immer mehr zu und werden auch politisch immer weniger erträglich. Sie führen zum Entstehen von Arbeiter*innenbewegungen. Am Ende des 19. Jahrhunderts werden Wohlfahrtsverbände eingerichtet, um genau jene, die krank sind bzw. nicht mehr arbeiten können, zu unterstützen. Arbeitsschutzgesetze werden eingerichtet, die zum Ziel haben, dass Arbeit Menschen nicht (mehr) schädigen oder krank machen darf, sondern ihre

Arbeitsfähigkeit v. a. erhalten werden soll. Viele Sozialleistungen, die Arbeitnehmer*innen heute zur Verfügung stehen, wurden Anfang des 20. Jahrhunderts bitter erkämpft und nach der Wirtschaftskrise der Zwanzigerjahre und den beiden Weltkriegen weiter ausgebaut. Wer Arbeit hatte, konnte sich Essen, Wohnen, gesundheitliche Versorgung sowie in den meisten Staaten auch Bildung leisten und hatte ausgesorgt: natürlich je nach gesellschaftspolitischer Ausrichtung (Ritter, 2012). Die Möglichkeiten, in einem Sozial- oder einem neoliberalen Staat durch Arbeit und ohne Erwerbsarbeit überleben zu können, sind höchst unterschiedlich. Durch diese teilweise mit erheblichen Konflikten erkämpften verbundenen Versorgungsleistungen durch den Staat wird in Sozialstaaten das Risiko der Verelendung der*des Einzelnen durch staatliche Unterstützung minimiert.

Arbeit leistet im 20. Jahrhundert einen wesentlichen Beitrag zur Stabilität und Absicherung der*des Einzelnen, obgleich die Gruppe derer deutlich zunimmt, die durch Arbeit so wenig verdienen, dass sie sich Teilhabe an der Gesellschaft nicht leisten können. Durch den Siegeszug des Neoliberalismus an der Wende zum 21. Jahrhundert werden diese Sicherheiten immer mehr aufgeweicht, dereguliert, reformiert und teilweise abgeschafft (Fischer, 2016). An die Stelle eines größtenteils abgesicherten Arbeitsplatzes treten vermehrt neue Selbstständige als Ich-AGs mit deutlich weniger Absicherung: Überall wird „Flexibilität eingeklagt – oder mit anderen Worten: ein Arbeitgeber soll seine Arbeitnehmer leichter feuern können. Flexibilität heißt auch: Umverteilung von Risiken vom Staat und von der Wirtschaft auf die Individuen" (Beck, 2007, S. 30). Hier begegnet uns das Wort Flexibilität im Arbeitskontext in Verbindung mit Risiko.

2.2 Technologische Revolutionen als Grundlage für das Wirtschaftssystem der Moderne

Wesentliche Einflussfaktoren für die gesellschaftlichen Entwicklungen sind die technologischen Entwicklungen. Wenn wir die Entwicklung der industriellen Arbeit in der Moderne betrachten (Rosa, Strecker & Kottmann, 2013), dann können wir unseren Weg eigentlich als Entwicklungspfad in Hinblick auf Steigerung der Produktivität durch immer effizientere Energienutzung verstehen: Alles wird mehr, schneller, billiger und vernetzter. Diese Entwicklung hatte natürlich auch positive Auswirkungen und viele Menschen profitieren davon: Noch nie war die Sterblichkeit so gering, die Lebenserwartung noch nie so hoch. Gleichzeitig wissen wir natürlich auch um das damit verbundene Dilemma: die ungleiche Ressourcenverteilung und natürlich auch die Zerstörung der Umwelt als Folgen unseres Fortschritts. Dennis C. Mueller fasst unser gegenwärtiges Wirtschaftssystem als „The Good, the Bad and the Ugly" zusammen (Mueller, 2012).

Wenn wir die industrielle Arbeit in der Moderne betrachten, dann sind unsere Arbeitsweisen durch die Art und Weise, wie die unterschiedlichen Formen von Technologie nutzbar sind, stark beeinflusst (Hartmann, 2015). Beispielsweise gilt die Erfindung des mechanischen Webstuhls als erste Phase der industriellen Revolution. Die Veränderungen der Produktion führten dazu, dass kleine Handwerksbetriebe, die lokal beschränkt agierten, immer mehr zugunsten von Fabriken zurückgedrängt wurden. In der zweiten industriellen Revolution nutzten wir Wasser- und Dampfkraft und später elektrische Energie zum Betreiben von Geräten und Maschinen. Das vervielfachte die Produktion und vernetzte uns immer mehr, z. B. durch die Beschleunigung des Warentransports. Als Beispiele dienen im 20. Jahrhundert ganz spezielle Arbeitssysteme wie der Taylorismus oder Fordismus. Dabei geht es um das rationale Durchdringen von Arbeit durch Zerlegung und Aufteilung von Arbeit. Arbeit wird zu einem gänzlich steuerbaren und operationalen Akt: Rationalisierung steht im Vordergrund. Viele Ausläufer des modernen Managements, z. B. Prozessmanagement, Qualitätsmanagement und Konzepte des rationalen Managements (z. B. Transaktionale Führung), bauen auf dieser Rationalitätslogik auf (Daecker, 2015).

In den Fünfzigerjahren des letzten Jahrhunderts folgte die dritte industrielle Revolution, die mit dem Einsatz von Informationstechnologie (IT) in Verbindung steht. Wir befinden uns gerade in einer Transformation, wo Daten sozusagen zu den Ölfeldern der Gegenwart werden und die Beschleunigung immer mehr an Fahrt aufnimmt. Das führt zu einer Gesellschaft, die einerseits dem Start-up-Kult huldigt und IT-Lösungen anbetet; deren Akteur*innen sich andererseits jedoch wie in einem Hamsterrad eingesperrt fühlen. Stress und Burnout werden von der Ausnahme zur neuen Normalität. Wir leben heute in einem Übergang, bei dem wir nicht abschätzen können, wie sich die potenzielle vierte industrielle Revolution durch cyber-physische Systeme auf unsere Praktiken und unser

Verständnis von Arbeit – und in der Folge auch auf unsere Gesellschaft – auswirken wird. Unter cyber-physische Systeme werden das Internet der Dinge, intelligente Automatisierung, Robotik, der 3-D-Drucker und die künstliche Intelligenz gezählt (Hartmann, 2015).

2.3 Veränderungen der Arbeit in Österreich

Wenn wir versuchen, uns empirisch den Veränderungen in Bezug auf Arbeit zu nähern, dann hilft ein Blick auf die Studie von Julian Aichholzer, Christian Friesl, Sanja Hajdinjak und Sylvia Kritzinger (2018), die in einer repräsentativen Stichprobe in Österreich sichtbar gemacht hat, wie sich Arbeit in den 1990ern bis 2018 in Österreich entwickelt hat. Trotz erheblicher struktureller Änderungen möchte die Mehrheit der Österreicher*innen einen gut bezahlten Job – verbunden mit dem Gefühl, etwas erreichen zu können. Es wird auch deutlich, dass seit den Neunzigerjahren Lebensbereiche wie Familie oder Freizeit eine viel größere Bedeutung in der Lebensausrichtung gewonnen und Ansprüche wie Autonomie und Selbstverwirklichung als Anforderung an Arbeitsplätze zugenommen haben. Im Allgemeinen wird davon ausgegangen, dass ein lebenslanger Job immer seltener vorkommt und mehr Flexibilität gefragt sein wird.

Strukturell können wir folgenden Wandel nachvollziehen: Der Sektor der Landwirtschaft wird immer kleiner und auch der industrielle Sektor zieht sich zurück, um als Folge der Globalisierung die Produktion in Länder mit geringeren Sozial- und Umweltstandards zu verlagern. Dies führt bei uns zu einem Zuwachs und einem Ausbau von Jobs der Dienstleistungsbranche, des Bildungs-, Gesundheits- und Sozialbereichs. Charakteristisch sind immer mehr atypische Beschäftigungsverhältnisse: Befristete Arbeitsverhältnisse, Teilzeitbeschäftigungen und Automatisierung sind nicht etwas, was in Zukunft kommen wird, sondern schon lange Realität ist.

3 Der Wandel der Narrative: vom Entweder-oder zum Sowohl-als-auch

Ein identitätsstiftendes Narrativ des 20. Jahrhunderts nach dem Zweiten Weltkrieg war das Wachstums- und Sicherheitsversprechen durch sichere Arbeitsbedingungen (Reckwitz, 2019). Wir versicherten uns in unseren Erzählungen und Reflexionen über ein „erstrebenswertes Leben", dass Aufstieg durch Leistung möglich sei. Wer Arbeit hat, sei abgesichert, wer sich bemühe, der komme zu Wohlstand, und vor allem: Den nachfolgenden Generationen werde es einmal besser gehen. Stabilität, Langfristigkeit und Sicherheit waren hier wesentliche Substantive und bildeten Grundlagen für Strukturen in der Gesellschaft (z. B. Generationenvertrag). Wenn wir diese Annahmen auf unsere Mikrowelt herabzoomen und an diese anpassen, dann sehen wir am Beispiel unserer Großeltern bzw. Eltern, dass es üblich war, einen Lebenszeit-Arbeitsplatz mit steigendem Einkommen zu erhoffen und auch zu erhalten. Heutzutage sind mehrfache Jobwechsel, auch mehrere Berufsausbildungen und -ausübungen mehr die Regel als die Ausnahme, d. h. wir stellen uns häufiger die Frage, ob wir unseren Status quo halten können oder dieser sich womöglich verschlechtern wird. Dabei treten Sorge und Angst für viele mehr in den Vordergrund als Zutrauen und Zuversicht.

Unser Leben und unsere Gesellschaften werden fluider und heterogener gegen Ende des 20. Jahrhunderts. Das Leben ist mehr im Fluss und spät, aber doch werden auch relevante Veränderungen im Zusammenleben durch die Gesetzgebung berücksichtigt (z. B. durch die Möglichkeit gleichgeschlechtlicher Eheschließung oder dem gemeinsamen Sorgerecht). Vieles ist parallel und unterschiedlich möglich (Rosa et al., 2013). In der Postmoderne breitet sich ein neues Metanarrativ aus, welches salopp formuliert folgendermaßen beschrieben werden kann: „Nix ist fix." Hier kann (panoptisch) anhand der „Generation Praktikum" deutlich gemacht werden, dass der Eintritt ins Arbeitsleben von einem Praktikum zum nächsten, von einem prekären Arbeitsverhältnis weiter ins nächste unsichere Projekt führt und die Hoffnungen auf einen lebenslangen Arbeitsplatz eher mit einem Lotteriegewinn vergleichbar sind. Das führt dazu, dass dieser Wachstums- und Verbesserungsglaube, also der Glaube daran, dass etwas besser werden wird, desillusioniert wird. Andreas Reckwitz nennt das Lebensgefühl vieler in seinem Buch „Das Ende der Illusionen" (Reckwitz, 2019).

Aber ist diese Dynamik neu? War es früher sicherer und ruhiger? Aus Sicht des Autors ist die Welt immer schon eher unsicher und unklar gewesen. Es sind die Narrative, die versuchen, uns zu beruhigen und Sicherheit zu vermitteln. Gegenwärtig verliert dieses Narrativ aber die Stabilisierungswirkung; vor allem, weil diese Unsicherheit auch in der Mittelschicht spürbar wird. Aktuell sind die Menschen in „sicheren" Schichten herausgefordert, ein Leben in der Hoffnung auf ein Verbessern oder Halten des Status quo – gepaart mit der Möglichkeit des Abstiegs – zu gestalten (Reckwitz, 2019). Die Zukunft scheint noch unverfügbarer und uneindeutiger geworden zu sein: „Wir müssen lernen, die Spätmoderne als eine widersprüchliche, konflikthafte Gesellschaftstransformation zu begreifen, die durch eine Gleichzeitigkeit von sozialem Aufstieg und Abstieg charakterisiert ist" (Reckwitz, 2019, S. 18). Ambivalenz, so scheint es, zeichnet unsere aktuelle gesellschaftliche Situation genau aus. Ambivalenz entsteht, wenn wir Uneindeutigkeiten und Unklarheiten, die in einer fluiden und heterogenen Gesellschaft deutlicher werden, zulassen (können).

Wir können aus Weisheiten der Vergangenheit vieles für die Gegenwart und die Zukunft lernen. So könnte eine Weisheit des 18. Jahrhunderts die Grundlage für unser Leben im 21. Jahrhundert bilden: „Unsicherheit ist keine angenehme Voraussetzung, Gewissheit jedoch eine absurde." Dieser sehr schöne Sinnspruch stammt von Voltaire (1694–1778) und ruft in Erinnerung, dass Unsicherheit schon immer eine wesentliche, wenn vielleicht auch oftmals übersehene und verdrängte Begleiterin des Lebens war und ist. Wenn Unsicherheit immer schon ein Teil des Lebens war, dann haben wir alle bereits Erfahrungen damit gesammelt und Fähigkeiten trainiert, mit dieser umzugehen. Je nach gesellschaftlicher Großwetterlage wird diese Fähigkeit mehr oder weniger betont oder verleugnet. Das erklärt wohl auch, warum die Ambivalenzforschung in der Psychologie zwar bereits in den Sechzigerjahren ein relevantes Forschungsfeld war, aber erst wieder Anfang des 21. Jahrhunderts vermehrt Aufmerksamkeit in der Forschung (Ambiguitätstoleranz) erfährt (Furnham & Marks, 2013). Ambiguitätstoleranz ist die Fähigkeit, flexibel denken und Unterschiede wahrnehmen zu können, diese auch aushalten zu können und die Welt weniger in ein Schwarz-Weiß-Geschehen einzuteilen. Gegenwärtig ist es eine kognitive Herausforderung, vom Entweder-oder- zum Sowohl-als-auch-Denken zu kommen – zwischen Sicherheit (Stabilität) und Unsicherheit (Flexibilität).

Unsere Welt scheint zunehmend komplexer zu werden, weil sie mehr Möglichkeiten (Heterogenität) parat hält und fluider (im Sinne von flexibler und un-eindeutiger) ist. Es gilt, sich in diesem Wechsel und den sich daraus ergebenden Paradoxien von stabilen und unstabilen gesellschaftlichen Verhältnissen und Ordnungen zurechtzufinden und handlungsfähig zu bleiben (Kneer & Schroer, 2009). Nicht umsonst treten im 21. Jahrhundert vermehrt Begriffe wie Komplexität und Fluidität aus dem gesellschaftlichen Diskurs in den Diskurs von Arbeit, Management und Organisation herein.

Wenn es uns gelingt anzuerkennen, dass ein Aspekt eines gelungenen Lebens darin besteht, beidhändig an das Leben und unsere Arbeit heranzugehen; es uns gelingt, jene Situationen und Begebenheiten anzuerkennen, die stabil sind – und damit vorhersagbar und auch planbar –, und wir auch Aspekte und Situationen nicht ausblenden, die unplanbar und unverfügbar sind, dann kann eine Navigation in Gesellschaften mit zunehmender Komplexität gelingen. Wir können Unsteuerbarkeit und Flexibilität als wichtige Bausteine der Lebensorganisation integrieren – gleichwertig mit dem Suchen, Festhalten und Reproduzieren von Sicherheiten (Parsons, 1951). Selbstorganisation ist in diesem Kontext autopoietisch zu verstehen; sie bewegt sich zwischen stabilen und agilen Elementen hin und her. Somit schafft Selbstorganisation Ordnung und Struktur, verändert sie und erhält diese aufrecht (Weick, 1995). Wichtig ist in diesem Zusammenhang zu erwähnen, dass Selbstorganisation zwischen den Polen Stabilität und Agilität stattfindet. Interessierten Leser*innen sind die Vertiefungen zum Thema Selbstorganisation von Dirk Baecker (2005) empfohlen.

3.1 Selbstorganisation als identitätsbildendes Muster zwischen Flexibilität und Stabilität

Wenn wir Selbstorganisation als ein Muster anerkennen, das unser Leben organisiert, so scheint es legitim, Selbstorganisation auch als ein zentrales Organisationsmuster für das soziale System Gesellschaft heranzuziehen. Gesellschaften organisieren die Entfaltung und Begrenzung der*des Einzelnen und der Gemeinschaft durch bestimmte Regeln und Strukturen, die durch ihre Vorhersagbarkeit auch Sicherheit herstellen. Gleichzeitig gibt es in der Gesellschaft natürlich viele fluide Elemente (man könnte auch sagen viele Momente): Situationen der Unverfügbarkeit, der Unplanbarkeit, der Nicht-Kontrollierbarkeit. Talcott Parsons (1951) hat in seiner Differenzierungstheorie u. a. auch die Oszillation zwischen den Polen der Stabilität und Agilität als wesentliches Muster für Selbstorganisation erkannt. „Agil" heißt hier, für sich verändernde Bedingungen flexibel zu sein. Die Selbstorganisation von sozialen Systemen können wir als eine Pendelbewegung zwischen Agilität und Stabilität verstehen, um Ordnung zu erzeugen. „Überträgt man diese Differenzierung auf Organisationen, so oszillieren sie also zwischen diesen beiden Polen von Agilität und Stabilität und um diesen Punkt gibt es eben keinen archimedischen Punkt und keine dauerhafte Mitte, alles ist sozusagen in Bewegung dazu" (Gregs, Lakeit & Linke, 2018, S. 186).

Agilität wird hier als ein Strukturmerkmal von Selbstorganisation, dessen Grundlagen bereits auf die Dreißigerjahre des 20. Jahrhunderts zurückgehen, identifiziert (Simon, 2007). Agilität ist also als eine Wirkkraft in der permanenten Ausgestaltung von sozialen Systemen zu verstehen, die nur bedingt beeinflussbar und immer etwas unverfügbar bleiben. Agilität und Stabilität sind also genuine Kräfte der Selbstorganisation (Parsons, 1951) und keine Gegensätze.

4 Aktuelle gesellschaftliche Einflussfaktoren auf unser Verständnis von Arbeit

4.1 Anerkennung von Komplexität

Wenn wir anerkennen, dass wir in einer stabil-agilen Gesellschaft leben – d. h., dass es einiges gibt, das stabil und vorhersagbar ist, und einiges, das fluid und weniger vorhersagbar ist –, dann werden wir uns der Komplexität der Selbstorganisation bewusst. Wir haben es mit Bekanntem und Unbekanntem gleichzeitig zu tun. Ein interessantes Modell für den Umgang mit Komplexität ist jenes der Komplexitätsmatrix (Cynefin, 2020) von David Snowden und Mary E. Boone, auf das hier kurz eingegangen wird. Dieses Modell hilft beim Unterscheiden, welche Tätigkeiten einfach, kompliziert, komplex und chaotisch sind. Es gibt Tätigkeiten, die einfach zu gestalten sind, weil ein klares Ergebnis vorhergesagt werden kann. Fachexpertise und Übung machen da den wesentlichen Erfolgsfaktor aus. Für die Bewältigung von komplexen Situationen dagegen sind jeweils weitere Kompetenzen als Fachexpertise und Übung nötig, weil sich komplexe Situationen dadurch auszeichnen, dass sie sich einer trivialen Wenn-dann-Logik entziehen. Komplexität bedeutet hierbei, dass Ausgänge nicht genau vorhergesagt oder geplant werden können. Dietrich Dörner (1989) hat in seiner experimentellen Simulation „Tanaland" sichtbar gemacht, wie Menschen mit komplexen Situationen umgehen. Er konnte herausfinden, dass die Fähigkeit, mit Uneindeutigkeiten umzugehen – und trotzdem eine bestimmte Richtung zu verfolgen, achtsam auf Nebenwirkungen der Entscheidungen, die im Laufe der Zeit getroffen werden, flexibel zu sein, iterativ vorzugehen und dabei reflexiv zu bleiben –, ein Set an Basiskompetenzen für den Umgang mit Komplexität darstellt. Auch zeigt das Cynefin-Framework, dass es andere Handlungsmuster braucht als Business as usual, wenn die Umwelt und die Situation überwiegend uneindeutig und nicht steuerbar sind und wir im Chaos Ordnung herstellen wollen. Das geht vor allem durch ein schrittweises Vortasten. Wenn es gelingt, durch diese Trial-and-Error-Methode etwas Ordnung ins Chaos zu bringen und sich Hoffnung den Weg bahnt, indem wir Licht am Ende des Tunnels sehen, dann erhöht das unsere erlebte Selbstwirksamkeit.

Dieses Framework hebt hervor, dass wir uns in einfachen, komplizierten, komplexen und auch chaotischen Situationen wiederfinden und jeweils andere Lösungsversuche bedingen, um uns handlungsfähig zu halten. Somit kann die Anerkennung von Differenz und Heterogenität Bestandteil unseres Selbstverständnisses im Organisationsalltag werden. Nicht umsonst sehen wir systemische Führungskonzepte sowie ein systemisches Verständnis von Organisationen – jenseits vom Maschinenmodell – gegen Ende des 20. Jahrhunderts im Aufwind, obwohl bereits in den Dreißigerjahren des 20. Jahrhunderts dazu die theoretischen Grundlagen geschaffen wurden (Simon, 2007). Wie schwer die Integration von Komplexität fällt, zeigt ein Beispiel anhand der öffentlichen Häme für einen österreichischen Bundeskanzler. Dieser verwies in den Achtzigerjahren im Schlusswort seiner Regierungserklärung darauf, dass nicht alles steuerbar und planbar sei – im heutigen Verständnis also komplex – und erntete Spott, weil das Mindset verbreitet war, dass zumindest die oberste Führung eines Staates doch wohl alles durchblicken, managen und steuern können sollte. Im 21. Jahrhundert hingegen widmet sich ein von einem anderen österreichischen und international geschätzten Politiker einberufenes Wirtschaftsforum der Komplexität im 21. Jahrhundert in Politik und Management. Dieser Politiker wurde für seine Weitsicht durch öffentliche Anerkennung belohnt. Hier scheinen sich durch gesellschaftliche Veränderungen wesentliche Ich-Entwicklungsschritte (Kegan, 1986) vollzogen zu haben, durch die Komplexität von Menschen vermehrt wahrgenommen, ausgehalten und wertgeschätzt werden kann, ohne einfache Lösungen zu propagieren.

4.2 Heterogenität als Uniform der Gegenwart

Ein anderer Einflussfaktor auf Arbeit bezieht sich auf den Umstand, dass wir Heterogenität als wichtigen Faktor in der Arbeitsgestaltung berücksichtigen. So können wir z. B. verschiedene Ansprüche von unterschiedlichen Generationen an Arbeit sehen und unsere Arbeitsorganisation u. a. danach ausrichten (Klaffke, 2014). Die Generationsstudien wirken – wenn nicht differenziert damit umgegangen wird – auch stereotypisierend und verallgemeinernd. Für diesen Beitrag scheint es eher lohnenswert, verschiedene Muster im Umgang mit Arbeit sichtbar zu machen. Diese Muster waren wohl schon immer da und sind nicht eindimensional durch isolierte Alterskohorten zu erklären; vielmehr machen sie die Vielfalt von (möglichen) Einstellungen zu Arbeit sichtbar, um Leben und Arbeit zu kombinieren. Aktuell sind vier Arbeitsmuster in Organisationen in Diskussion und werden hier vorgestellt. Es gibt ein spezifisches Arbeitsmuster von Menschen, das sich dadurch auszeichnet, dass diese leben, um zu arbeiten. Hier sind persönlicher Erfolg und Aufstiegschancen wichtige Motivatoren. Ein zweites Muster bezieht sich hingegen darauf, dass gearbeitet wird, um zu leben. Menschen, die nach diesem Muster agieren, sehen Arbeit als eine Chance, möglichst viel konsumieren und sich einen gehobenen Lebensstandard leisten zu können. Ein drittes Muster orientiert sich inhaltlich daran, zuerst zu leben und dann zu arbeiten. In diesem Muster sind die Familie, Nachhaltigkeit und die soziale Verantwortung wichtig. Auch eine auf Diversität aufbauende Lebensgestaltung ist ein relevantes Thema. Dieses Muster integriert inhaltlich das Wissen darum, dass sich Phasen mit und ohne Arbeit im Laufe des Erwerbslebens abwechseln werden. Zuletzt kann ein viertes Arbeitsmuster genannt werden, das Leben und Arbeit als fließenden Prozess erkennt. Diesem Muster lassen sich häufig Menschen zuordnen, die mit dem Internet bzw. mit sozialen Medien aufgewachsen sind. Sie sind es gewohnt, vernetzt und kreativ zu denken. In Bezug auf ihre Arbeitgeber*innen sind diese durchaus anspruchsvoll, wobei Arbeitsort und Arbeitszeit durchaus flexibel gestaltet werden können.

4.3 Digitalisierung als signifikanter Megatrend

Der nächste Einflussfaktor ist die Digitalisierung. Digitalisierung ist, egal wie man dazu steht – ob man sie ablehnt oder gut findet, ob man ein Geschäftsmodell darauf aufbauen will oder Sorge hat, dass das Menschsein verloren geht –, ein Megatrend, der unser Zusammenleben und unsere Arbeitsweise stark beeinflusst (Klammer et al., 2017). Digitalisierung ist ein „Gamechanger", der bereits eine Eigendynamik entwickelt hat. Der digitale Durchdringungsgrad im Alltag ist enorm und reicht von PC, Internetanschluss, Alexa, Quando etc. bis zu Automatisierung, Artifical Intelligence, 3-D-Drucker und Big Data. Wir haben dadurch sehr viele neue Chancen an Beteiligung, Austausch und Kollaboration gewonnen. Auch ist Wissen so einfach zugänglich wie noch nie. Digitalisierung aber hat natürlich auch negative Seiten; markant sichtbar wird dies an der sogenannten Beschleunigungsfalle (Rosa, 2020). Die Beschleunigungsfalle erklärt, dass wir trotz schnellerer Datenleitungen und kürzeren Wegen – allen Versprechen zum Trotz – nicht mehr Zeit zur Verfügung haben, sondern immer weniger.

Und wir erleben die „Vergoogelung" und „Verfacebookisierung" der Welt. Gerade von vielen Berater*innen und Manager*innen werden diese Firmen als die Leitfirmen und Sterne am Firmament betrachtet, wobei diese Geschäftsmodelle hintergründig einen Überwachungskapitalismus begünstigen (Zuboff, 2018). Die bedeutsamen Tech-Konzerne nutzen in einer neuen Goldgräber-Mentalität Daten, um unsagbar viel Geld zu machen und durch ihre Monopolstellung Einfluss zu generieren. Diese Konzerne können das weitgehend ohne Regulierungen tun, weil sie durch ihre Lobbyarbeit einen bedeutsamen Einfluss auf die Politik entwickeln konnten. Sarah Spiekerman (2019) weist dementsprechend darauf hin, dass Digitalisierung ohne grundlegende ethische Debatte (z. B. durch Veröffentlichung bestimmter Codes bei Programmierungen usw.) zu einer massiven Gefährdung von Persönlichkeitsrechten führe.

Die Effekte der Digitalisierung (Picot & Neuburger, 2013) sind, dass Digitalisierung einerseits die Arbeit durchdringt, sozusagen zum Alltag wird, andererseits die Arbeit flexibilisiert, sozusagen die Autonomie erhöht, und polarisiert, weil ganze Berufsgruppen durch Automatisierung und Digitalisierung ihrer Existenzgrundlage, bezahlter Arbeit nachzugehen, beraubt werden. Wenn wir auf internationale Prognosen blicken, so wird der Grad der Automatisierungsmöglichkeit auf fünfzig Prozent der Arbeitsplätze geschätzt (Frey & Osborne, 2013). Wenn man aber das Studiendesign an örtliche Gegebenheiten anpasst, so zeigt sich z. B. für Österreich ein weit weniger bedrohliches Szenario (Nagl, Titelbach & Valkova, 2017): Dennoch scheint es so, dass wohl mindestens eine von zehn Personen durch die Digitalisierung ihre Arbeit verlieren wird. Es zeigt sich, dass Digitalisierung in Unternehmen bereits voll im Gange ist, d. h., dass bereits viele Arbeitsplätze digitalisiert sind und etwa neun Prozent der Arbeitsplätze ein hohes Potenzial haben, durch Maschinen ersetzt zu werden. Am stärksten betroffen sind Arbeitsplätze mit vielen repetitiven Tätigkeiten und auch Arbeitsplätze im Dienstleistungssektor. Im Gegensatz dazu weisen in dieser Prognose Tätigkeiten im Sozialbereich, Führungskräfte und Akademiker*innen die geringsten Automatisierungswahrscheinlichkeiten auf. Natürlich fußt diese Studie auf die zum Studienzeitpunkt technischen Möglichkeiten und trifft anhand dieser Grundlagen ihre Prognose. Ein weiterer Aspekt, der dabei zu bedenken ist, bezieht sich darauf, dass die Digitalisierung laut Wissenschaftler*innen für jegliche Technologieentwicklung von Bedeutung sein wird und vor allem auf Anwendungsfelder im Bereich der Neuro-, Gesundheits-, Landwirtschafts-, Nano-, Energie- und Kommunikationstechnologie Einfluss nehmen wird (Bildungsministerium für Bildung, Wissenschaft und Forschung, 2020). Die vierte industrielle Revolution ist also durchaus schon fortgeschritten. Eines ist sicher: Die Zukunft wird kommen; welche, das sein wird, ist unklar. Neben der Digitalisierung werden wir uns laut Zukunftsinstitut (2018) auch auf verschiedene weitere Megatrends einstellen müssen; sowohl in Anlehnung als auch in Abgrenzung zur Digitalisierung (z. B. die neue Achtsamkeit, Konnektivität, Mobilität und New Work).

4.4 Auf der Suche nach neuen Arbeitsformen

Die Änderung von gesellschaftlichen Narrativen führt zu Veränderungen der mentalen Bilder und Landkarten für Arbeit. Waren Arbeit und Arbeitsplätze bis in die Neunzigerjahre auf Stabilität ausgerichtet, so sind die Anforderungen und das Verständnis von Arbeit in stetiger Veränderung: „Es kommt zu einer stärkeren Flexibilisierung, die sich auf die unterschiedlichsten Dimensionen der Arbeit auswirkt: die Arbeitszeit, den Arbeitsort, die Entlohnung (weg von Anwesenheit, hin zu erbrachten Leistungen) und die Erwerbsformen (hin zu atypischer Beschäftigung und unterschiedlichsten Formen der Selbstständigkeit). ... Es kommt zu einer Entgrenzung" (Rahner, 2014, S. 196).

Aktuell werden für diese neuen Arbeitsformen Begriffe wie New Work, Arbeit 4.0, Industrie 4.0, digitaler Arbeitsplatz, Smart Workspace und agiles Arbeiten meist synonym verwendet (Lindner, Ludwig & Amberger, 2018). All diese Konzepte bilden die Partitur für das zeitgeistige Verständnis von Arbeit: die Flexibilität.

Die Erhöhung der Arbeitsautonomie wird in diesen Konzepten hochgehalten. Die Arbeitsautonomie zeigt sich, in der Wahl- und Entscheidungsfreiheit in Bezug auf die Ausrichtung der Arbeit, in der Wahl der Personen, die mitarbeiten, in der zeitlichen Autonomie, der Vorgehensweise und der Letztverantwortung (Kaudela-Baum, 2019). Nach dem Konzept der Arbeitsautonomie werden viele Aufgabenfelder von Führung in Bezug auf Koordination, Kontrolle, Vertretung auf Einzelne oder Teamdelegierte übertragen. Auch kann sich Arbeitsautonomie auf die Auswahl, Bezahlung und Beendigung von Arbeitsprozessen beziehen. Autonomie setzt sich aus vielen einzelnen Bausteinen zusammen, die miteinander kombiniert das Erleben von Selbstwirksamkeit, Empowermentprozesse sowie die Bereitschaft, Verantwortung zu übernehmen, erhöhen. Sie können aber auch zur Überforderung führen. Einerseits, weil die Wirkmacht des Konzepts überschätzt wird, und andererseits, weil es genügend Menschen gibt, denen Freiheit auch Angst macht bzw. zu viel Freiheit im Allgemeinen auch überfordernd wirken kann (Germanis & Hutmacher, 2020). Der Sinnspruch „Die Dosis macht das Gift" bringt in Erinnerung, dass Autonomie nicht die einzig bestimmende Größe bei der Arbeit ist. Arbeit schafft u. a. auch soziale Zugehörigkeit durch die gemeinsamen Arbeitsorte, Abläufe und Strukturen (Pfaff-Czarnecka, 2018).

Ebenso können Einschränkungen in der Arbeitsautonomie durch Regeln und Hierarchien eine entlastende Funktion haben (Weick, 1995).

Die wachsende Selbstverantwortung in der Arbeit zeigt sich in der Zunahme von Befristungen, Werkverträgen und Outsourcing. Diese Freiheit hat auch ihren Preis, weil sich die Verantwortung immer mehr in Richtung Arbeitnehmer*in verschiebt – weg von sicheren Arbeitsverhältnissen hin zu mehr Flexibilität (Redmann, 2017). Es bleibt den Leser*innen überlassen, darüber zu urteilen, ob die zunehmende Flexibilisierung zu mehr Resonanz oder mehr Entfremdung im Arbeitsprozess führen wird. Gleichzeitig kann die Beschäftigung mit flexibleren Arbeitsmodellen und -formen auch als eine sinnvolle Adaption auf Änderungen im Umfeld verstanden werden (Sauter, Sauter & Wolfig, 2018). Die Flexibilisierung kann dazu genutzt werden, schnell auf Kund*innen-anforderungen und weitere Veränderungen im Umfeld zu reagieren.

5 Agilität ist die Lösung! Was aber war die Frage?

Agilität kann als die Kernkompetenz für Arbeitsformen unter sich verändernden Rahmenbedingungen angesehen werden (Sauter et al., 2018). Etymologisch heißt „agil" leicht, beweglich, wendig (Digitales Wörterbuch der deutschen Sprache, 2020). Agilität ist aktuell in Mode und eröffnet Unternehmen die Möglichkeit, am Ball zu bleiben. Unsicher ist, ob der Hype aufgrund von unrealisierbaren Erwartungen nicht auch ins Gegenteil umschlagen kann (Brückner & von Ameln, 2016). Beim Durchblättern von Zeitschriften wie „ManagerSeminare" oder „Personalmanagement" wird offensichtlich, dass Agilität im Unternehmenskontext für alle überlebensnotwendig zu sein scheint; sie wird als Grundlage für zeitgemäßes Arbeiten verbreitet.

Bohdana Sherehiy, Waldemar Karwowski und John K. Layer (2007) stellen in ihrer Sichtung der theoretischen Rahmungen für Agilität in Unternehmen ein interessantes Rahmenkonzept vor. Agile Unternehmen fokussieren auf die Kund*inneninteressen, bauen auf Kooperation auf, stellen Lernen thematisch in den Mittelpunkt und leben eine Kultur der Veränderung. Eleonora Bottani (2010) beschäftigt sich empirisch mit dem Verständnis von Agilität in Unternehmen. Hierbei wurden über 180 Unternehmen quer über alle Sektoren beforscht. Sie kommt zu dem Schluss, dass Agilität in Unternehmen jene Fähigkeit ist, auf

Veränderungen im Umfeld schnell und flexibel zu reagieren, Kund*innen in den Mittelpunkt zu stellen, individualisierte Leistungen anzubieten und technische Möglichkeiten, wie z. B. IT-Systeme, zu nutzen.

In der Forschung wird durchaus beklagt, dass sich wenig Studien finden, die sich den Themenfeldern Unternehmenserfolg und Agilität widmen. Bemerkenswert ist die Studie von Elaine Pulakos, Tracy Kantrowitz und Benjamin Schneider (2019), die nach einer Analyse von über hundert Firmendaten und Finanzkennzahlen zeigt, dass die Erfolgsfaktoren dieser agilen Unternehmen durch drei (eher erstaunliche) Aspekte beeinflusst werden: eine wohldosierte und reduzierte Teamarbeit, die Möglichkeit zur eigenverantwortlichen Überwachung und Steuerung bei der Leistungserbringung für die*den einzelne*n Mitarbeiter*in und Stabilität. Vor allem der Aspekt der Stabilität verdient hier Aufmerksamkeit. Unter Stabilität wird in diesem Modell die Fähigkeit der Organisation verstanden, durch Prozeduren bzw. Abläufe und Entscheidungen für ein Gefühl der Handhabbarkeit und Bewältigbarkeit zu sorgen, welches in instabilen Zeiten Orientierung gibt und gerade dadurch für Stabilität sorgt. Hier scheinen die empirischen Daten eine systemtheoretisch stärkende Sprache (vgl. Weick, 1995) zu sprechen: Agilität und Stabilität bedingen einander und sind kein Widerspruch, sondern miteinander verwoben.

In einer in Österreich, Deutschland und der Schweiz durchgeführten Studie, bei der 1800 Mitarbeiter*innen, hundert Führungskräfte von Unternehmen mit über hundert Mitarbeiter*innen befragt worden sind, kommt ein interessantes Bild in Bezug auf Agilität zum Vorschein (Haufe, 2017): Es wird mehr über Agilität geredet, als dass sie gelebt wird. Des Weiteren zeigt sich, dass die Bereitschaft, sich mit technologischen Veränderungen – wie der Digitalisierung – auseinanderzusetzen, bei den Mitarbeiter*innen und Führungskräften durchaus vorhanden ist, die mangelnde Vertrauenskultur in den untersuchten Unternehmen jedoch als „Scheiterfaktor Nr. 1" für erfolgreiche Digitalisierung gesehen wird. Agilität wird bei den Befragten eindeutig als Mittel zur Optimierung und Effizienzsteigerung gesehen.

Unter dem Titel „Status Quo Agile" erhebt die Gesellschaft für Projektmanagement den Grad der Verbreitung von Agilität im Projektmanagement. Es zeigt, dass in der Praxis nicht das klassische oder das agile

Projektmanagement vorherrscht, sondern vielfältige Mischformen bestehen. Agilität hat laut den über tausend Befragten in den letzten Jahren zugenommen und führt bei passender Anwendung zu schnellen und zufriedenstellenden Ergebnissen bei Projekten (Komus & Kuberg, 2017). Als agile Methoden werden Lean Management, Kanban und Scrum am häufigsten angewandt. Die Methoden Scrum und Kanban werden im Beitrag von Georg Zepke und Thomas Schweinschwaller in diesem Band (S. 38 ff) genauer beschrieben. Durchaus erwähnenswert ist an dieser Stelle, dass Kanban und Lean Management bereits seit den Achtzigerjahren in Produktionsunternehmen verbreitet und damit also eigentlich schon „Old School" sind! Lean Management hat heute für viele Zeug*innen von Outsourcing-Prozessen – als Treiber der Globalisierung – durchaus auch in Unternehmen einen zweifelhaften Ruf, weil die Konzentration auf das Kerngeschäft und das vermehrte Auslagern eher kurzfristiges Denken als langfristiges Qualitätsverständnis im Management unterstützt hat (Hines, Holweg & Rich, 2004).

Svenja Hofert (2018) setzt sich mit Agilität als neues Arbeitsparadigma auseinander und erweitert den Methodendiskurs um einen Haltungsdiskurs. Dieser Haltungsdiskurs baut auf den Dimensionen des Komplexitätsmanagements und auf der Ambiguitätstoleranz auf. Sie integriert Digitalisierung in ihre Agilitätsdiskussion und entwickelt auf Basis ihrer Analyse von Agilität spezifische Leifragen, um herauszufinden, ob sich eine Auseinandersetzung mit Agilität für das eigene Unternehmen tatsächlich rentieren kann (S. 34):

- *Kann es sein, dass Ihre Dienstleistung oder Ihr Angebot in zehn Jahren nicht mehr nachgefragt ist?*
- *Lässt sich Ihr Produkt digitalisieren?*
- *Wie wahrscheinlich ist eine Erfindung, die Ihr Produkt überflüssig macht?*
- *Wie wahrscheinlich ist es, wenn Sie Ihr Unternehmen so weiterführen wie bisher, qualifiziertes Personal zu bekommen?*

6 Fazit

Unser Leben, unsere Organisationen und unsere Gesellschaft zirkulieren letztendlich immer zwischen den Polen Agilität und Stabilität. Selbstorganisation ist keine Erfindung der letzten zehn Jahre, sondern ist ein bekanntes Ordnungsmuster in Systemen (vgl. Zepke in diesem Band, S. 63 ff). In der Diskussion um Selbstorganisation und Agilität geht es vor allem darum, sich dieser Komplexität bewusst zu stellen. Die Selbstorganisationsdebatte kann zusammenfassend unter drei verschiedenen Sichtweisen gerahmt bzw. rezipiert werden:

Selbstorganisation als Gestaltungskraft sozialer Systeme

Wir können Selbstorganisation als Ankommen eines systemischen Weltbildes im Alltag verstehen, welches Komplexität nicht reduziert und die Eigendynamik von sozialen Systemen anerkennt (wie an früherer Stelle vertiefend ausgeführt wurde). Hier ergeben sich multiple Chancen, mit Unsicherheit besser umgehen zu lernen und uns in komplexen Situationen zurechtzufinden – im Kleinen wie im Großen.

Selbstorganisation und Agilität als Selbstoptimierung

Selbstorganisation kann auch als Selbstoptimierung gesehen werden. Der Mechanismus des „Schneller, besser, höher" kann unter dem Mantel der Flexibilisierung fortgesetzt und perfektioniert werden. Selbstorganisation kann in diesem Kontext als hippe Inszenierung von Selbstoptimierung verstanden werden. Selbstorganisation und Agilität – eingesetzt unter der Prämisse der Optimierung – werden wohl eher zu weiteren Entfremdungserlebnissen, einer Zunahme an Ich-AGs und zu unsicheren Arbeitsverhältnissen führen. Selbstorganisation und Agilität leisten dann einer weiteren Expansion des Neoliberalismus Vorschub.

Selbstorganisation als weiterer Schritt der Humanisierung von Arbeit

Selbstorganisation und Agilität können auch als Hoffnung auf kollaborative und Autonomie fördernde Arbeitsformen und -bedingungen verstanden werden. Historisch gesehen gab es derartige Versuche schon mehrmals (etwa in den Hawthorne-Studien zur Humanisierung der Arbeit oder teilautonome Teams in der Automobilproduktion, die als Gegenbewegungen zum Taylorismus und

Fordismus verstanden werden können). Von dieser Hoffnung getragen kann Selbstorganisation als nächster Impuls für mehr Selbstständigkeit und Verantwortung gesehen werden.

Ob es uns gelingt, Selbstorganisation und Agilität im Sinne eines grundlegenden Verständnisses von sozialen Systemen, einer weiteren Humanisierung der Arbeit oder zur Selbstoptimierung zu nutzen, zu gebrauchen oder zu entfremden, hängt davon ab, in welchem Kontext und mit welcher Intention wir an diese Themen herantreten. Und zuletzt auch davon, was wir aus den sich ergebenden Chancen und Restriktionen von Selbstorganisation und Agilität machen, lernen und ableiten: Uneindeutig bleibt es allemal!

Auf der Suche nach Alternativen: Konzepte und Ansätze der Selbstorganisation im Überblick

Georg Zepke und Thomas Schweinschwaller

1 Versuch einer begrifflichen Eingrenzung

Was ist nun unter Selbstorganisation überhaupt zu verstehen? „Selbstorganisation" ist überwiegend ein positiv besetzter Begriff, der meist normativ – im Sinne eines erstrebenswerteren Zustands von „mehr an Selbstorganisation" – verwendet wird. Das „Selbst" im Begriff der Selbstorganisation impliziert eine stärkere Eigenaktivität im Unterschied zu fremdbestimmten Vorgaben. Zusätzlich hat Selbstorganisation den Begriff „Organisation" semantisch zentral platziert, womit verdeutlicht wird, dass die Gesamtorganisation als soziales System damit adressiert ist und nicht ausschließlich das Individuum oder Teams.

Dennoch wirft bei näherer Betrachtung der Begriff zahlreiche Fragen auf: So ist in einem systemtheoretischen Verständnis jegliche Organisation per se dadurch charakterisiert, dass sie sich laufend reproduziert, also stets selbstorganisiert ist (Luhmann, 1988, 2000; Wimmer, 2004). Organisationen sind in diesem Verständnis operativ geschlossen und reproduzieren sich laufend autopoietisch aus den eigenen Kernelementen. Sie entstehen damit tagtäglich aufs Neue durch die Aneinanderreihung von Handlungen bzw. Kommunikationen der Akteur*innen (Weick, 1995). Diese sich selbst reproduzierende, laufende Selbstorganisation beschränkt sich natürlich nicht auf die formell geregelten und zweckrationalen Aspekte, sondern hat immer auch eine informelle, selbstgesteuerte Dimension, die z. B. strukturelle Mängel kompensiert, formelle Regelung ergänzt oder auch unterläuft.

Michaela Moser (2017) schlägt deshalb folgende Unterscheidung vor: „autogene Selbstorganisation" – also von alleine, unvermeidlich in jeder Organisation stattfindende Selbstorganisation (etwa im Sinne der Autopoiesis; Luhmann, 2000) – und „autonome Selbstorganisation" – im Sinne einer bewusst intendierten Verlagerung des Entscheidungspouvoirs nach „unten" zu den Mitarbeiter*innen.

Um so unterschiedliche Ansätze und Praktiken wie agile Konzepte (Scrum, Kanban ...), New Work, „integrale evolutionäre Organisationen", Soziokratie und Holokratie unter einem gemeinsamen Sammelbegriff diskutieren zu können, wird hier mit einer bewusst nicht ganz scharfen, pragmatischen Definition von Selbstorganisation[1] gearbeitet. Sie soll dabei nicht normativ sein und Selbstorganisation als eine von mehreren möglichen, aber nicht als die in jeder Situation beste oder gar „evolutionär höherwertigere" Organisationsform sehen.

Unter Selbstorganisation werden alle Ansätze und Praktiken verstanden, die bewusst mit Organisationsmodellen arbeiten oder experimentieren, die eine Verlagerung traditioneller hierarchischer Entscheidungsverantwortung an die Basis im Zentrum haben und die dabei versuchen, die besondere Herausforderung von Organisation als spezifisches soziales System mitzuberücksichtigen.

Damit können sehr unterschiedliche Ansätze und verschieden skalierte Praktiken betrachtet werden: ein Entwickler*innenteam, das mit Scrum arbeitet; ein mittelständisches Unternehmen, das Entscheidungskompetenzen an seine Mitarbeiter*innen delegiert, um die mittlere Führungsebene zu entlasten (eventuell auch zu entlassen); eine Genossenschaft, die nachhaltige Entwicklungsprojekte betreibt und dabei kollektive soziokratische Entscheidungsverfahren anwendet; eine Sozialorganisation, deren autonom agierenden Organisationseinheiten sich über selbstgewählte Delegierte kreisförmig koordiniert; oder auch Unternehmen, die ohne bewussten Bezug zu einem der aktuell gängigen Methoden Formen entwickelt, um mehr Freiheitsgrade in der Abstimmung zwischen operativ tätigen Mitarbeiter*innen und Kund*innen zu schaffen.

Insbesondere soll durch diese breite Definition die Aufmerksamkeit nicht alleine auf bekannte „Vorzeigeorganisationen", die Selbstorganisationskonzepte entwickelt oder umgesetzt haben, beschränkt werden. Vielmehr wollen wir das Interesse auf die Vielzahl an Organisationen mit ihren zahlreichen kleineren und größeren Experimenten, Ansätzen und Praktiken, die von ihren Mitgliedern tagtäglich umgesetzt werden, richten.

---

[1] Auch die Unterscheidung zwischen „Selbstorganisation", „Selbstmanagement", „Selbstführung" wird nicht vorgenommen, sondern begrifflich großteils synonym verwendet.

2 Ansätze der Selbstorganisation

Der Wunsch, Organisationen menschenfreundlicher und partizipativer zu gestalten, der Sinnentfaltung mehr Raum zu geben sowie Alternativen zur Hierarchie und zu autoritären Führungskonzepten zu entwickeln ist freilich nicht neu und manches als radikal neu präsentierte Konzept hat trotz zeitgemäßer Begrifflichkeit gleichwohl im Kern verblüffende Ähnlichkeit mit klassischen Humanisierungsansätzen.

So ist bereits in den späten Zwanzigerjahren des vergangenen Jahrhunderts die Hawthorne-Studie (Roethlisberger & Dickson, 1939) als Gegenentwurf zu einer reduktionistisch, auf Funktionalität und Effizienz orientierten, rein technischen und ingenieurswissenschaftlichen Arbeitsgestaltung am Fließband (Taylorismus) angetreten. Die daraus entstandene Human-Relations-Bewegung der Dreißigerjahre betont ebenfalls Werte wie Selbstverwirklichung, Sinnerfüllung in der Arbeit und Eigenverantwortlichkeit und entwickelt konzeptionelle und praktische Ansätze zur verstärkten Teamautonomie sowie spätestens in den Siebzigerjahren auch Modelle zu deren organisationsweiten Verknüpfung wie Likerts Modell der überlappenden lateralen Vernetzung (vgl. Schreyögg, 1998).

Basierend auf dem soziotechnischen Systemsatz des Tavistock-Institutes (England) wurden bereits in den 1960er-Jahren teilautonome Arbeitsgruppen mit zuweilen äußerst weitreichender Selbststeuerungskompetenz für die Teams in der schwedischen Automobilindustrie eingeführt, aber auch die schlanken Organisationsprinzipien der verblüffende wirtschaftliche Erfolge aufweisenden japanischen Automobilindustrie führten zu Praktiken und Konzepten, die v. a. den Agilitätsdiskurs maßgeblich beeinflusst haben.

Ein wesentlicher Impuls erfolgte durch die von Lewin beeinflusste Gruppendynamik und aus der daraus entstandenen, auf Partizipation, Hierarchieabbau und verstärkte Teamarbeit ausgelegten klassischen „Organisationsentwicklung". In diesem Umfeld entwickelten sich auch Konzepte, die etwa Projektorganisation als „Antwort auf die Hierarchiekrise" beschrieben (Heintel & Krainz, 2000). Auch in den aktuell diskutierten Ansätzen sind Gruppen, selbstgesteuerte Teams und soziokratische „Kreise" zentrale Elemente und machen intensive gruppendynamische Selbsterfahrung, etwa im

Rahmen sogenannter Trainingsgruppen (T-Gruppen), zur wesentlichen Qualifizierungsgrundlage für den Umgang mit selbstgesteuerten sozialen Prozessen.

Nicht unterschätzt werden sollte die Erfahrungen, die bereits seit den Sechzigerjahren mit Basisdemokratie in den „Graswurzelbewegungen", bei zivilgesellschaftlichen Friedens- und Umweltinitiativen, in autonomen Kultureinrichtungen und Kollektiven, alternativen Wohnprojekten, feministischen Vereinen und in politischen Prozessen gemacht wurden. Auch wenn sich daraus keine einschlägigen breitenwirksamen Referenz-publikationen entwickelt haben, ist dadurch ein wichtiger selbstorganisierter Erfahrungs- und Sozialisierungsbackground von – oftmals akademisch hochqualifizierten – Expert*innen entstanden, etwa im Sozialbereich oder in Wissens- und Bildungsorganisationen mit sozial- oder geisteswissenschaft-lichem Hintergrund.

Letztlich lässt sich die Geschichte der Organisationswissenschaften und Managementkonzepte auch als dialektische Wechselbewegung zwischen zwei Polen beschreiben: zwischen dem Streben nach betriebswirtschaftlicher Optimierung, nach Effizienz und Effektivität von Abläufen, der Suche nach Rationalisierungspotenzial zur Steigerung des Shareholder-Values einerseits und den gegenläufigen Bestrebungen, diese instrumentelle Engführung von Organisationen durch Humanisierung der Arbeitswelt, Partizipation, individueller Motivierung und Entfaltungsversprechen bzw. durch verstärkte Teamarbeit aufzuheben oder zumindest abzufedern, vielleicht zuweilen auch zu verschleiern, andererseits.

Organisationskonzepte sind damit immer in ihrem Wechselspiel aus gesellschaftlichen Entwicklungslinien (vgl. Schweinschwaller in diesem Band, S. 18 ff) und den organisationalen Reaktionen darauf (vgl. Zepke in diesem Band, S. 63 ff) zu verstehen. Dementsprechend sind auch die im Folgenden dargestellten Ansätze Antworten auf aktuelle gesellschaftliche Herausforderungen, etwa der Digitalisierung, und haben zugleich ihren Ursprung – teils, ohne sich dessen ganz bewusst zu sein – in älteren Ansätzen. Dabei ist auch bemerkenswert, dass viele Ansätze europäische Wurzeln haben. Die Ansätze unterscheiden sich in vielerlei Hinsicht bezüglich Begrifflichkeit und Akzentsetzung. Während etwa bei einigen eine partizipative, soziale, teils auch gesellschaftskritische Dimension eher im Vordergrund steht, ist bei anderen die Flexibilisierung als Beitrag zur Maximierung des Unternehmensprofits zentraler Konzepttreiber.

Die Darstellung der Konzepte und Ansätze in den nachfolgenden Abschnitten orientiert sich dabei an einer historischen Logik:

- Soziokratie ist der Zugang mit der historisch ältesten Konzeptualisierung: Das Modell wurde im Rahmen einer durch den niederländischen Quäker Kees Boeke in der ersten Hälfte des 20. Jahrhunderts für die von ihm geleitete reformpädagogische Schule entwickelt und von einem ehemaligen Schüler, Gerard Endenburg, 1970 in den Unternehmenskontext transferiert. Weitergeführt und adaptiert wurde Soziokratie etwa durch Holokratie und kollegiale Modelle.

- Mit *New Work* entstand im Zuge der verstärkten Automatisierung in der Automobilindustrie in den Siebzigerjahren ein Konzept, auf das heute verstärkt referiert wird. Konkreten Ausdruck findet es in Co-Working-Spaces von Selbständigen und kleinen Firmen, aber auch in neuen Arbeitszeitmodellen und Großraumbürolösungen internationaler Unternehmen.

- *Agile Ansätze* wie *Scrum* und *Kanban* basieren hingegen auf einer Krise der zu detaillierten und unflexiblen traditionellen Planungslogik und zu rigider Projektmanagementtools in der von Dynamisierung besonders herausgeforderten Softwareindustrie. Agile Praktiken haben aber auch Impulse in ganz anderen Organisationstypen, die in ebenfalls sich immer rasanter verändernden Umwelten agieren, gesetzt.

- Der historisch bislang letzte, aber das aktuelle Interesse an Selbstorganisation befeuernde Ansatz geht auf das weltweit erfolgreiche, 2015 erschienene Buch „*Reinventing Organizations*" von Frederic Laloux zurück. Der Impuls für das Buch entstand bei dem belgischen, ehemaligen McKinsey-Berater Laloux bezeichnenderweise in einer individuellen Sinnkrise, die ihn motivierte, nach gelungenen alternativen Organisationsmodellen zu suchen. Dabei sucht er weniger in Konzepten als in den konkreten Praktiken von mehreren, weitgehend selbstorganisierten Unternehmen.

Im Folgenden werden die vier Ansätze skizziert: Nach einer kurzen Darstellung des Entstehungszusammenhangs (Worauf versucht das Konzept eine Antwort zu geben?) werden die wesentlichen Grundgedanken und Begrifflichkeiten knapp dargestellt (Welche Antwort gibt das Konzept?). Anschließend erfolgt ein kurzer Blick darauf, in welchen Kontexten die Konzepte auf welche Weise angewendet und diskutiert werden (Wo und wie wird das Konzept aufgegriffen?) sowie eine bilanzierende Einschätzung.

2.1 Soziokratische Ansätze

Worauf versucht das Konzept eine Antwort zu geben?

Die Wurzeln der „Soziokratie" reichen besonders weit zurück, zugleich haben die Überlegungen und Praktiken, u. a. aufgrund des aktuell viel diskutierten soziokratisch orientierten Modells der „Holokratie", großen Einfluss.

Als Begriff kann Soziokratie bereits auf Überlegungen des französischen Philosophen Auguste Comte Anfang des 19. Jahrhunderts zurückgreifen (Rüther, 2018; Strauch & Reijmer, 2018). Comte prägte erstmalig „Soziologie" als Begriff für die Gesellschaftswissenschaften und gilt als Begründer des Positivismus, der ausschließlich empirisch überprüfbare Fakten als wissenschaftlich relevant gelten lässt. Soziologie wird dementsprechend als Art „sozialer Physik" verstanden – also als eine nach sozialen „Naturgesetzen" suchende Befassung mit gesellschaftlichen Fragen. Das Interesse an sozialen Fragen ist eine Reaktion auf die politischen Umbrüche zu Beginn des 19. Jahrhunderts sowie den Zerfall traditioneller Bindungen und die wachsende Individualisierung. Die damit verbundenen Widersprüche, die heute noch radikaler deutlich werden, sind bereits in der Industriellen Revolution angelegt. Dem setzt Comte den Begriff Soziokratie entgegen – als Form eines gemeinsam getragenen Regierungssystems, das zunehmend ein vernünftiges Zusammenleben ermöglichen soll. Fast hundert Jahre später, Anfang des 20. Jahrhunderts, greift der US-amerikanische Soziologe Lester Frank Ward den Begriff Soziokratie erneut auf und betont dabei die gemeinsame Abstimmung, die Entscheidungsfindung und die Begegnung von autonomen, gleichberechtigten Individuen.

Der niederländische Reformpädagoge und Quäker Kees Boeke konzipiert Soziokratie in der Anwendung als konkrete Methode, in der von ihm geleiteten reformpädagogischen Schule. Dabei ist er geprägt durch seine Erfahrungen mit konsensorientierten Entscheidungsverfahren bei Quäkerversammlungen sowie – in seiner Eigenschaft als Friedensaktivist – von der Enttäuschung über das augenfällige Versagen der formaldemokratischen Mehrheitsentscheidungen, das Aufkommen des Nationalsozialismus zu verhindern. Auf einfachen Grundregeln basierend, formuliert er Soziokratie als alternative Form des gemeinschaftlichen Zusammenlebens, um Lösungen zu entwickeln, bei denen sichergestellt ist, dass die Bedürfnisse aller Beteiligten berücksichtigt werden und gleichzeitig die Bereitschaft aller besteht, diese konsensuell abgesicherten Entscheidungen auch umzusetzen. Sein von der Kybernetik inspirierter Schüler, der Ingenieur und Unternehmer Gerard Endenburg, setzt das Konzept 1970 praktisch für die Anwendung in einem betrieblichen Kontext um und konkretisiert und verfeinert dabei die Methoden.

Deutlich später, 2015, übernimmt der US-Amerikaner Brian Robertson viele Prinzipien der Soziokratie und übersetzt sie unter dem Begriff „Holokratie" (engl. *holacracy*) in eine moderne unternehmerische Sprache. Neben dem (unausgewiesenen) soziokratischen Einfluss wurde Robertson auch von agilen Praktiken zur Softwareentwicklung (s. u.) angeregt. Die Grundphilosophie des oft etwas technischen Zugangs ist hingegen vom erfolgreichen Sachbuchautor Ken Wilber (2011) beeinflusst, der in seiner „integralen Theorie" versucht, Wissenschaft mit Religion und Spiritualität zu verknüpfen.

Welche Antwort gibt das Konzept?

Als zentrale Säulen der Soziokratie gelten die von Endenburg formulierten vier Prinzipien (Rüther, 2018; Strauch & Reijmer, 2018).

Alle Grundsatzentscheidungen werden im Konsent getroffen

> Endenburg ersetzt in seiner Weiterentwicklung den oft langwierigen Konsens durch den weitaus pragmatischeren Konsent. Das Konsentprinzip besagt, dass ein Vorschlag dann angenommen ist, wenn es bezogen auf das Ziel keinen erheblichen Einwand gibt. Dieser Entscheidungsmodus sucht im Gegensatz zum Konsens also nicht die Lösung mit möglichst durchgehender Übereinstimmung, sondern diejenige mit den geringsten Einsprüchen. Damit wird der Einigungsdruck deutlich entlastet und die

Entscheidungsfindung potenziell beschleunigt, ohne dabei berechtigte Einwände zu übergehen.

Die Organisation wird in Kreisen aufgebaut

Als zentrales Gestaltungselement der Organisation werden Kreise als wesentliche soziale Einheit etabliert. Diese haben zwar übergeordnete Stellen, sind aber möglichst autonom in ihren Entscheidungen und „dynamisch selbstgesteuert". Ihnen liegt das Subsidiaritätsprinzip zugrunde, d. h., dass die Entscheidungen so weit wie möglich auf der untersten Ebene erfolgen und Aufgaben der möglichst kleinsten Einheit übernommen werden sollen. Die nächsthöhere Ebene soll nur dann regulierend eingreifen, wenn es sich nicht vermeiden lässt.

Die Kreise sind doppelt miteinander verknüpft

Die Idee von Rensis Likerts – der Leitung als Bindeglied („Linking Pin") zwischen überlappenden Organisationseinheiten versteht – fortführend, sind die Kreise doppelt miteinander verknüpft. In jedem Kreis ist eine Führungskraft vertreten, die vom nächsten höheren Kreis bestimmt wird – durchaus wie in traditionellen hierarchischen Organisationen. Zusätzlich ist aber auch ein*e Delegierte*r des unteren Kreises im nächsthöheren Kreis vertreten.

Somit befinden sich immer jeweils zwei Personen – eine von oben, eine von unten bestimmte Person – gemeinsam in zwei Kreisen und sorgen so dafür, dass der Informationsfluss in beide Richtungen erfolgt.

Gerade die doppelte Verknüpfung zeigt die strukturelle Besonderheit der soziokratischen Organisation auf, die sie von der traditionellen hierarchischen Organisation unterscheidet. Eine häufige soziokratische Struktur ist damit ein „allgemeiner Kreis", der die Gesamtsteuerung im Sinne einer Geschäftsführung wahrnimmt, sowie ein darüberliegender „Top-Kreis" mit Eigentümer*innenvertretung, der in etwa die Funktion des Aufsichtsrats erfüllt. Unter dem „allgemeinen Kreis" platziert sind die unmittelbar wertschöpfenden Bereichskreise bzw. noch weitere Kreisebenen.

Die Aufgaben und Rollen werden nach offener Wahl im Konsent entschieden

Die Übernahme von Funktionen und Aufgaben durch Personen werden natürlich, so wie alle anderen Entscheidungen, im Konsent getroffen. Insbesondere betrifft das die Bestimmung der Kreisrepräsentant*innen (Prinzip 3). Die Wahl erfolgt dabei transparent und offen, um Argumente und Einwände diskutieren zu können und Verantwortung für die eigene Entscheidung zu übernehmen.

Eine wesentliche Stärke der Soziokratie besteht darin, stark auf Entscheidungen als Schlüsselelement von Organisationen zu fokussieren und hier auch Werkzeuge und Verfahren zur Verfügung zu stellen. Gleichwohl ist aber auch zu berücksichtigen, dass strukturelle Widersprüche und Dilemmata in der Organisation, informelle Einflussunterschiede und verfestigte dysfunktionale Kulturausprägungen und Kooperationsbarrieren der Organisation durch die Einführung soziokratischer Verfahren nicht automatisch verschwinden.

Holokratie

Holokratie („Herrschaft von Teilen eines Ganzen", Robertson, 2016) übernimmt viele Prinzipien der Soziokratie, setzt aber auch neue Akzente: Zentral für Robertson ist es, ein System zu etablieren, das weitgehend selbstgesteuert auftretende Spannungen („Tension" – verstanden als Differenz zwischen dem Ist-Stand und den nicht aktualisierten Möglichkeiten) aufgreift und für die Entwicklung der Organisation nutzt.

Eben weil die hierarchischen Führungsstrukturen der Organisation durch Selbstorganisation ersetzt werden sollen, bedarf es eines gemeinsam getragenen und internalisierten Regelwerks. Dies wird als umfassendes Betriebssystem – als „Verfassung" – detailliert definiert.

Die wesentlichen Verfassungsinhalte sind in fünf Artikeln festgesetzt (Robertson, 2016):

- *Rollen und Funktionen:* Anstatt Stellen und Positionen tritt eine Vielzahl von flexibilisierten, aber ebenfalls sehr genau zu beschreibenden personenunabhängigen Rollen. Diese werden durch deren Zweck (Purpose), den Aufgabenbereich (Domain) und Verantwortungsbereich (Accountabilities) genau beschrieben.

- *Kreisstruktur:* Ähnlich wie in der Soziokratie ist die Organisation in weitgehend selbstbestimmten Kreisen aufgebaut, die mit über- und untergeordneten Kreisen verknüpft sind. Zusätzlich zu der vertikalen Verknüpfung in der Soziokratie, sind hier auch die horizontalen Verknüpfungen der Kreise auf derselben Ebene definiert.
- *Governance-Prozess:* Dieser grundlegende Prozess regelt im Zuge regelmäßiger Meetings die gesamte Steuerungsstruktur. Diese Meetings haben grundsätzlichen Charakter, reflektieren und adaptieren die Ziele der Kreise sowie deren einzelne Rollen und entwickeln diese weiter.
- *Operativer Prozess:* Dabei erfolgen im Rahmen von „Tactical Meetings" zügige, rein inhaltliche Abstimmungen der operativen Arbeit.
- *Installation:* Unter diesem Punkt werden der Einführungsprozess und das Inkrafttreten der Verfassung definiert.

Als weitere Unterschiede zur Soziokratie werden – abgesehen von begrifflichen Veränderungen – konzeptionelle Adaptionen wie die „Validitätsprüfung" (mit der die sachliche Berechtigung eines Einwandes bei der Konsentfindung in der Holokratie hinterfragt wird) oder andere Modalitäten zur Wahl von Rollenträger*innen gesehen (Oesterreich & Schröder, 2017).

Zentraler Kritikpunkt (vgl. Zeuch, 2016, aber auch Kaltenecker, 2017) ist – neben der nicht ausgewiesenen Übernahme von Grundüberlegungen der Soziokratie und dem sehr auf den Vertrieb der Marke „Holokratie" ausgerichteten Geschäftsmodell – das oft sehr komplexe und detaillierte regulierende Regelwerk. Die angestrebte Vitalität im Organisationsprozess kann damit konterkariert werden.

Weiters wird in einer Begleitstudie zur Implementierung von Holokratie das Risiko der unverhältnismäßigen Zunahme an Meetings beschrieben, während gleichzeitig wesentliche stabilisierende soziale und informelle Interaktionsräume Gefahr laufen auszudünnen (Bauer et al., 2019).

Wo und wie wird das Konzept aufgegriffen?

Die Herkunft der Soziokratie und ihr demokratiepolitisch engagierter Zugang macht sie besonders gut anschlussfähig an wertbasierte Organisationen, an Non-Profit-Einrichtungen sowie an gemeinwohl-orientierte Organisationen und zivilgesellschaftliche Initiativen. Weiters prädestiniert die reformpädagogische Wurzel zu einer Anwendung im Schulsystem (vgl. Scherrer in diesem Band, S. 142 ff). Soziokratische Methoden und Denkmodelle lassen sich gut mit gewaltfreier Kommunikation, Open Space, lösungsorientierten Ansätzen, systemischen Prinzipien und innovativen Moderationsmethoden, etwa „Art of Hosting"[2], verknüpfen. Laut Barbara Strauch und Annewiek Reijmer (2018) haben zwischen 2013 und 2017 allein in Österreich 56 Organisationen die „Soziokratische KreisorganisationsMethode" eingeführt.

Obwohl die Entwicklung des soziokratischen Konzepts in Endenburgs Elektrounternehmen das Vorgehen auch für Wirtschaftsbetriebe anschlussfähig macht, hat sich speziell in den modernen, hochgradig digitalisierten internationalen Unternehmen Holokratie wohl erfolgreicher als moderner Selbstorganisationsansatz konzeptuell platzieren können. Die Aufbereitung von Holokratie ist gegenüber der diskursiver gehaltenen Soziokratie weitaus markanter und sprachlich moderner. Holokratie hat aber auch, wohl nicht zuletzt aufgrund der Darstellung von Robertsons Firma „HolocracyOne," als eine der zwölf Pioniermodelle in Laloux' Bestseller „Reinventing Organizations" (2015, s. u.) und wegen des generell gelungenen Konzeptmarketings („Holokratie" und „Holocracy" sind geschützte Wortmarken und sehr klare Geschäftsmodelle mit Ausbildung und Akkreditierung) rasch internationale Bekanntheit erlangt und konnte namhafte Referenzbetriebe, wie etwa den Internetschuhversand Zappos, vorweisen.

Abgesehen von der Holokratie wird Soziokratie aber auch in anderen Ansätzen weiterentwickelt, etwa mit dem Konzept des soziokratisch inspirierten „kollegial geführten Unternehmens" (Oesterreich & Schröder, 2017; Schröder & Oesterreich, 2019) – bei dem die konsequente Kollektivierung der Führungsarbeit (vgl. Goutrié in diesem Band, S. 129 ff.) und ein schrittweise experimentierendes, pragmatisches und sehr organisationspezifisches Vorgehen im Zentrum steht – oder die „Soziokratie 3.0" (Bockelbrink, Priest & David, 2019) – bei der etwa Erfahrungen mit agile Methoden und Zugangsweise explizit integriert wurden.

---

[2] www.artofhosting.org

Bilanzierende Einschätzung

Soziokratische bzw. soziokratisch inspirierte Modelle setzen mit dem Modell der doppelten Verlinkungen, mit einer neuen „konsentorientierten" Entscheidungskultur und mit entsprechenden Methoden zentrale Impulse, die implizit oder explizit viele andere Selbstorganisationspraktiken beeinflussen (vgl. Kreisel in diesem Band, S. 176 ff). Die Ansätze verstehen sich nicht direkt als antihierarchisch: die Kreisstrukturen sind durchaus nach einem Oben-unten-Prinzip angelegt. Gleichwohl werden traditionelle hierarchische Strukturen durch einen gleichrangigen Austausch zwischen oben und unten verflüssigt. Ansätze in der Tradition der Soziokratie wollen nicht nur Arbeit effizienter organisieren, sondern haben den Anspruch, das soziale Zusammenleben generell zu verbessern und Erfahrungen mit neuen Praktiken und Möglichkeiten organisierter Kooperation zu sammeln. Gleichzeitig gilt es achtsam gegenüber dem Risiko eines Übermaßes an Abstimmungsschritten, zu koordinierenden Rollen und Kreisen und Strukturhypertrophie zu sein.

Im Zuge des aktuellen Interesses an Modellen der Selbstorganisation gilt es zu beobachten, unter welchem konzeptionellen „Markennamen" sich die nützlichen soziokratischen Prinzipien und Praktiken am Beratungs- und Managementmarkt positionieren können.

2.2 New Work

Worauf versucht das Konzept eine Antwort zu geben?

New Work ist ein gesellschaftspolitisch und sozialphilosophisch orientiertes Konzept, das auf den österreichisch-US-amerikanischen Philosophen Frithjof Bergmann zurückgeht und bereits in den Siebzigerjahren im Zuge der mit der Automatisierung der Automobilindustrie verbundenen Umbrüche und damit verbundenen Arbeitskräftefreisetzungen entwickelt wurde. In den letzten Jahrzehnten wurde das Konzept aufgrund der mit der Digitalisierung verbundenen Veränderungen der Arbeitswelt wieder verstärkt aufgegriffen.

New Work problematisiert die klassische Lohnarbeit und sucht nach Alternativen und „Umkehrungen" (Bergmann, 2004) zur Instrumentalisierung und Reduktion des Menschen als reine Humanressource. Durch die Veränderungen der Arbeitswelt fallen zudem immer mehr Individuen aus traditionellen identitätsstiftenden Organisationszusammenhängen und müssen damit zu Entrepreneuren ihres Lebens werden, aber dabei auch schlicht ihren Lebensunterhalt – oft unter prekären Bedingungen als Freiberufler*innen oder Einpersonenunternehmen – erwirtschaften. New Work greift die Vereinzelung, die mit wachsender Flexibilisierungszumutung einhergeht (Sennet, 2000), und die Selbstoptimierungstendenzen im Neoliberalismus kritisch auf und setzt ihnen als Gegenentwurf weitgehende Wahl- und Handlungsfreiheit bei der Arbeit, individuelle Entfaltung, aber auch gesellschaftliche Verantwortung entgegen[3]. New Work betont einen positiven Begriff von Arbeit: „Die Arbeit, die wir leisten, sollte nicht all unsere Kräfte aufzehren und uns erschöpfen. Sie sollte uns stattdessen mehr Kraft und Energie verleihen, sie sollte uns bei unserer Entwicklung unterstützen, lebendigere, vollständigere, stärkere Menschen zu werden" (Bergmann, 2004, S. 11).

Welche Antwort gibt das Konzept?

Trotz des gesellschaftstheoretischen Hintergrunds steht im Zentrum von New Work ein sehr individueller Suchprozess jeder*s Einzelnen nach der Antwort, auf die nur auf den ersten Blick einfach erscheinenden Frage, womit wir die Zeit, die wir haben, verbringen wollen. Frithjof Bergmann (2004) verwendet hier die für ihn charakteristische Formulierung: „Was wollen wir eigentlich wirklich, wirklich?"

Im Rahmen von New Work wird die zu leistende Gesamtarbeit in drei Teile differenziert: Ein Drittel der Arbeit widmet sich jenem Vorhaben, was man „wirklich, wirklich" will; ein weiteres Drittel der Tätigkeit dient der Selbstversorgung und nur ein Drittel ist für die klassische Erwerbsarbeit reserviert. Das Konzept von New Work ist ein transformatives Konzept und möchte bewusst das neoliberale System unterwandern.

Dabei wird Erwerbsarbeit auf drei Achsen, in ein vom Arbeitsort, der Zeit und der Struktur flexibles Umfeld, eingebettet (Lindner et al., 2018). Leitend ist dabei die Vision „Arbeite, wann, wo und mit wem du willst".

---

[3] Vgl. etwa Bergmanns poetisch-kämpferisches Manifest, www.newwork.global/deutsch/

- Das hat auf der Achse der *Flexibilisierung des Ortes* Auswirkungen auf Zusammenarbeit und Zugehörigkeit, z. B. durch die Einrichtung von Co-Working-Spaces, Desksharing in Großraumbüros, Homeoffice usw. und auch die Nutzung von arbeitsplatzfreien Bearbeitungsformen wie z. B. das Cloud-Working oder die virtuelle Teamarbeit.

- Auf der Achse der *Flexibilisierung von Zeit* kommen bei New Work z. B. agile Methoden, Vertrauensarbeitszeit und bezahlte Zeitblöcke zur freien Verfügbarkeit usw. verstärkt zum Einsatz. Ebenso ist eine Zunahme an freien Dienstverträgen und befristeten Arbeitsverhältnissen zu beobachten.

- Auf der *Achse der Struktur* werden vor allem Routinen, Gewohnheiten, Abläufe und Selbstverständnisse hinterfragt und der Fokus auf mehr (selbstgesteuerte) Zusammenarbeit, Freiräume zum Lernen und den Abbau von Hierarchieebenen gelegt.

Digitalisierung und soziale Kommunikationsmedien werden dabei als Mittel der Erleichterung der Erwerbsarbeit und als Mittel der unkomplizierteren Verfügbarkeit von Supportleistungen gesehen. Selbstgesteuerte Lernprozesse im Arbeitskontext gewinnen an Bedeutung (vgl. Nowak in diesem Band, S. 154 ff).

Wo und wie wird das Konzept aufgegriffen?

Aktuell wird New Work oft synonym für Flexibilität verwendet und sein transformativer Anspruch ausgeblendet (Hackl, Wagner, Attmer & Baumann, 2017). Zugleich ist die New-Work-Szene geprägt von Wissensarbeiter*innen, Grafiker*innen, Gründer*innen und Projektinitiator*innen, Selbstständige aus der Kreativitätsbranche, IT-Dienstleister*innen, Berater*innen etc., die als Ein-Personen-Unternehmen oder als kleine GmbHs, als Genossenschaften, Vereine oder Netzwerke organisiert sind.

Urbane Co-Working-Spaces sowie flexibilisierte Arbeitsmodelle in großen Unternehmen sind von Überlegungen des New Work beeinflusst. Aber auch individuelle Bemühungen, Erwerbsarbeit und persönliche Entfaltung sowie ausreichend Zeit für Familie und Freundschaft miteinander zu verknüpfen, haben eine Verbindung zum New-Work-Diskurs.

Bilanzierende Einschätzung

New Work bringt einen inspirierenden sozialphilosophischen Überbau, Impulse, Begriffe und einen gesellschaftskritischen Blick sowie lebenspraktische Denkkonzepte ein. Bislang wurde aber kein unmittelbar anwendbares Organisationskonzept entwickelt oder soziale Techniken – allerdings hat New Work auch nicht diesen Anspruch. In Zentrum des New-Work-Ansatzes werden vielmehr Fragen nach dem Sinn, der Erhöhung der Selbstwirksamkeit und Autonomie gestellt. Optimistisch betrachtet versucht New Work einen weiteren Vorstoß der Humanisierung von Arbeitsbedingungen und -verhältnissen zu unternehmen. Der ursprünglich transformative Anspruch geht zugunsten einer Methoden- und Best-Practice-Diskussion oftmals unter.

2.3 Agilität

Worauf versucht das Konzept eine Antwort zu geben?

Während New Work als Antwort auf den Übergang der Industrie- in eine Wissensgesellschaft entstanden ist, haben agile Konzepte dagegen ihre Wurzeln in Softwareentwicklungsprojekten und führen dabei zu einem deutlich neuen, flexibleren Verständnis von Produktentwicklung. Sie sind primär als Reaktion auf eine sich als viel zu schwerfällig erweisende Planungslogik im traditionellen – aus der Bau- und Fertigungsindustrie entstandenen – Projektmanagement zu sehen. Die sich immer stärker dynamisierende und schnelllebiger werdende Welt ist besonders unmittelbar in der Softwarebrache erlebbar. Angesichts der immer umfassenderen Digitalisierung, rasanter technischer Innovationen, aber auch der laufenden Aktualisierungsnotwendigkeit der zugrundeliegenden Betriebssysteme in einem selbstbewussten und anspruchsvollen Kund*innensegment werden innovative Softwareprogrammierer*innen laufend vor Herausforderungen gestellt. Langwierige Projektplanung zum Projektstart und akribische Formulierungen eines Pflichtenheftes mit detaillierten Arbeitspaketspezifikationen, die dann nur „wasserfallartig" umgesetzt werden müssen, erweisen sich bei sich laufend und in kaum kalkulierbarer Weise ändernden Umweltansprüchen als zunehmend unzulänglich. Zudem sind gerade für hochqualifizierte, oft junge Programmierer*innen und technische Expert*innen formalisierte

Organisationsstrukturen, die die individuelle Kreativität und selbstgesteuerten Abstimmungsprozesse erschweren, zunehmend unattraktiv.

Als Reaktion darauf wurde von 17 innovativen und renommierten Softwareentwickler*innen, darunter z. B. Jeff Sutherland und Ken Schwaber, die Mitbegründer des Scrum (Beedle, Devos, Sharon, Schwaber & Sutherland, 1999) das „Agile Manifest" (Beck et al., 2001) veröffentlicht. Im Agilen Manifest werden vier Axiome und zwölf Prinzipien formuliert. Dabei werden Prinzipien wie „Individuen und Interaktionen", die „Funktionsfähigkeit der Software", die enge „Zusammenarbeit mit den Kund*innen" und das flexible „Reagieren auf Veränderung" größere Bedeutung beigemessen als der Definition von „Prozessen und Werkzeugen", der aufwändigen und umfassenden „Dokumentation", der detaillierten „Vertragsverhandlung" sowie dem genauen „Befolgen eines Plans"[4].

Zusätzliche Impulse zur Agilität erfolgen aus der japanischen Automobilindustrie, konkret dem „Toyota-Produktionssystem". Das Vorgehen war einer der Erfolgsfaktoren, um im rohstoffarmen und als Inselstaat räumlich beengten Japan gegenüber Amerika konkurrenzfähig zu bleiben. Bei komplexen Produktionsketten zeigen sich die Schwierigkeiten zentraler, detailliert vorausplanender Produktionssteuerung u. a. auch darin, dass es bei der Produktion von Fertigungsteilen auf Vorrat, etwa um Kapazitätsengpässe im nächsten Produktionsschritt zu vermeiden, zu hohen Lagerhaltungskosten und ineffizienter Kapitalbindung kommt. Pufferbestände werden dabei ausschließlich als zu vermeidende Verschwendung gesehen. Durch Lean Management, Just-in-time-Ansätze und Kanban wurden hier schlankere und flexiblere Prozesse konzipiert und die Kund*innenorientierung in den Mittelpunkt gerückt. Das Vorgehen ist allerdings auch mit massiven Personaleinsparungsmöglichkeiten verbunden und birgt das Risiko, von „schlank" in „magersüchtig" überzugehen (vgl. Kühl, 2015).

Welche Antwort gibt das Konzept?

Bei dem aus der Lean Production abgeleiteten und im Kanban essenziellen „Pull-Prinzip" wird Arbeit nur angestoßen, sobald konkreter Bedarf daran besteht. Nachschub wird erst dann angefordert, wenn sich der Vorrat dem Ende

---

[4] Zum Nachlesen des gesamten Manifests: www.agilemanifesto.org

zuneigt, womit der Produktionsablauf flexibler, effektiver und kostengünstiger wird. Dabei wird von einem Flussprinzip entlang der Wertschöpfungskette für die Kund*innen ausgegangen, bei dem jede Aufgabe in hoher Qualität so schnell wie möglich abgearbeitet werden soll. Die Anzahl der parallelen Arbeiten wird durch sogenannte „Work-in-Progress-Limits" begrenzt.

Auch in der Softwareindustrie wurde das Pull-Prinzip und die Visualisierung des Workflows aufgegriffen: Erst wenn ein Team Aufgaben abgearbeitet hat, werden weitere Aufgaben aus dem Bestand der zu erledigenden Anforderungen gezogen und auf einen für alle Kolleg*innen sichtbares Kanban-Board, je nach Bearbeitungsgrad, von links nach rechts verschoben (vgl. Kaltenecker, 2017). „Scrum" (Beedle et al., 1999) ist die von den agilen Methoden wohl Bekannteste (vgl. Dambauer in diesem Band, S. 96 ff.).

Dominante Elemente aller agilen Methoden sind dabei selbstgesteuerte Teams, die in sich zeitlich klar definierten („Timeboxing"), überlappenden Entwicklungsphasen arbeiten. Dabei werden sie durch tägliche, auf 15 Minuten beschränkte Abstimmungstreffen („Dailys") und Meetings zu Vorschau, Review und Rückblick in einem klaren zeitlichen Rhythmus („Sprints") geleitet. Die Besprechungsformate entsprechen damit auch der kurzzyklischen Zugangsweise der agilen Praktiken generell.

Anstelle detaillierter Vorabplanung steht die zügige Entwicklung frühzeitig für die Kund*innen nutzbarer Ergebnisse in „iterativen Schleifen" und laufende Nachjustierung auf Basis gemeinsamer Bewertungsschritte (Retrospektiven – vgl. Alexa & Zepke in diesem Band, S. 105 ff).

Im Gegensatz zu Kanban definiert Scrum sehr klare Rollen. Wesentlich sind dabei, neben den Mitgliedern des Entwicklungsteams, der Product Owner und der Scrum-Master. Der Product Owner repräsentiert die Kund*innenperspektive gegenüber dem Team und beschreibt in sogenannten „User-Storys" den Kund*innennutzen bzw. die Anwendung aus Nutzer*innensicht (Preußig, 2015). Die User-Story definiert die Anforderungen aus Kund*innensicht: Was wünschen sich Anwender*innen von einer Software? Alle User-Storys werden im „Product Backlog" gesammelt und ausschließlich durch den Product Owner ergänzt, adaptiert und priorisiert. Der Backlog steht den Entwickler*innen zur Einsicht zur Verfügung und entspricht den gesammelten, sich aber dynamisch ändernden Anforderungen an die Software.

Führung und Leitung werden nicht grundsätzlich infrage gestellt, verändern aber deutlich ihre Funktion. Die Führungskräfte agiler Softwareentwicklungsteams entwickeln dabei gegenüber traditioneller Führung und Projektleitung deutlich andere Rollensets (vgl. Weißensteiner in diesem Band, S. 84 ff).

In der agilen Praxis gewinnen auch kreative Visualisierungs- und Moderationsmethoden an Bedeutung. Dabei kommen oft bunte und sinnlich-haptisch ansprechende, spielerische Elemente zum Einsatz. Bunte Post-its auf Kanban-Boards und Arbeit mit Lego-Bausteinen als Mittel zu Veranschaulichung von Scrum stellen damit quasi Artefakte der Agilität dar. Neben der methodischen Seite verstärkt sich durch die hohe Bedeutung von selbstgesteuerten Teams das Interesse an Gruppendynamik, am Verständnis von sozialen Prozessen und an sozial-kommunikativen Fertigkeiten.

Wo und wie wird das Konzept aufgegriffen?

Agile Konzepte haben ihren Ursprung in international tätigen Automobilindustriebetrieben und großen Sofwareunternehmen. Das kommt auch in einer sehr spezifischen, teils etwas technokratischen Sprache, aber auch in der stark auf Effizienzsteigerung abzielenden Argumentation zum Ausdruck.

Dabei ist die Gesamtorganisation oftmals nicht zur Gänze agil oder sonst sonderlich sozial innovativ hinsichtlich des Einsatzes einer selbstgesteuerten Gesamtstruktur. Die agilen Teams sind dann oft „Silos", die exotische Inseln in sonst durchwegs traditionell organisierten Großbetrieben darstellen. Während sich in den agilen Teams eine zunehmend elaboriertere Selbststeuerungspraxis herausbildet, hat die restliche Organisation oftmals ungebrochen eine „Command and Control"-Logik strukturell und kulturell tief verankert.

Durch den Fokus auf Teams als soziales Kernelement konnten agile Ansätze auch einfach auf kleine IT-Firmen übertragen werden. Die beherzte Dynamik und die zuweilen spielerische Leichtigkeit versprechenden Methoden haben aber auch in Branchen und Organisationen außerhalb der Softwareindustrie Einfluss auf die Art und Weise, wie an die Projektplanung herangegangen und der Besprechungsalltag gestaltet wird. Allerdings zeigt sich zuweilen, dass die Methoden, Techniken und Begrifflichkeiten nicht immer einfach in andere

Bereiche mit gänzlich anderen Spannungsfeldern als in der Softwarebranche transferiert werden können.

Bilanzierende Einschätzung

In agilen Ansätzen besteht zwar eine kritische Haltung gegenüber Überregulierung, Dokumentationszwang, einschränkenden Bürokratismus und unhinterfragten formalisierten Strukturen, jedoch wird selten kritisch über gesellschaftliche Kontexte nachgedacht. Agilität ist primär eine Form der Flexibilisierung, Prozessbeschleunigung und Effizienzsteigerung, allerdings basierend auf der Erkenntnis, dass dazu Autonomieerhöhung, Dialog mit Kund*innen und Auftraggeber*innen und damit gerade auch „weiche Faktoren" – wie Interaktion, gemeinsame Reflexion, offene Kommunikation – kreative und pragmatische Methodik und eine veränderungsaffine Grundhaltung („Agiles Mindset") wesentlich sind.

2.4 Integrale evolutionäre Organisation – Laloux' Reinventing Organizations

Worauf versucht das Konzept eine Antwort zu geben?

Frédéric Laloux veröffentlichte 2014 das Buch „Reinventing Organizations" ursprünglich im Selbstverlag und erlangte damit ohne großes Marketing einen Welterfolg. Auch wenn die Suche nach neuen, lebensfreundlicheren Organisations- und Arbeitsformen – wie etwa aus den bisherigen Ausführungen ersichtlich – nicht ganz neu ist, ist das Entwickeln neuer Formen der Zusammenarbeit in unserer Gegenwart wohl wichtiger denn je. Zusätzlich erhält seine Suche nach „anderen" Organisationsformen Rückenwind dadurch, dass es immer offensichtlicher wird, dass die von ungehemmten Wachstumsvorstellungen geprägte Art, wie unser Zusammenleben und unsere Wirtschaft organisiert ist, ökologisch immer bedrohlicher wird und zunehmend deutlicher zur Gefährdung der globalen Lebensgrundlage führt.

In diesem gesellschaftlichen Konnex baut Laloux seine konzeptiven Überlegungen auf ein historisches Stufenmodell[5] auf, das von dominierenden Paradigmen und immer wieder stattfindenden eruptiven „Durchbrüchen"

---

[5] Das Modell ist von den Arbeiten des Psychologen Clare Graves zur individuellen Ich-Entwicklung sowie dem darauf aufbauenden Modell der „Spiral Dynamics" (Beck & Cowan, 2007) beeinflusst.

geprägt ist, und wendet es auf die historische Entwicklung von Organisationsformen an.

Nach zwei quasi noch organisationsfreien frühgeschichtlichen Paradigmen[6] beschreibt er vier Organisationsformen, die sich progressiv als Antwort auf gesellschaftliche neue Herausforderungen weiterentwickeln, die aber angesichts der sich ebenso entwickelnden gesellschaftlichen Herausforderungen zunehmend an ihre Grenzen stoßen.

Die erste „tribal impulsive Organisationsform" ist von Stammesoberhäuptern geprägt, die sich durch Gewalt und Stärke in einer gefährlichen Umwelt durchzusetzen versuchen. Charakterisiert ist sie von der Notwendigkeit, Autorität durch ständige persönliche Machtausübung – noch nicht durch personenunabhängige formelle Struktur – abzusichern.

Die „traditionelle konformistische Organisation" ist eine Antwort auf die Anforderungen einer zunehmend von Landwirtschaft geprägten sesshaften Kultur. Hier werden stabile Rituale mit klarer Rangordnung, formalisierte Prozesse sowie personenunabhängige Rollen und Funktionen dominant. Diese Organisationsform bewährt sich bei sehr langfristiger Stabilität in unveränderlichen Umwelten und bringt stark bürokratische Strukturen und pyramidenförmige Hierarchieanordnungen hervor.

Im Zuge der Aufklärung der industriellen Revolution und der damit verbundenen wachsenden Dominanz des Kapitalismus entstehen die „modernen leistungsorientierten Organisationen", die bis heute unseren Organisationsalltag besonders prägen. Diese Organisationen fördern das Hinterfragen traditioneller „gottgegebener" Autorität, sind offen für Veränderungen, bieten grundsätzlich Aufstiegsmöglichkeiten nach dem Leistungsprinzip und ermöglichen damit Innovation in weitaus größerem Ausmaß. Zugleich sind sie geprägt von einem mechanistisch-maschinenhaften Bild von Organisation und vom kontinuierlichen Streben nach Effizienz- und Profitmaximierung. Die materialistische Engführung auf Profit und Wachstumszahlen sowie die starke Betonung von individueller Leistung und Erfolg führen zu chronischem Stress, Erosion der Gemeinschaft und tief verankerten Abstiegsängsten.

---

[6] Das archaische, rein „reaktive Paradigma" am Beginn der Menschwerdung und das „magische Paradigma" der ersten kleinen Stammesgruppen.

Als Antwort auf die Schatten dieser Paradigmen entwickelt sich die „postmoderne, pluralistische Organisation", die auf Empowerment der Mitarbeiter*innen, Dezentralisierung, wertorientierte Kultur und Sinnausrichtung sowie auf die Integration verschiedener Interessengruppen setzt. Der soziale Charakter der Menschen wird in der Organisationsgestaltung sehr berücksichtigt und es wird versucht, das Bedürfnis nach Zugehörigkeit und Gemeinschaft zu befriedigen. Organisationskultur und Werteorientierung haben einen hohen Stellenwert. Organisationen sollen nicht wie Maschinen funktionieren, sondern eher dem Bild einer Familie entsprechen. Schwächen bestehen dabei im Verleugnen von Macht und Vermeiden von strukturellen Regelungen, übermäßigen Formen der Einbeziehung und dem Überbetonen des Sozialen. Hierzu bräuchte es laut Laloux Organisationen, die auf einem neuen, integralen evolutionären Paradigma beruhen.

Welche Antwort gibt das Konzept?

Die neuen „integralen evolutionären Organisationen"[7] stellen so etwas wie eine Synthese der Stärken der vorhergehenden Paradigmen dar. Obwohl Laloux betont, dass die unterschiedlichen Stufen nicht mit Wertungen verbunden sind und in unterschiedlichen Kontexten passende Antworten sein können, bleibt dennoch kein Zweifel, dass diese bislang letzte Stufe als die durchwegs erstrebenswerteste Organisationsform gesehen wird.

Integrale evolutionäre Organisationen unterscheiden sich von ihren Vorgängern (insbesondere von den durchaus in vielerlei Hinsicht ja bereits sehr alternativ agierenden postmodernen, pluralistischen Organisationen) durch „transzendentale" Grundworte, wie etwa eine Zurücknahme des Egos und das Vertrauen auf die innere Stimme. Hier ist der Einfluss von Ken Wilbers (2011) spirituell orientierter „integraler Theorie" erkennbar. Organisationen werden dabei in sehr konkreter Weise als lebendige Organismen verstanden.

Laloux sucht nun nach bereits existierenden Organisationen, die zukunftsweisend anders organisiert sind und dem menschlichen Potenzial mehr Entfaltungsraum geben. Dabei porträtiert er zwölf Organisationen, die er als Pioniere für „integrale evolutionäre Organisationen" und für ein neues Miteinander sieht. Die Darstellung der Beispiele stellen den Kern des Buches

---

[7] Laloux wies auch jeder Stufe eine spezielle Farbe zu – die integralen evolutionären Organisationen werden von ihm als „teal" also „Petrolfarbene", „türkise" Organisationen bezeichnet.

dar und haben keinen wissenschaftlichen Anspruch, sondern geben dem Modell eher „anekdotische Evidenz" (Laloux, 2015, S. 284).

Die Organisationen sind dabei sowohl gemeinnützig als auch gewinnorientiert. Sie sind aus unterschiedlichen Branchen – wie etwa der Lebensmittelhersteller Morning Star und Robertsons Beratungsfirma HolocracyOne (s. o.) – und haben sehr unterschiedliche Größen – von einigen hundert bis weltweit 40.000 Mitarbeiter*innen). Insbesondere bekannt wurde der niederländische ambulante Pflegedienst „Buurtzorg", bei dem beim Erscheinen des Buches etwa 7000 Mitarbeiter*innen arbeiteten, in ca. 850 autonomen Teams, die von nur etwa fünfzig zentralen Mitarbeiter*innen koordinierend und beraterisch unterstützt wurden. Bei Buurtzorg gelang es, dass Mitarbeiter*innen mit hoher Arbeitszufriedenheit arbeiten, aber auch bei den Kund*innen hohe Zufriedenheit besteht und zugleich beeindruckende Kosteneinsparungen möglich wurden. Die innovative Pflegeorganisation und ihr CEO, Jos de Blok, sind dadurch weltweit – und weit über den Bereich der mobilen Pflege hinaus – bekannt geworden.

Die integralen evolutionären Organisationen zeichnen sich nach Laloux durch folgende drei zentrale „Durchbrüche" aus: Selbstführung, Suche nach Ganzheit und Ausrichten auf den evolutionären Sinn, wobei diese drei zentralen Charakteristika nicht in allen beschriebenen Organisationen gleichermaßen umgesetzt sind (vgl. Hauser in diesem Band, S. 118 ff).

- *Selbstführung:* Die Selbstführung stellt das klassische Bild der Pyramidenstruktur als Abbild von Hierarchie infrage und geht davon aus, dass es keine formalisierten Berichts- und Führungsebenen braucht, um koordiniert zu handeln. Dabei wird nicht versucht, Führung abzuschaffen, sondern sie zu verbreitern und zu kollektivieren und somit Autorität auf alle Mitglieder aufzuteilen und die kollektive Intelligenz des Systems zu nutzen. Die Verantwortung wird bei herausfordernden Entscheidungen dementsprechend in Gruppen getroffen.

Mitarbeiter*innen erfüllen dabei nicht mehr von Vorgesetzten vorgegebene Aufgaben, sondern nehmen diese aufgrund ihrer Interessen oder Talente bzw. organisationaler Notwendigkeiten und Bedürfnisse an (vgl. Laloux, 2015). „An die Stelle von pyramidenartigen Hierarchien treten spontan entstehende ‚flexible' Hierarchien, die auf Anerkennung, Einfluss und

Fertigkeiten basieren" (Laloux, 2015, S. 67). Stellenbeschreibungen werden durch vielfältige Rollen und Verantwortlichkeiten, die die Mitarbeiter*innen selbstgeführt übernehmen können, ersetzt.

Dennoch bleiben personalisierte Führungsfunktionen – wie die der Geschäftsführung – bestehen, deren Aufgaben sich aber deutlich verändern (zu den Herausforderungen für Führungskräfte auf der mittleren Managementebene siehe den Beitrag von Morgenbesser in diesem Band, S. 165 ff).

- *Ganzheit:* Laloux problematisiert Entfremdung, Versachlichung und Austauschbarkeit der in Organisationen tätigen Menschen und setzt dem „Ganzheit" entgegen. Diese soll ermöglichen, dass „wir unsere Masken abnehmen, unsere innere Ganzheit wiedererlangen und unser ganzes Selbst in die Arbeit einbringen können" (Laloux, 2017, S. 55). In integralen evolutionären Organisationen werden die Mitarbeiter*innen ermutigt, sich neben den funktionalen Anforderungen als gesamte Person einzubringen. Im Dialog, durch Reflexion und Feedback wird festgelegt, wie z. B. die Arbeitszeiten mit den persönlichen und den beruflichen Anforderungen in Einklang gebracht werden können, d. h. private Anliegen sind in der Arbeitsgestaltung willkommen. Besonderer Wert wird auf die Gestaltung von sicheren Entwicklungsräumen in Organisationen und auf dialogische Beurteilung der Leistung gelegt.

- *Evolutionärer Sinn:* „In der integralen evolutionären Perspektive wird eine Organisation als lebendiges System gesehen, ein eigenes Wesen mit eigener Energie, eigener Identität, einem eigenen kreativen Potenzial und einem Gefühl von Richtung. Wir müssen der Organisation nicht sagen, was sie tun soll, wir müssen zuhören, ihr Partner werden, mit ihr tanzen und entdecken, wohin sie uns führt" (Laloux, 2015, S. 200). Organisationen werden als beseelter Teil eines Ökosystems, der im Austausch mit der Umwelt lebt, verstanden. Verbunden mit dieser Annahme, überarbeiten Gründer*innen und Mitarbeiter*innen die klassischen Steuerungssysteme und die an Kennzahlen orientierte Führung. Langfristige Strategieplanung wird durch Praktiken, die das Wahrnehmen und Hören auf den evolutionären Sinn (Purpose) ermöglichen, ersetzt. Dabei haben ritualisierte und mediative Praktiken einen hohen Stellwert.

Wo und wie wird das Konzept aufgegriffen?

Laloux' Bestseller ist es gelungen, das Bedürfnis nach neuen, alternativen, menschenfreundlicheren Organisationsformen aufzugreifen und hat damit eine breite Diskussion über das Thema Selbstorganisation angestoßen. Das Buch wird einerseits von Organisationsberater*innen, aber auch von veränderungsinteressierten Führungskräften in unterschiedlichen Branchen diskutiert und bietet argumentative Schützenhilfe und Rückenwind für Organisationen, die neue Wege beschreiten wollen.

Der Erfolg von „Reinventing Organizations" hat wohl damit zu tun, dass das Buch zwei Lesarten zulässt: Einerseits entwirft es eine zuweilen etwas esoterisch anmutende Darstellung von neuen, integralen evolutionären Organisationen. Durch die geringen Berührungsängste mit spirituellen Fragen sowie der Sinnsuche und deren Verknüpfung mit konkreten Businesspraktiken spricht es dabei sicherlich einen Teil der von der nüchternen Organisationswelt ermüdeten Leser*innenschaft an. Andererseits bietet das Buch – bei der Darstellung der von Laloux ausgewählten Pionierorganisationen – sehr anschauliche Beschreibungen von konkreten Praktiken und handfeste Anregungen. Dabei werden nicht nur die sozialen Aspekte, sondern auch so schwierige Themen wie Budgetierung, Kündigungen, Personalauswahl und Entgeltsysteme dargestellt, was den Darstellungen „Bodenhaftung" verleiht. Diese Organisationen werden damit auch zu Inspirationsmodellen für die Community. Vertreter*innen der Pionierorganisationen werden zu Kongressen geladen, um über ihre Erfahrungen zu berichten und ihre Praxiserfahrungen zu verbreiten, oder können – zuweilen kostenpflichtig – besucht werden.

Zudem ist die ansprechende illustrierte Kurzfassung von „Reinventing Organizations" (Laloux, 2017) sicherlich ein weiterer Faktor, der zur Verbreitung seiner Überlegungen beigetragen hat.

Bilanzierende Einschätzung

Laloux bringt weniger ein konsistentes eigenständiges Modell zur Organisationsgestaltung. Die von ihm skizzierte integrale evolutionäre Organisation ist vielmehr ein Idealtypus, der eine Entwicklungsrichtung aufzeigt.

Der zentrale Reiz des Buches ist die Fülle an Praxisbeispielen, die deutlich macht, dass ein grundsätzlich anderes Arbeiten möglich ist und Organisationen auch völlig anders als üblich gestaltet werden können. Auch wenn sich über Laloux' Buch Kritisches sagen lässt, etwa die Auswahl der dargestellten Organisationen, die an manchen Stellen sehr spirituelle Begrifflichkeit und die bewusst nicht wissenschaftliche Aufbereitung und Auswertung der erhobenen Daten: Das Buch ist getragen von der Ermutigung, über Bestehendes hinauszudenken und damit Organisationen, die von Selbstentfaltung, Kooperation, Wertschätzung und auch Achtsamkeit für das Leben und die Umwelt geprägt sind, „neu zu erfinden".

3 Fazit

Deutlich wird, dass die unterschiedlichen Ansätze jeweils verschiedene Facetten der Selbstorganisation akzentuieren und dementsprechend verschiedene Potenziale und Möglichkeiten neuer Organisationsformen aufzeigen. Mögliche Organisationsformen differenzieren sich und entwickeln sich weiter. Es gibt nicht mehr nur eine überschaubare Zahl von Organisationsstrukturen, wie Linienorganisation, Matrixorganisation oder Prozessorganisation. Die neue Vielfalt zeigt, wie viele unterschiedliche Möglichkeiten die Suche nach einer passenden Organisationsform bietet.

Die hier vorgestellten Konzepte sind Antworten auf Herausforderungen bestimmter Felder. Keine der Methoden bietet die richtige oder optimale Form, sondern kann nur als ein weiterer Versuch gesehen werden, Arbeit passend zu organisieren. Zugleich werden in der Darstellung aber auch spezifische Grenzen und Herausforderungen der Konzepte sichtbar. Ein pragmatisches Vorgehen, das sich von möglichst unterschiedlichen konzeptuellen Überlegungen und Praxisbeispielen inspirieren lässt, diese auf die besondere Situation der eigenen Organisation anwendet und dabei keine Scheu hat, verschiedene Ansätze zu kombinieren und weiterzuentwickeln, ist erfolgversprechend.

Selbstorganisation in sozialen Systemen: Selbstverständlichkeit oder Widerspruch?

Georg Zepke

1 Einleitung

In der Arbeit als Organisationsberater*in, als Supervisor*in und als Coach, im Rahmen von Organisationsforschungsprojekte, aber auch in Alltagsgesprächen wird immer wieder deutlich, wie häufig Menschen unglücklich in ihrer Arbeit und in den Organisationen sind, in denen sie diese verrichten. Quer durch die Branchen und Hierarchieebenen erleben sich Menschen häufig trotz hohem Einsatz als unzulänglich und fühlen sich in einer eigenartigen Kombination zugleich über- und unterfordert.

Mit der Digitalisierung ist ein Rückgang von repetitiver und körperlich beschwerlicher Arbeit – zumindest in großen Teilen der westlichen Welt – verbunden. Arbeitserleichterung sowie Entlastung von lästigen Tätigkeiten werden in Aussicht gestellt. Stattdessen erleben wir aber Beschleunigung, Komplexitätszuwachs, unschärfer werdende Grenzen zwischen Arbeits- und Privatleben, Orientierungsverlust und ein eigentümliches „Verstummen" der Welt trotz – oder gerade durch – deren zunehmende alltagspraktische Verfügbarkeit (Rosa, 2020). So entsteht ein vages Leeregefühl, dessen Ursachen nur schwer lokalisierbar und fassbar sind.

In aller Regel ist diese Unzufriedenheit nicht in den Arbeitsinhalten selbst begründet: Die meisten Menschen haben Interesse an ihrer Tätigkeit, interessieren sich für ihre Zielgruppe, reparieren gerne Maschinen, unterrichten gerne Kinder, haben Freude daran, Software zu programmieren, sorgen gerne für eine ordentliche Abwicklung eines Projekts etc. Die Kerntätigkeit ermöglicht häufig das Erleben von Selbstwirksamkeit und Resonanz (Rosa, 2020), weckt Interesse und ist oft Quelle der Befriedigung. Wenngleich nicht vergessen werden darf, dass das nicht auf alle Tätigkeiten im selben Ausmaß zutrifft und gerade schlecht bezahlte Arbeit meist wenig Befriedigung aus sich heraus bietet.

Die Hauptursache arbeitsbezogener Unzufriedenheit besteht aber bei einer großen Anzahl an Personen – egal ob Mitarbeiter*in oder Führungskraft sowie in den unterschiedlichsten Arbeitsbereichen – in den organisationalen Rahmenbedingungen. Organisationen werden als kühle Orte der Fremdbestimmtheit, der bürokratischen, lebensfernen und überre-glementierten Logik, der Undurchschaubarkeit und Abstraktheit und der am Individuum desinteressierten Funktionalität und der Entfremdung erlebt.

Mit dem wachsenden Druck sowohl auf Organisationen als auch auf Individuen und der damit verbundenen Verunsicherung wächst zugleich auch die Sehnsucht nach anderen, mehr sinnerfüllenden Kooperationsformen und anderen, freieren, lustvolleren Beteiligungsmöglichkeiten. Dementsprechend haben in den letzten Jahren Ansätze, Konzepte und Praktiken zur Selbstorganisation, wie New Work und Agilität, die hier Alternativen aufzuzeigen versprechen, eine große Anziehungskraft bekommen. Die in diesem Umfeld entstandenen pionierhaften Organisationen, die neue Kooperationspraktiken umgesetzt haben, stellen inspirierende Beispiele dar. Sie sind durch Publikationen von Berater*innen, Vortragstätigkeiten, durch häufige Zitation in der Community sowie der Besichtigungsmöglichkeiten präsent und wecken in vielen Organisationen Interesse, Experimentierbereitschaft und Energie, sich auf Neues einzulassen. Zugleich ist in Gesprächen mit Mitarbeiter*innen und Führungskräften neben Euphorie, Aufbruchsstimmung und Erfolgsgeschichten zunehmend auch eine gewisse Ernüchterung zu bemerken. Nicht alles funktioniert wie erhofft; und nicht immer transformiert sich die eigene Organisation in der Art, wie es in der Literatur und in Gesprächen angepriesen wird. Hier wird dann die Ursache entweder im unzureichenden „Mindset" (meist das der anderen, nicht des eigenen) gefunden oder darin, dass die Organisation eben von ihrem Reifegrad her noch nicht so weit gediehen ist.

In diesem Beitrag wird versucht, Impulse, Konzepte und Anregungen der – oft sehr heterogenen – neuen Selbstorganisationsansätze, die tatsächlich neue oder neu akzentuierte Antworten auf grundlegende Organisationswidersprüche bieten, herauszuarbeiten. Des Weiteren sollen jedoch auch die Risiken und Fallstricke sowie die – möglicherweise strukturell unaufhebbaren – Grenzen der Selbstorganisation skizziert werden.

Auch wenn zuweilen behauptet wird, dass Selbstorganisation längst über die Experimentierphase hinausgewachsen ist und sich die Tauglichkeit als Organisationsmodell bereits erwiesen hat (Laloux, 2015), wird hier eine vorsichtigere Haltung eingenommen. Dieser liegt die Überzeugung zugrunde, dass ein suchender, ein experimentierend neugieriger Zugang angemessen ist und dass Selbstorganisationskonzepte keineswegs Allheilmittel sind. In diesem Sinne ist es wichtig, gründlich zu prüfen, ob Selbstorganisation überhaupt die geeignete Antwort auf das spezifische Problem einer konkreten Organisation ist: Nicht selten beobachten wir auch Herausforderungen in Organisationen, denen mit ganz gegenteiligen Lösungen als gesteigerter Autonomie und Selbststeuerung begegnet werden sollte, Organisationen, die etwa einen Bedarf an klareren, deutlicheren und entschiedeneren Führungsvorgaben oder detaillierterer, sorgsamerer und langfristigerer Planung mit mehr formaler Struktur und deutlicherer und personell stabilerer Verantwortungsabgrenzung haben etc. (vgl. Czeslik, 2018).

Dieser Beitrag stellt somit eine Gratwanderung dar: Einerseits möchte er zum Experimentieren mit neuen Organisationsformen ermutigen, wobei er von der Überzeugung getragen ist, dass Organisationen weitaus besser organisierbar sind, dass Menschen – Mitarbeiter*innen sowie Führungskräfte – oft weit unter ihren Möglichkeiten und ihrem Potenzial arbeiten, dass eine freiere, vergnüglichere, inspirierendere und leichtgängigere Arbeit möglich und wünschenswert ist und dass die Varianten unterschiedlicher Gestaltungs-möglichkeiten für zentrale Fragen des Organisationsalltags, aber auch für die Lösungsentwicklung zentraler gesellschaftlicher Heraus-forderungen noch lange nicht ausgereizt sind. Andererseits ist dieser Beitrag zugleich aber auch von einer skeptischen Haltung gegenüber den oft leidenschaftlich vorgetragenen, zuweilen aber recht ambivalenzfreien und mit überzogenen Versprechungen verknüpften Erfolgsrezepten und gegenüber dem Gestus des „völlig Neuen" getragen. Dem möchte der vorliegende Beitrag eine neugierige, kritisch-reflexive Suchbewegung entgegenhalten.

2 Entwicklungsimpulse der aktuellen Erfahrungen mit Selbstorganisation: Möglichkeiten und Grenzen

Im Folgenden wird der Versuch unternommen, einige Elemente, die im Zuge von Selbstorganisationskonzepten an Bedeutung gewinnen, zu skizzieren und in Hinblick auf die damit verbundenen Chancen, aber auch Risiken zu diskutieren.

2.1 Verstärkte Verantwortungsübernahme von autonomen Teams: Sozialer Befreiungsschlag oder Konfliktexport hin zu den Mitarbeiter*innen?

Alle Selbstorganisationskonzepte tragen dem Umstand Rechnung, dass es zunehmend mehr Fragen und Themen gibt, die weitaus schneller, kund*innenadäquater und für alle Beteiligten befriedigender in mit hoher Autonomie ausgestatteten Teams zu bearbeiten sind. Das führt zu einer Renaissance von Konzepten der Teamarbeit. Gerade das bekannteste und wohl am häufigsten zitierte Beispiel zur Selbstorganisation, „Buurtzorg" – eine niederländischen Organisation zur Hauskrankenpflege mit ca. 7000 Mitarbeiter*innen (Laloux, 2015) –, aber auch die zahlreichen agilen Softwareentwicklungsteams, die mit Kanban oder Scrum arbeiten, basieren – als zentralen Erfolgsfaktor – auf hochgradig autonom agierenden Teams.

Auf eine interessante Gemeinsamkeit weisen Thomas Schumacher und Rudolf Wimmer (2019) hin: Agile Arbeitsformen in Teams sind offenbar dann besonders erfolgversprechend, wenn es klar definierbare (interne oder externe) Kund*innen mit einem komplexen, sich oft auch ändernden und deswegen weder zentral antizipierbaren noch langfristig planbaren Bedarf gibt. Dieses eindeutige Innen-außen-Verhältnis, das einen inhaltlich zwar anspruchsvollen, sozial jedoch sehr eindeutig adressierbaren Bezugspunkt bietet, stellt offenbar eine gute Voraussetzung für selbstgesteuerte Teams dar.

Der Einsatz von Teamarbeit sowie eine verstärkte Entscheidungsdelegierung an autonom arbeitende Teams führen natürlich nicht automatisch zur Verbesserung, sondern sind höchst voraussetzungsreich und werden häufig unterschätzt. Eine zentrale Herausforderung besteht dabei darin, nicht nur die Aspekte der Autonomie, die die Freiheitsgrade erhöhen (wie z. B.

Selbstständigkeit im Team oder weniger Vorgaben „von oben" etc.), zu erhalten, sondern auch die organisationalen, wertschöpfungsrelevanten Gesichtspunkte im Team verstärkt zu verankern und Geschäftsprozesse im Team mitzubedenken (Kaltenecker, 2017). Da somit auch die Risiken auf die Teams verteilt werden, ist Unternehmertum im Team gefragt.

Die unmittelbare Kerntätigkeit professionell durchzuführen, reicht dabei nicht aus. Dazu müssen die Teammitglieder lernen, über ihre Grenzen hinaus zu agieren und die Interessen der Gesamtorganisation bzw. anderer organisationaler Subeinheiten sowie der verschiedenen Stakeholder und Interessengruppen, die vom Ergebnis des Teams betroffen sind (das sind oft nicht nur die Kund*innen), mitzuberücksichtigen.

Diese traditionelle Kernaufgabe von Teamleitungen und mittlerem Management zwischen verschiedenen, oft divergierenden Organisationsanforderungen zu übersetzen, gilt es im Team selbst zu übernehmen. Damit wird allerdings die kühle und funktionale Logik der Organisation in die Teams verlagert. Die damit verbundenen Widersprüche und organisationalen Spannungen, die sonst im Idealfall von Zwischenvorgesetzten abgepuffert, von diesen abgearbeitet und mit diesen ausgehandelt werden, werden damit ebenfalls ins Team verlagert. Somit steigt das interne Konfliktpotenzial immens und die Unterscheidung, welche Spannungen eher persönlicher Natur sind und welche aus der Organisation ins Team „exportiert" werden, wird immer schwieriger.

Die Fähigkeit, Widersprüche und Spannungen zu nutzen, Konflikte proaktiv aufzugreifen und damit „psychologische Sicherheit" – also die gemeinsame Überzeugung im Team, dass es möglich und sicher ist, zwischenmenschliche Risiken einzugehen (Edmondson, 1999) – zu entwickeln, wird somit elementar bedeutsam. Besonders wesentlich ist es dabei, ein Sensorium für die enge Verzahnung von sachbezogenen und sozialen Prozessen zu entwickeln, aber ebenso wichtig ist die persönliche Fertigkeit, Sicherheit in unstrukturierten und von außen kaum definierten Prozessen zu gewinnen. Hier helfen holzschnittartige Stufenmodelle zur Teamentwicklung etc. natürlich nur wenig, vielmehr braucht es selbsterfahrungsintensive Lernsettings, wie sie etwa in der gruppendynamischen „Trainingsgruppe" angeboten werden.

2.2 Führung ohne Führungskraft: Neues Managementparadigma oder Verlagerung von Macht ins Informelle?

In einem systemtheoretischen Verständnis ist „Führung" grundsätzlich nicht identisch mit der Führungskraft als Person. Führung stellt eine Funktion innerhalb der Organisation dar, deren primäre Aufgabe darin besteht, die Überlebensfähigkeit der Organisation sicherzustellen (vgl. Wimmer, 1996), etwa durch Entwicklung und Vorgabe von Zielen, Festlegung von Arbeitsschritten, Kontrolle der Zielerreichung, Sicherstellen einer kooperativen Arbeitsatmosphäre, Entscheidungs- und Verantwortungsübernahme, sobald sich unmittelbar Beteiligte nicht einigen können, etc.

Bereits in den Neunzigerjahren des letzten Jahrhunderts wird in der systemtheoretischen Organisationstheorie der „Wegfall des Steuerungsrepertoires der klassischen Hierarchie durch den Umbau in Richtung einer losen Koppelung von weitgehend autonomen Einheiten" (Wimmer, 1996, S. 49) konstatiert und das Konzept der Kontextsteuerung (Willke, 1996) als angemessene Steuerungsform für Organisationen mit hoher interner und externer Komplexität entwickelt. Darunter wird das Herstellen von Rahmenbedingungen verstanden, die sicherstellen, dass die autonomen Subeinheiten ihren Aufgaben selbstorganisiert nachkommen können. Diese Argumente und Überlegungen werden nun wieder intensiver diskutiert und mit praktischen Erfahrungen verknüpft und weiterentwickelt.

Führung oder Steuerung sind also nicht notwendigerweise als Aufgaben einer konkreten Führungskraft zu verstehen, sondern vielmehr als Funktion, die in einem System notwendigerweise für dessen Überleben zu erbringen ist. Diese Funktion kann (!) durch eine von oben eingesetzte Führungskraft erfüllt werden – der traditionelle Weg in hierarchisch organisierten Systemen.

Jedoch sind sehr unterschiedliche Formen möglich, wie diese überlebenssichernden Aufgaben ausgeführt werden und durch wen sie erfolgen:

- primär hierarchisch-vertikal durch wenige Entscheidungsträger*innen an der Spitze *oder* kollektiv-horizontal mit hohem Autonomiegrad der Basis;

- sehr starr und schwer veränderbar *oder* fluide, rotierend und leicht änderbar;
- von oben eingesetzt und legitimiert – wie in traditionellen Unternehmen selbstverständlich – oder Bottom-up gewählt – wie in Vereinen, Parteien *oder* zivilgesellschaftlichen Initiativen;
- sehr klar, transparent und formell geregelt *oder* schwer fassbar, flexibel und informell.

Selbstorganisationskonzepte haben dabei interessanterweise ein ambivalentes Verhältnis zum Thema „Führung". Grundsätzlich wird überwiegend die Notwendigkeit von Führung gesehen und befürwortet. So weist etwa Laloux (2015) darauf hin, dass im Vergleich zu traditionellen Unternehmen in selbstorganisierten Unternehmen, entgegen häufiger Kritik, de facto nicht weniger, sondern ein *Mehr* an Führung stattfindet. Dieses ist aber breiter verteilt, erfolgt also nicht nur durch einige wenige Manager*innen.

Zu unterscheiden ist jedoch,

- ob hier eher angestrebt wird, die Führungsaufgaben generell von einzelnen Personen zu entkoppeln und stärker zu kollektiveren (etwa im Prinzip der „Führungsarbeit statt Führungskräfte");
- ob Führungskräfte weiterhin bestehen sollen, sie aber anders – etwa indem sie für eine begrenzte Zeit gewählt werden – legitimiert sind (Oesterreich & Schröder, 2017; Arnold, 2016);
- oder ob es weiterhin zwar organisational legitimierte Führungskräfte gibt (z. B. die Scrum-Master im agilen Management), deren Aufgaben und Stil sich jedoch grundlegend ändert (Gloger & Rösner, 2014; Kaltenecker, 2017), etwa indem sie auf weitaus weniger bis gar keine disziplinarischen Maßnahmen zurückgreifen können („laterale Führung") und eher eine servicierende, „dienende" Funktion haben und sich v. a. auf die Förderung der selbstorganisierten Teamprozesse und auf das Sicherstellen der Rahmenbedingungen konzentrieren. Dann besteht die Hauptaufgabe von Führung in Koordination, Design und Coaching (Kaltenecker, 2017).

Allerdings betont Laloux (2015), dass weiterhin Geschäftsführer*innen als Gesicht nach außen und als ein den Entfaltungsraum sicherstellendes Vorbild sowie – u. a. aus rechtlichen Gründen der Haftbarkeit – Eigentümer*innen bzw. Vorstand bestehen bleiben und dass deren persönliche Reife und psychologischer Entwicklungsstand letztlich ausschlaggebend für die Möglichkeit, Selbstorganisation umzusetzen, sind. Auch Schumacher und Wimmer (2019) weisen auf die in der Praxis meist sehr wohl existierenden „außer Streit gestellte Autoritätsfiguren", wie etwa Gründer*innen, hin. Auch selbstorganisierte Unternehmen haben ihre Held*innen (meistens sind sie männlich). Insofern findet sich auch eine gewisse Inkohärenz, welche Führungsaufgaben kollektiviert und welche weiterhin personalisiert bleiben. Das betrifft natürlich insbesondere die Frage der Gewinnbeteiligung, aber auch der Verlusthaftung.

Deshalb gilt hier, nicht moralisch argumentierend die Übernahme von Führungsverantwortung durch Personen grundsätzlich zu problematisieren, sondern die Selbstverständlichkeit von hierarchischer Struktur zu hinterfragen und situativ anzupassen. Es geht um die Freiheit, mit unterschiedlichen Führungsformen zu arbeiten und unterschiedliche Modalitäten zur Verfügung zu haben: in manchen Fragen eher kollektiv, zuweilen aber auch von Personen arbeitsteilig übernommen. Phasenweise werden die Führungsfunktionen rasch und häufig rotieren, phasenweise jedoch auch länger von ein und derselben Person übernommen werden. Dies soll jedoch natürlich nicht mikropolitisch und anlassbezogen ausgehandelt werden, sondern auf einem gemeinsam getragenen, möglichst transparenten Prozedere beruhen, breit legitimiert und dynamisch leicht auflösbar sein (Oesterreich & Schröder, 2017).

Dass sich in Systemen mit wenig ausgeprägter expliziter Struktur und formal wenig definierten Rollen unvermeidlich informelle Rangordnungen und Strukturen bilden, ist hinlänglich bekannt (Kühl, 2011). Formelle Hierarchie wird zuweilen informell kompensiert oder unterwandert oder es bilden sich stattdessen entweder eine informelle Machtstruktur oder unkontrollierte Schattenorganisationen (Arnold, 2016). Diese sind nicht nur Orte der Innovation, der anarchischen Freiheit und Ungebundenheit von hierarchischen Weisungen, sondern zugleich auch die Quelle von intransparenten Netzwerken und problematischen Seilschaften sind.

Ein Risiko bei kollektiveren Formen besteht dementsprechend darin, dass real existierende evidente informelle Einflussunterschiede, etwa aus ideologischen Gründen, verleugnet oder gar tabuisiert werden können: z. B. „In unserem agilen, selbstorganisierten Team herrschen keine Einflussunterschiede; wir sind alle gleichwertig und können uns durch das Fehlen von formeller Hierarchie alle gleichermaßen einbringen." Für die Etablierung – und aber auch die angemessene Adaption und damit Verflüssigung und Neukalibrierung – von nicht-formalisierten Einflussunterschieden reicht es nicht, formale Hierarchie zu problematisieren. Ein erster Schritt ist, hier grundsätzlich die Existenz von informellen Einflussunterschieden unaufgeregt besprechbar zu machen – mit allen damit verbundenen Affekten wie Konkurrenz, Neid, Angst vor Einfluss- bzw. Vertrauensverlust etc. – und sich auf diese Weise reflexive Selbststeuerungsmöglichkeit kollektiv zu erarbeiten.

2.3 Einsatz von neuen Methoden und Tools: Essenzieller Werkzeugkasten oder alter Wein in neuen Schläuchen?

Agile Unternehmen, New-Work-Praktiken und Soziokratie sind in hohem Ausmaß auch vom Einsatz neuer Techniken, Verfahren und Instrumente geprägt. Dabei ist es oft schwer zu unterscheiden, ob altbewährte Instrumente und Vorgehensweisen mittels einer mehr oder weniger großen Neuakzentuierung und einer anderen Begrifflichkeit neu gebrandet werden oder sich tatsächlich Neues dahinter verbirgt. Gerade unter dem besonders elastischen Begriff „Agilität" werden unterschiedliche Übungen, Techniken, Feedback-Regeln, Outdoor-Übungen und Prinzipien des sozialen Lernens zusammengefasst – was im Übrigen nicht grundsätzlich gegen die Methoden und Instrumente spricht. Selbst wenn nicht alle „agilen Tools" und soziokratischen Vorgehensweisen durchgehend neu sind, so bieten sie doch oftmals neue Impulse, die die Handlungsoptionen in Schlüsselbereichen im Organisationsalltag, wie Entscheidungsfindung, Meetings und Projektmanagement, erweitern.

Allen Methoden gemeinsam ist, dass sie zwei Anforderungen verknüpfen: einerseits eine partizipative breitere Beteiligung von internen und externen Akteur*innen; andererseits eine pragmatische und zügige Vorgehensweise, die weniger durch detaillierte Vorabplanung als durch „iterative Schleifen" und reflexive Nachsteuerung gekennzeichnet ist. Auch hier gilt natürlich, dass

Methoden und Tools für sich betrachtet nicht quasi automatisch wirken, sondern es letztlich immer eine Frage der reflektierten und situationsangemessenen Anwendung ist: "A fool with a tool is still a fool"

Entscheidungsfindung

Insbesondere wenn man den systemtheoretischen Überlegungen folgt, wonach Entscheidungen ein zentraler Bestandteil zur Entwicklung in Organisationen sind (Luhmann, 2000), wird deutlich, dass durch stärkere Verlagerung von Entscheidungskompetenzen auf Teams interessante neue Methoden und Entscheidungsformen im Kontext der Selbstorganisation entwickelt bzw. revitalisiert und systematisiert einer breiteren Anwendung zugeführt wurden. Gerade soziokratische Verfahren bieten hier einige neue Methoden für Gruppenentscheidungen (Rüther, 2019).

Hervorzuheben ist hier das soziokratische Prinzip des „Konsents" als Weiterführung des „Konsens". Mit dem „Konsent" wird dem oft berechtigten Vorwurf der Ineffizienz der Konsensprinzipien – bei dem so lange nach einer Lösung gesucht wird, bis alle der Entscheidung zustimmen können – begegnet. Die einfache und elegante Auflösung besteht darin, dass anstelle der Suche nach einem Vorgehen, dem alle zustimmen können – ein oft langwieriger und nicht immer produktiver Prozess –, ein Konsent bereits dann gegeben ist, wenn kein schwerwiegender Einwand oder Veto gegen den Vorschlag vorgebracht wird. Einwände sollen entpersonalisiert und als Möglichkeit zur Verbesserung des Ergebnisses inhaltlich integriert werden.

Auf ähnliche Weise funktioniert das „systemische Konsensieren", das als Möglichkeit bei der Entscheidung zwischen verschiedenen Vorschlägen als Alternative etwa zur Mehrheitsentscheidung zur Anwendung kommt. Bei diesem wird statt des Vorschlags mit der meisten Zustimmung, derjenige mit dem geringsten Widerstand – etwa über individuelle Bewertungen der Alternativen zwischen 1 und 10 – eruiert und beschlossen.

Eine weitere Methode ist die des „konsultativen Einzelentscheids", in der zwar eine einzelne, in der Regel für einen definitiven Aufgabenbereich zuständige Person umfassende Entscheidungsvollmacht (und Verantwortung!) erhält, dabei jedoch verpflichtet ist, sich vorab mit relevanten Stakeholdern, Betroffenen oder Expert*innen zu besprechen, also diese zu konsultieren. Auch hier besteht die Grundintention darin, die Vorteile von Einzelentscheidungen – etwa das hohe Tempo – mit einer breiteren Beteiligung, sozialer Korrekturmöglichkeit und höherer Legitimation zu verknüpfen.

Nicht zuletzt wurde durch das Instrument des „Entscheidungspokers" ein einfaches Hilfsmittel entwickelt, um Teams dabei zu unterstützen, vor der konkreten Entscheidung mittels Entscheidungskarten (deswegen der Name „Entscheidungspoker") gemeinsam die passende Entscheidungsform festzulegen. Damit wird quasi eine situationsspezifische Metaentscheidung über das jeweils als passend erscheinende Entscheidungsverfahren gefällt.

Meetings und Besprechungen

Der Arbeitsalltag vieler Mitarbeiter*innen und Führungskräfte ist oft von einer Vielzahl an Besprechungen geprägt. Diese werden häufig als unproduktiv erlebt, binden unglaublich viel Zeit und haben oftmals den paradoxen Effekt, dass die zahlreichen Treffen dennoch nicht sicherstellen, dass bei ihnen mit den richtigen Personen über die wesentlichen Themen in der angemessen Ausführlichkeit bzw. Kürze gesprochen werden kann.

Besonders in den agilen Methoden von Kanban und Scrum, aber auch in soziokratischen bzw. holokratischen Praktiken werden hier einfache, aber wirkungsvolle Vorschläge und Praktiken eingebracht. Zentral ist dabei, dass besonders sorgsam zwischen unterschiedlichen Besprechungsformaten unterschieden wird:

- möglichst kurz gehaltenen, operativen Abstimmungstreffen;
- ausführlicheren, zukunftsorientierten, strategischeren Planungsmeetings sowie
- retrospektiv auswertenden Steuerungstreffen, etwa zur Reflexion von Rollen und Verantwortlichkeiten.

So sind etwa gängige Formate des agilen Arbeitens die „Daily Stand-up Meetings" – also tägliche, auf 15 Minuten anberaumte, sehr kurze Treffen zum regelmäßigen Update und zur Abstimmung bei Schwierigkeiten („Impediments"). Die „Stand-ups" werden im Stehen durchgeführt, was die Kürze des Treffens noch zusätzlich unterstützt.

Zugleich wird jedoch gerade in den agilen Methoden auch gesehen, dass es beim Einsatz von kurzen und schnellen Formaten ein gegenläufiges, entschleunigendes Element braucht, einerseits zur Überprüfung der Zielerreichung (etwa durch „Sprint-Reviews"), aber insbesondere auch hinsichtlich einer ausführlichen Reflexion des Prozesses der Zusammenarbeit im Zuge von regelmäßigen „Retrospektiven".

Agile Projektmanagementmethoden

Dabei wird der im klassischen Projektmanagement vorherrschenden Zugang – das optimale Ergebnis durch akribische und detaillierte Planung einzelner Arbeitsschritte und Arbeitspakete sowie einer anschließenden einfachen „wasserfallartigen" Umsetzung – radikal verabschiedet. Anstelle einer langen Suche nach minutiösen Definitionen und perfekten Lösungen wird in engem Kontakt mit den – oft auch vagen oder sich ändernden – Wünschen der Auftraggeber*innen ein eher experimentierendes und sich über „iterative Schleifen" weiterentwickelndes Vorgehen auf Basis erster, in zügigen „Sprints" erarbeiteter Prototypen gesetzt.

So werden in agilen Teams die traditionellen, oft mit viel Wartungsaufwand verbundenen „Projektmanagementtools" durch Kanban-Boards und bunte Post-its ersetzt, wobei das Abarbeiten von Teilaufgaben durch das Weiterbewegen der Post-its in Spalten visualisiert wird. Das Kanban-Board bietet durch den Einsatz der bunten Karten ein vermutlich besonders in der IT-Welt reizvolles, sinnlich-haptisches Element, bringt aber auch ein weitaus flexibleres und adaptionsaffines Verständnis von Projektmanagement zum Ausdruck.

2.4 Neue Formen der Gestaltung der Gesamtorganisation: evolutionäre Transformation veralteter Organisationsmodelle oder Verleugnung von organisationalen Notwendigkeiten?

Selbststeuerung in Teams ist zwar gruppendynamisch voraussetzungsreich, aber offensichtlich möglich und passiert faktisch tagtäglich – nicht nur in der New-Work-Community oder in agilen Entwicklungsteams. Weitaus anspruchsvoller ist die Frage, ob die in Teams gut funktionierenden Selbststeuerungsmechanismen auch auf Organisationen übertragbar sind.

Eine wesentliche Erkenntnis aus der Systemtheorie (Luhmann, 2000) besteht in der konsequenten Unterscheidung von einerseits direkten Interaktionssystemen – wie Teams und Gruppen, aber auch Freundeskreise und Familien, die auf direkter Face-to-Face-Kommunikation basieren – und andererseits Organisationen, die – personenunabhängig – gewisse Funktionen erfüllen und dabei auf indirekte Kommunikation angewiesen sind. Dabei müssen sich Organisationen als soziale Systeme von den konkreten Mitgliedern unabhängig machen: Ob eine Teilaufgabe von Herrn Müller oder von Frau Meier erfüllt wird, muss für die Erreichung des Organisationszwecks prinzipiell gleichgültig sein. Die Aufgabe der Organisation hingegen ist nicht – bzw. nur mit grundlegenden Änderungen in der Identität der Organisation – austauschbar.

Der Mensch muss in Organisationen – allen gegenteiligen Beteuerungen zum Trotz – austauschbar sein, und ein Unternehmen muss selbst nach dem Tod der charismatischen und prägenden Gründungsfigur weiterhin funktionieren, andernfalls geht das Gesamtsystem zugrunde. Das Primat von „Funktion vor Person" – diese tief in das Wesen von Organisationen eingeschriebene Austauschbarkeit von Individuen – stellt somit eine kontinuierliche latente Kränkung für Menschen in Organisationen dar. Direkte Interaktionssysteme – wie Teams, überschaubare Abteilungen und informelle Gruppen – bieten hingegen die Chance, in der eigenen Individualität sichtbar zu werden und bedeutsam zu sein. Organisationen bieten zwar Raum für solche direkten Interaktionssysteme, sind jedoch nicht deckungsgleich mit ihnen und erschöpfen sich nicht darin.

Dies kann dazu führen, dass selbstorganisierte Teams zwar hochgradig effektiv und sozial befriedigend arbeiten, sich aber gerade durch ihre engagierte Selbstbezüglichkeit und Binnenorientierung von der sie umgebenden Organisation abschotten bzw. in ihrem Sonderstatus zwar geduldet, aber nicht integriert werden. Damit laufen selbstorganisierte Teams immer auch Gefahr, als Fremdkörper, als exotische Inseln in ansonsten durchaus traditionell organisierten Unternehmen zu fungieren – ein häufiges Phänomen von agilen Softwareentwicklungsteams, die als „agile Silos" daran leiden, dass gerade die Schnittstelle zur restlichen Organisation zu Spannungen führt, die innerhalb des agilen Teams aber nicht gelöst werden können.

Von einem verwandten Spannungsfeld zwischen Team und Organisation sind die oftmals schmerzhaften Wachstumsprozesse von kleinen Start-ups und New-Work-Organisationen gekennzeichnet, die ab einer gewissen Größe erkennen müssen, dass die Instrumente und kollektivistischen Praktiken, die sich in einer sozial überschaubaren Organisation bewähren, ab einer gewissen Unternehmensgröße an ihre Grenzen stoßen und andere, differenzierendere – und damit notwendigerweise „kühlere" – Formen der organisationalen Abstimmung notwendig sind. Hier ist es oft schwierig – vielleicht auch grundsätzlich nicht möglich? –, den lustvollen, interaktiven und resonanzreichen Pioniergeist, die herausfordernde, aber inspirierende Improvisationsnotwendigkeit und die Ganzheitlichkeit eines „Generalistentums ohne Stellenbeschreibung" in neue strukturiertere Organisationsroutinen überzuführen.

Hier haben die aktuellen Selbstorganisationsmodelle gegenüber älteren Humanisierungskonzepten sicherlich ein realistischeres Verständnis für die Notwendigkeit von Organisation. Aktuelle Ansätze und Praktiken erschöpfen sich damit nicht in der Hoffnung, durch individuelle Bewusstseinsbildung oder durch Einführung von Teamarbeit alleine eine Transformation zu erzielen oder gar den strukturell notwendigerweise auch kühlen Funktionscharakter von Organisationen aufheben zu können. Sie entwickeln hier bei vielen Themen ein proaktives Organisationsverständnis, das etwa in folgenden Elementen zum Ausdruck kommt:

- So betonen alle Konzepte die Bedeutung eines gemeinsam getragenen transparenten, organisationalen Rahmens und klarer Regelung. Ein klarer Rahmen ist die Voraussetzung dafür, dass Selbstorganisation nicht als überfordernde „Selbstüberlassung" erlebt wird. Das Rahmenregelwerk, die „Verfassung", beinhaltet meist allgemeine Prinzipien – zum Teil mit „Manifestcharakter", wie das „Agile Manifest" (Beck et al., 2001), und/oder eine u. U. recht umfangreiche und detaillierte Sammlung von Befugnisdefinitionen, Rollenabgrenzungen, Verfahrensregeln und Mitgliedschaftskriterien und Ablaufbeschreibungen.

- Im soziokratischen Konzept (Rüther, 2018) der Doppel-Verlinkung werden Strukturen entwickelt, die zeigen, wie Organisationseinheiten („Kreise") miteinander verknüpft werden können und dass dabei ein gegenüber

Hierarchien weitaus höheres Ausmaß an Aushandlungen auf Augenhöhe innerhalb der Organisation möglich wird – wobei die Anzahl möglicher Verknüpfungen hier wohl nach oben nicht unbeschränkt erweiterbar ist. Damit entsteht das Bild von überlappenden Kreisen bzw. einer „pfirsichförmigen Organisation" (Oesterreich & Schöder, 2017; Pfläging, 2018) anstelle von klassischen „Oben-unten-Unterscheidungen" der herkömmlichen hierarchischen Organigramme.

- In der generell recht kühl-funktionalen Holokratie (Robertson, 2016) stellen nicht Personen, sondern sich weiterentwickelnde Rollen mit sehr klaren und unmissverständlichen Zuständigkeiten ein zentrales Gestaltungselement dar.

- Und die Fallbeispiele, die von Laloux (2015) als „Models of good practice" dargestellt werden, sind nicht zuletzt deswegen so inspirierend, weil hier auch für so „harte" organisationale Fragen wie Entlohnungssysteme, Kündigung, Budgeterstellung, Strategieentwicklung etc. innovative Praktiken für eine breitere Beteiligung entwickelt werden.

Insofern tragen die verschiedenen New-Work- und Selbstorganisationsansätze den organisationalen Notwendigkeiten durchaus konzeptionell und praktisch Rechnung. Dennoch könnte es eine Achillesferse der Selbstorganisation als attraktives Gegenmodell zur traditionellen Organisationen sein, dass, sobald es zu einer internen Komplexitätssteigerung und Ausdifferenzierung der Organisation – etwa aufgrund von Wachstum – kommt, der kühle, abstrakte, funktionale, sachorientierte Charakter von Organisation auch in New-Work-Organisationen unübersehbar und unaufhebbar wird. Wenn kleinteilige Diskussionen zu Verfahrensfragen in unverhältnismäßig vielen Meetings dominieren (vgl. Bauer et al., 2019) und damit die Versuche zur Entformalisierung von Organisation in ihr Gegenteil umzuschlagen drohen, ist der substanzielle Unterschied zu traditionellen Organisationen damit kaum mehr alltagspraktisch und sinnlich erfahrbar und läuft so Gefahr, an identitätsstiftender Integrationskraft zu verlieren.

2.5 Sinnerfüllte Arbeit und Einbeziehung des „ganzen Menschen": Potenzialentfaltung oder radikalisierte Selbstausbeutung?

Ein zentraler Anreiz, den Selbstorganisationskonzepte ausüben, ist, dass sie eine Alternative zu dem so häufig unbefriedigenden und uninspirierenden Arbeitsalltag und Organisationsroutinen versprechen und hier verstärkt das Individuum in seiner Gesamtheit in den Blick nehmen. Gerade für Laloux (2015) ist der Aspekt der Ganzheitlichkeit eines der zentralen Wesensmerkmale, das „integrale evolutionäre Organisationen" auszeichnet, doch auch in anderen Konzepten ist die Aussicht auf sinnerfüllendere Arbeit prominent.

Natürlich ist eine befriedigende Arbeit, die den Organisationsmitgliedern interessante Erfahrungen und Begegnungen ermöglicht sowie Selbstwirksamkeit und Resonanz wahrscheinlicher macht, wünschenswert. Bemühungen, Organisationen in diesem Sinne ganzheitlicher zu gestalten, sind hier sinnvoll und zu begrüßen.

Dennoch sollte auf die damit verbundenen Widersprüche und Spannungsfelder hingewiesen werden. Zum einen darf nicht übersehen werden, dass der Zweck von Organisationen und die Entfaltungswünsche der Mitarbeiter*innen nicht immer deckungsgleich sind. Letztlich führt es zu einer Überforderung von Organisationen, deren Zweck ja schlussendlich nicht in der Entfaltung der Mitarbeiter*innen besteht, sondern deren Existenzberechtigung und Zweck außerhalb der Organisation zu lokalisieren sind. Des Weiteren gibt es in jeder Organisation auch wesentliche, wenig attraktive Tätigkeiten, die anstrengend oder repetitiv sind und besser über angemessene Bezahlung zu honorieren sind als mit Sinn aufgeladen zu werden.

Natürlich ist es für Organisationen attraktiv, auf das Engagement der Mitarbeiter*innen und deren Bereitschaft, bei Bedarf proaktiv weitaus mehr als im Arbeitsvertrag vorgesehen zu arbeiten, bauen zu können. Ist es aber tatsächlich wünschenswert, sich mit dem Unternehmen in einem Ausmaß zu identifizieren, dass zwischen dem Erfolg der Organisation und dem eigenen Erfolg nicht mehr unterschieden wird?

In einem systemtheoretischen Verständnis ist der Umstand wesentlich, dass als Kernelemente von Organisationen eben nicht die Menschen mit all ihren Facetten gesehen werden, sondern Kommunikationen. Nicht der „ganze Mensch" mit seiner Geschichte, seinem Privatleben, seinen Träumen, seinen Gefühlen und seiner Körperlichkeit ist Teil der Organisation, sondern nur das, was durch Kommunikation oder Handlungen in die Organisation einfließt: „Mit einem Arbeitsvertrag entsteht kein Recht auf die Seele." Damit wird zwar von der Individualität und Ganzheit des Organisationsmitglieds abstrahiert, gleichzeitig wird das Individuum vor einem totalitären Zugriff der Organisation bewahrt. Nur in einer totalen Institution (z. B. Gefängnis) beansprucht die Organisation den Zugriff auf den „ganzen Menschen". Insofern betrachtet die Systemtheorie die Mitglieder einer Organisation konsequenterweise als (allerdings hochrelevante!) Systemumwelt.

Deshalb haben Organisationen, in denen sich Mitglieder in besonders hohem Ausmaß, mit all ihrer Motivation und Kreativität und Emotionalität, ganzheitlich einbringen, sich umfassend mit dem Unternehmen identifizieren und in denen die soziale Seite der Kooperation so gut funktioniert, dass die Grenzen zwischen Arbeitskolleg*innen und Freund*innen oder gar Geliebten verschwinden, natürlich einen hohe Attraktivität. Sie bergen aber auch leicht übersehbare Risiken: Etwa besteht die Gefahr der kontinuierlichen Überschreitung von eigenen Kapazitätsgrenzen und der Selbstausbeutung. Des Weiteren sind durch das hohe emotionale Involvieren auch Konflikte und Interessengegensätze in der Regel weitaus stärker affektiv aufgeladen und es ist dadurch schwieriger, sich davon zu distanzieren.

Dementsprechend entwickeln stark von Sinnentfaltung getriebene Organisationen, in denen Menschen primär nicht arbeiten, um Geld zu verdienen, sondern weil sie sich mit verfolgten Zielen identifizieren und aktiv werden, eine spezifische Sogwirkung. In solchen „gierigen Organisationen" (Coser, 2015) entfällt die Rollendistanz zunehmend und der „ganze" Mensch wird tatsächlich fast vollständig Teil der Organisation. Konsequent weitergedacht, weisen Organisationen, in denen sich Mitglieder umfassend körperlich, mental, emotional und vielleicht auch spirituell engagieren und identifizieren und sich mit all ihren sozialen Bezügen einbringen, in beunruhigender Weise organisationstheoretisch Ähnlichkeiten mit Sekten oder radikalen politischen Gruppen auf (Kühl, 2019). Aber auch hochgradig performanceorientierte

Unternehmen wie McKinsey zeigen ähnliche Charakteristika einer „gierigen Organisation" (Maxa, 2016).

Auch wenn es unbefriedigend ist, sich nicht ganzheitlich in Organisationen einzubringen, ist es dennoch auch – oder gerade auch – in New-Work-Organisationen, in denen es gelingt, hohe Identifikation herzustellen und Entfaltungspotenzial zu ermöglichen, besonders wichtig, auf Abgrenzung und Rollendistanz zu achten. Der Umstand, dass wir nur sehr selektiv einer Organisation angehören, ist nicht nur Reduktion, sondern zugleich auch ein Schutzschirm gegenüber Selbstoptimierung und Selbstausbeutung.

3 Fazit

Die Frage, die abschließend bilanzierend diskutiert werden soll ist: *Machen Selbstorganisationskonzepte und Praktiken die Welt letztlich „besser"?*

Die Antwort fällt hier sehr eindeutig mit „Jein!" aus.

- *Nein*: weil viele Organisationen, die agil und selbstorganisiert sind, neben der agilen, hippen Businesszentrale und Softwareabteilung auch durchaus fragwürdige Geschäftsmodelle haben, problematisierungswerte – etwa ökologisch bedenkliche – Produkte und Dienstleistungen anbieten oder deren ökonomischer Polster für ihre Selbstorganisationsexperimente auf die globale Nutzung von Steuerschlupflöchern oder Profite durch Produktion und Support in Niedriglohnländern mit niedrigen arbeitsrechtlichen Standards basiert. Selbstgesteuerte organisationale Subeinheiten oder agile Teams ändern daran nichts. Hier gilt es, politisch Stellung zu beziehen und entsprechend zu handeln.

- *Aber auch Ja:* Selbstorganisationskonzepte in all ihrer Unterschiedlichkeit fokussieren den Dialog auf Augenhöhe, die Eigenverantwortlichkeit, die Begegnung, das ergebnisoffene Suchen und Experimentieren sowie das Innehalten und Reflektieren nach der Aktivität. Gerade diese Nischen in der Organisationsfunktionalität sind es, aus denen Ideen, Inspiration und Energie für positive Veränderung erwachsen können.

In durch Selbstorganisationspraktiken und -prinzipien gestalteten Organisationen erhöht sich für die Akteur*innen die Wahrscheinlichkeit, sich selbstwirksam und resonant zu erfahren und gelingende Kooperation, erfolgreiche Eigeninitiative, grundlegend neue Lernmöglichkeiten oder kreative „disruptive" Innovation zu erleben. Auch wenn die Konzepte und Praktiken Möglichkeitsräume erweitern, entzieht sich gelingende Selbstorganisation allen Tools und Modellen zum Trotz per se einer eindeutig prognostizierbaren und instrumentellen Steuerungslogik. Selbstorganisation behält damit einen subversiven und „unverfügbaren" (Rosa, 2020) Charakter bei.

Erfahrungen mit agilen Ansätzen in der Softwareentwicklung

Anforderungen an Führungskräfte agiler Softwareentwicklungsteams

Gernot Weißensteiner

1 Einleitung

In den Neunzigerjahren des letzten Jahrhunderts scheiterten – wie auch schon früher – viele Softwareprojekte. Durch Deregulierung und Globalisierung hatten sich die Anforderungen an Flexibilität und Geschwindigkeit der Softwareerzeugung weiter erhöht. Technologische Innovationen wie das Internet boten neue Möglichkeiten und erzeugten neue Kund*innenwünsche (Denning, Goldstein & Pacanowsky, 2015). Die Reaktionsfähigkeit wurde zum entscheidenden Erfolgsfaktor. Hervorragende Softwareentwickler*innen experimentierten mit neuen Methoden wie Scrum (Beedle et al., 1999) und eXtreme Programming (Beck, 2000), um auf diese Herausforderungen zu reagieren. 2001 wurde das „Agile Manifest" als Grundlage eines neuen Softwareentwicklungsstils, der durch eine größere Produktqualität einen höheren Kund*innennutzen bringen sollte, veröffentlicht (Beck et al., 2001). Mit den agilen Softwareentwicklungsmethoden entstanden neue Rollen und Praktiken, damit selbstorganisierte Teams flexibler und qualitätsvoller agieren konnten. Diese neuen Methoden veränderten die Anforderungen an die Teammitglieder und ihre Führungskräfte. „Die Zeichen stehen auf Partizipation, Mitbestimmung, Flexibilisierung und Individualisierung" (Au, 2016, S 1). Agile Arbeitsmodelle versuchen diese Herausforderungen vor allem durch selbstorganisierte, autonome Teams zu meistern. Die Entscidungen fallen im Team, die Führung wechselt situationsbezogen unter den Teammitgliedern. Führungskräfte „sind herausgefordert, das richtige organisatorische Umfeld für Hochleistungsteams zu gestalten" (Kaltenecker, 2016, S. 13).

Was sind nun die Faktoren für die Erfolge agiler Softwareentwicklung? Mohd Hairul Nizam Nasir und Shamsul Sahibuddin (2011) hoben in ihrer Metastudie über kritische Erfolgsfaktoren zu 43 Publikationen über Softwareprojekte hervor, dass 88 Prozent der Erfolgsfaktoren auf menschliche und prozessorientierte Aspekte zurückgeführt werden konnten. Richard Vidgen und

Xiaofeng Wang (2009) wiesen in ihrer Fallstudie zu einem agilen und zu einem konventionell arbeitenden Team darauf hin, dass die Aufgabe der Manager*innen von selbstorganisierten Teams im Schaffen einer Umgebung für die Emergenz von Selbstorganisation liege. Likoebe M. Maruping, Viswanath Venkatesh und Ritu Agarwal (2009) sahen im effektiven Management des Teamworks im Softwareentwicklungsprozess eine zentrale Herausforderung.

Aus den zitierten Studien kann die zentrale Rolle von Führungskräften mit ihren besonderen sozialen und organisatorischen Aufgaben für den Erfolg bei der Entwicklung von Softwareprodukten abgeleitet werden. Aus den Studien geht allerdings wenig hervor, wie Führungskräfte agiler Softwareentwicklungsteams ihre Rolle anlegen, welchen Führungsstil sie leben, welche Herausforderungen sie sehen und welche Erfolgsfaktoren sie formulieren.

Die vorliegende qualitative Untersuchung konzentriert sich auf diese Erfolgskriterien und damit auf die Führungskräfte dieser Teams und bearbeitet folgende Forschungsfrage: *Welche Anforderungen werden an Führungskräfte agiler Softwareentwicklungsteams gestellt und wie reagieren diese darauf?*

2 Methodisches Vorgehen

Die gestellte Forschungsfrage wurde qualitativ untersucht. Als Erhebungsverfahren wurde mit problemzentrierten Interviews als offene, halbstrukturierte Befragungsweise (Mayring, 2016) gearbeitet. Dazu wurden neun Führungskräfte agiler Softwareentwicklungsteams interviewt. Sie sollten die Anforderungen, die sie an sich selbst stellen, formulieren und darüber hinaus beschreiben, wie sie die Anforderungen von anderen Stakeholdern, wie Mitarbeiter*innen, Vorgesetzten, Kolleg*innen aus den verschiedenen Fachabteilungen und Kund*innen, integrieren. Gezielt wurden Interviewpersonen mit sehr vielfältigen, heterogenen Erfahrungen und Firmenkonstellationen gesucht. Diese sollten zwei Voraussetzungen erfüllen: Einerseits sollten ihre Teams schon länger in einem agilen Umfeld arbeiten, damit nicht die Erfahrungen aus der Einführungsphase zu sehr im Vordergrund standen und stabilere, substanziellere Aussagen herausdestilliert werden konnten. Andererseits sollten die Interviewpersonen die direkten Führungskräfte der Mitglieder agiler Teams sein und nicht weiter oben in der

Hierarchie angesiedelt sein, um das Spannungsfeld zwischen Hierarchie und Selbstorganisation an dieser unmittelbaren Nahtstelle bearbeiten zu können. Unter den Personen, die diese beiden Voraussetzungen erfüllten, wurde versucht, Interviewpersonen mit sehr vielfältigen, heterogenen Erfahrungen zu finden, um möglichst viele verschiedene Aspekte abzudecken und somit eine gewisse Multiperspektivität zu erreichen. Die Unternehmen der Gesprächspartner*innen unterschieden sich in ihrer Größe und Bestandsdauer. Die Palette reichte von einem Start-up mit zwanzig Mitarbeiter*innen bis zu einem internationalen Konzern mit über 2000 Mitarbeiter*innen. Die meisten Unternehmen der befragten Personen sind international aktiv (Teams, Niederlassungen, Geschäftspartner*innen, Kund*innen).

Die Arbeit ist in der Kategorisierung der Untersuchungspläne nach Philipp Mayring (2016) als Einzelfallanalyse entworfen, um „tiefer greifende Einsichten" (Mayring, 2016, S. 46) in die Aufgaben, Verantwortlichkeiten, Handlungsfelder und Problemsituationen von Führungskräften agiler Entwicklungsteams in unterschiedlichen Unternehmenskontexten auszuloten und auf Basis dieser „offenen Erhebungsmethode" (Mayring, 2015, S. 9) Ideen und Hypothesen zu zentralen Anforderungen an agile Führungskräfte zu formulieren. Es sollte ein Kategoriensystem als zentrales Element der Inhaltsanalyse (Mayring, 2015) entwickelt und abschließend Typen gebildet werden (Kuckartz, 2018).

3 Exemplarische Ergebnisse

Ein Kategoriensystem mit den vier Hauptkategorien „Führungsverständnis", „Agile Softwareentwicklung", „Arbeitsorganisation" und „Selbstorganisation" wurde entwickelt. In der tiefgehenden Textanalyse wurde versucht, Gemeinsamkeiten und Unterschiede zwischen den Kategorien und den im Sampling repräsentierten Eigenschaften der Interviewpersonen herauszuarbeiten (Zepke, 2016).

Als entscheidender Erkenntnisgewinn dieser Analyse konnten vier abstrakte Typen von Führungskräften agiler Softwareentwicklungsteams herausdestilliert werden:

- Agile*r Manager*in

- Coach
- Pionier*in
- Value Creator

Diese Typen stellen verallgemeinerte und prototypische Muster dar, wie Führungskräfte auf die Herausforderungen reagieren können, die sich in unterschiedlichen Konstellationen der verschiedenen Organisationen und ihrer Rahmenbedingungen ergeben. Jede Interviewperson ist nicht genau einem einzigen Typus zuzuordnen, alle enthalten von allen Typen etwas, aber in unterschiedlicher Ausprägung und Stärke.

In diesem zusammenfassenden Beitrag liegt der Schwerpunkt der Darstellung auf der Selbstorganisation, angereichert um dafür wichtige Elemente des Führungsverständnisses.

3.1 Agile*r Manager*in

„Es ist genau die Balance zwischen Vertrauen schaffen und Dinge fordern können, die in einem agilen Umfeld eine Führungskraft ausmachen." (Interview 5, Zeile 255).

Agile Manager*innen wollen etwas durchsetzen, aber nicht von oben herab, mittels Position, sondern mit selbstbestimmten Teams auf Basis der agilen Werte. *„Ich würde es eher mehr als Leadership sehen als Chef sein. Ich bin eher einer, der probiert zu enablen, damit die Leute dieses ‚selbstorganisiert' auch wirklich leben können."* (Interview 7, Zeile 137). Dieser Typus zeichnet sich dadurch aus, dass ein klares Ziel vorgegeben wird und der Weg dorthin von den Teams selbstbestimmt gegangen werden kann. *„Mir geht es darum, die Ziele vorzugeben, zu sagen, was will ich haben oder was möchte ich erreichen, und ihnen die Möglichkeit zu geben, den Weg zu finden, wie sie das erreichen."* (Interview 2, Zeile 232). Diese Entscheidungsfreiräume basieren auf der Erkenntnis, dass das Fachwissen der Mitarbeiter*innen viel größer ist als jenes der Führungskräfte. *„Ich würde mich z. B. nie technisch besser sehen als einen Softwareentwickler von mir."* (Interview 7, Zeile 161).

Agile Manager*innen sehen die Gestaltung der Selbstorganisation ihrer Teams als ihre zentrale Aufgabe. Es geht um die Schaffung von Gestaltungsräumen für die Teams, beginnend mit der Ausrichtung der Teams bzw. der Abteilung. *„Wenn es z. B. darum geht, eine Vision zu haben und sich eine Strategie zu überlegen, wie man dort hinkommt, gebe ich nicht die Strategie vor und sage, so ist es, sondern das mache ich z. B. in Workshops gemeinsam mit der ganzen Mannschaft."* (Interview 7, Zeile 148). In einem anderen Unternehmen konnten die Teams ihre agile Entwicklungsmethode wählen: *„Den Teams wurde es selbst überlassen, sich die Methode auszusuchen, wobei es schon eine Empfehlung gab."* (Interview 5, Zeile 71). Für die alltäglichen Entscheidungen des Teams ist es essenziell, dass die Freiräume und deren Grenzen von den Führungskräften klar kommuniziert werden: *„Klare Kommunikation der Verantwortung, also ich glaube, dem Team muss bewusst sein, bis wohin sie auch wirklich Entscheidungen treffen dürfen."* (Interview 7, Zeile 455).

Spannend wird es, wenn es in wichtigen Fragen nicht so läuft, wie es sich die Führungskraft vorstellt. Wie intervenieren dann die agilen Manager*innen? *„Es gab teilweise schon Dinge, wo man vielleicht indirekt, also wo ich ein bisschen Druck gemacht habe, z. B. was Testautomatisierung und solche Dinge angeht, wo du sagst, die Qualität muss stimmen."* (Interview 1, Zeile 414). *„Wenn ich jetzt im Sinne des Unternehmens glaube, dass, in diese Richtung zu gehen, ist kontraproduktiv, dann sehe ich schon meine Aufgabe darin zu sagen: ‚Halt, stopp. Das kann ich jetzt nicht mittragen!'"* (Interview 9, Zeile 220), *„wenn ich Gefahr in Verzug sehe."* (Interview 9, Zeile 213).

3.2 Coach

Einige der interviewten Führungskräfte sehen sich als Coach bzw. bezeichnen eine Coaching-Haltung, ein Coaching-Selbstverständnis als zentrales Element ihres Führungsverhaltens. *„Ich würde mich jetzt mehr als Coach sehen. Das heißt, jemand der dem Team oder den Mitarbeitern hilft, sich weiterzuentwickeln, das zu finden, was ihnen Spaß macht, ihnen auch den Support zu geben, schauen, dass die Umgebung passt und ihnen auch den Freiraum geben, dass sie sich weiterentwickeln können."* (Interview 1, Zeile 153). In diesem Zitat findet man bereits Schlüsselbegriffe dieser Haltung: helfen, weiterentwickeln, Spaß haben, Support geben, passende Umgebung herstellen, Freiraum geben. Diese Haltung zeichnet sich durch das Ermöglichen von

Freiräumen auf der Basis eines sicheren Rückhalts aus. Eine Führungskraft bringt das so auf den Punkt, „*dass ich ihnen sehr viele Freiheiten lasse, aber in dem Moment, wo sie mich brauchen, da bin.*" (Interview 2, Zeile 273).

Entscheidung und Verantwortung stehen im Zentrum der Selbstorganisation. Wer trifft Entscheidungen? Wie laufen die Entscheidungsprozesse ab? Wer übernimmt die Verantwortung für die Entscheidungen? Die Führungskraft des Typus Coach nimmt sich zurück und akzeptiert die Entscheidungen des Teams, auch wenn es nicht ganz leichtfällt. „*Das ist wirklich eine Herausforderung für mich als Führungskraft, weil ich mich da wirklich extrem zurücknehmen muss.*" (Interview 2, Zeile 355). Wie gelingt das? Eine wichtige Voraussetzung ist die Klärung des Rahmens, in dem das Team seine Entscheidungen frei treffen kann. „*Man macht sich halt dann einen Rahmen aus*" (Interview 3, Zeile 746), „*aber innerhalb von diesem Rahmen sollte das Team aber dann auf seine Anforderungen bezogen frei entscheiden, was das Beste ist.*" (Interview 6, Zeile 369).

Führungskräfte müssen es auch aushalten, dass Entscheidungen anders ausfallen, als wenn sie selbst sie getroffen hätten, und sie müssen dann auch hinter diesen Entscheidungen stehen: „*Da hilft es, wenn man als Führungskraft den Leuten das Gefühl gibt, ich stehe trotzdem hinter euch, auch wenn ihr jetzt eine Entscheidung trefft, die vielleicht jetzt für mich aus meiner Sicht nicht die beste ist.*" (Interview 1, Zeile 431). Wie ernst gemeint diese Freiräume wirklich sind, stellt sich dann bei Fehlern heraus: „*Es muss erlaubt sein, Fehler zu machen.*" (Interview 1, Zeile 102). „*Jeder darf Fehler machen, es ist nichts existenzkritisch, also man muss schon viel falsch machen, dass wirklich einmal was falsch ist.*" (Interview 4, Zeile 182). Und schlussendlich ist aber klar, dass das Team zu seinen Entscheidungen stehen muss, „*dass man auch den Teams immer wieder sagen muss, ihre Selbstorganisation und Selbstbestimmung ist gepaart mit Verantwortung, das heißt, sie verantworten das, was rauskommt*" (Interview 6, Zeile 412), „*dass die Selbstverantwortung vor der Selbstorganisation kommt*" (Interview 5, Zeile 493) und „*sie dazuzubringen, offen zu kommunizieren, im Sinne von dafür geradezustehen, was sie machen*" (Interview 2, Zeile 333).

3.3 Pionier*in

„Wir haben das Pflänzchen Agilität usw. im Unternehmen schon einmal eingepflanzt, es wächst und gedeiht, ganz zart noch; man muss aufpassen, dass es nicht irgendwo zertreten wird." (Interview 9, Zeile 535).

In sieben der neun Organisationen der interviewten Personen trifft eine bereits agile Softwareentwicklung auf eine noch klassische hierarchische Gesamtorganisation. In der Softwareentwicklung wurden agile Methoden eingeführt, um in den schnelllebigen Zeiten handlungsfähig zu bleiben. Die restliche Organisation sieht diese Veränderungsnotwendigkeit für sich noch weniger. Die agile Führungskraft arbeitet an der Schnittstelle der beiden Welten und tritt als Wegbereiter*in und als Vorreiter*in auf. Die Softwareentwicklung könnte zur Keimzelle einer agilen Organisation werden.

Das eigene Führungsverständnis der Pionier*innen unterscheidet sich kaum vom jenem der agilen Manager*innen. Sie müssen aber mit Führungskräften aus anderen Bereichen zusammenarbeiten, die unter Umständen noch ein gänzlich anderes Führungsverständnis leben. *„Da habe ich doch bei uns im Unternehmen und bei klassischer Führung eher in manchen Fällen ein anderes Verständnis kennengelernt, also insofern das sind jetzt meine und ich sage, was jetzt Sache ist und so wird das gemacht und Punkt. Ende der Diskussion."* (Interview 9, Zeile 188). Von den anderen Führungskräften kommen Erwartungen, die so nicht erfüllt werden können. *„Wir haben sehr oft das Problem bei uns, dass es immer noch – ‚Alteingesessene' ist vielleicht das falsche Wort –, aber es gibt halt Führungsstile, die so ein bisschen in Kontrolle übergehen oder ich muss alles selber planen, da tut man sich dann sehr schwer mit den agilen Teams."* (Interview 2, Zeile 212). Ein Interviewpartner bezeichnet das als *„gespaltene Gesellschaft"* (Interview 5, Zeile 221). Die Führungskräfte agiler Teams bezeichnen sich immer wieder als Vermittler*innen zwischen den beiden Welten.

3.4 Value Creator

„Wir haben eine begrenzte Ressource, personell, aber auch finanziell. Und daher ist es ganz wichtig, agil auf den Kunden getrieben zu entscheiden und zu entwickeln." (Interview 8, Zeile 52).

Agile Softwareentwicklung war eine Antwort auf die große Unzufriedenheit der Kund*innen von Softwarehersteller*innen, die mehr mit sich beschäftigt waren, als flexibel auf sich ändernde Kund*innenanforderungen zu reagieren. Moderne agile Unternehmen sind radikal auf ihre Kund*innen ausgerichtet. Man spricht auch davon, dass diese Unternehmen mehr von den Kund*innen als vom Management gesteuert sind bzw. von dezentraler Entscheidungsmacht (Pfläging, 2018). Wert für die Kund*innen zu schaffen steht im Zentrum des Tuns und bildet die Grundlage aller Entscheidungen. Dazu braucht es Führungskräfte mit Leadership. Verwaltung und klassische Managementaufgaben treten in den Hintergrund. Das wird versucht, mit der Benennung dieses Typus als „Value Creator" abzubilden.

Im Zentrum stehen die Kund*innen. Dass das nicht nur eine Worthülse ist, beschreibt ein Start-up-Gründer plastisch in dieser Passage: *„Ich muss einen Spagat machen als Führungskraft hier im Start-up zwischen Basics sichern, um das Überleben zu sichern, also finanzielle Sachen, Förderungen, Investoren, Kunden. Kunden auch etwas nachverkaufen, im Sinne von: Wir haben unsere Sachen delivert, unsere Roadmap eingehalten, der Kunde ist aber nicht happy genug, müssen wir ihm noch etwas Zusätzliches anbieten, dass wir ihn nicht verlieren, weil in einem Start-up ist das Produkt ja noch nicht so wirklich definiert. So, dann kommen neue Funktionen dazu, die aber dann wieder die Entwicklungs-Roadmap crashen. Das heißt, dieser Spagat zwischen Kunden, Investoren und Team ist ein ganz ein schwieriger."* (Interview 8, Zeile 223). Bei einem etablierten Softwaredienstleister läuft das schon stabiler, geht aber in die gleiche Richtung. *„Der Kunde ist eher gewillt zu sagen, er möchte sein Team behalten, wo der Kunde sagt, okay, dann machen wir gleich weiter, budgetär ist noch das oder das heuer möglich. Kann ich die Mannschaft von Ihnen haben?"* (Interview 4, Zeile 236).

Ein besonderes Element dieser Form der Kund*innenorientierung ist der Anspruch, nicht nur die Wünsche der Kund*innen umzusetzen, sondern etwas Neues oder Besonderes für sie zu finden. *„Wir […] können so dem Management dann data-driven decisions ermöglichen durch Daten, die sie bis jetzt gar nie hatten."* (Interview 8, Zeile 45). Es ist *„ganz wichtig, nicht nur zu reagieren, was der Kunde will, sondern dem Kunden erklären, was für Möglichkeiten er hat, durch technische Innovationen, die an ihm vorbeigehen, weil sich er mit seinem Kerngeschäft beschäftigt."* (Interview 4, Zeile 869). Vorzeigeprojekte zeigen die technische Exzellenz des Unternehmens bzw. ihrer Mitarbeiter*innen. Diese technische Exzellenz ist im Übrigen auch eine der wichtigsten Personalmarketingmaßnahmen.

Allgemein ist eine gute Trennung zwischen dem Was – den Kund*innenanforderungen – und dem Wie – der Art der Umsetzung – die Basis der Selbstorganisation agiler Teams. Die klaren Vorgaben sind der Rahmen für die vom Team mit großer Freiheit selbstgestaltete Umsetzung. Für Führungskräfte des Typus Value Creator ist diese Aufteilung selbstverständlich. „Freiheiten kann man in zweierlei Hinsicht ausleben, nach dem Motto „Ich tu was ich will", das weniger, sondern mit dem, was man vorantreiben kann, sehr viel." (Interview 4, Zeile 476).

4 Zusammenfassende Diskussion und Konsequenzen für die Praxis

Nach vielen Krisen, in denen die Softwareentwicklung die in sie gesetzten hohen Erwartungen nicht erfüllen konnte, wurde mit dem „Agilen Manifest" (Beck et al., 2001) eine neue Ära der Softwareentwicklung eingeläutet. Damit die anspruchsvolle agile Softwareentwicklung funktioniert, müssen aber einige Voraussetzungen erfüllt sein. Vor allem müssen das soziale und kulturelle Umfeld sowie die organisatorischen Rahmenbedingungen passen, damit diese neue Arbeitsform funktioniert.

Ein Schlüsselkriterium dabei ist das Führungsverhalten der Führungskräfte. Die Führungskräfte der selbstorganisierten agilen Entwicklungsteams müssen die autonome Arbeitsfähigkeit dieser Teams gewährleisten. Welche Voraussetzungen dafür mitzubringen sind, ist wenig erforscht. Es gibt viele durch Praxiserfahrungen gestützte fachspezifische Bücher, aber kaum wissenschaftlich fundierte Studien. In dieser Praxisliteratur sticht die zentrale Rolle von Werten und der Geisteshaltung aller Beteiligten hervor.

Aufgrund fehlender wissenschaftlicher Studien wurden für die hier dargestellte qualitative Studie mit neun Führungskräften agiler Softwareentwicklungsteams halbstrukturierte Interviews geführt. Ein Kategoriensystem mit den vier Hauptkategorien Führungsverständnis, Agile Softwareentwicklung, Arbeitsorganisation und Selbstorganisation wurde entwickelt. Aus den Gemeinsamkeiten und Unterschieden zwischen diesen Kategorien und den im Sampling repräsentierten Eigenschaften der Interviewpersonen wurden vier abstrakte Typen von Führungskräften agiler Softwareentwicklungsteams gebildet: Agile*r Manager*in, Coach, Pionier*in und Value Creator.

Grundsätzlich kann gesagt werden, dass die vier beschriebenen Typen vier verschiedene Antworten beschreiben, die agile Führungskräfte auf die Fragestellungen und Herausforderungen in ihren Unternehmen geben. Es sind aber nicht vier unterschiedliche Antworten auf die gleichen Fragestellungen, da die Herausforderungen stark von der Struktur und Kultur der Organisation abhängen und sich dementsprechend unterscheiden. Die interviewten Personen können auch nicht je einem Typus zugeordnet werden, sondern wechseln kontextbezogen zwischen den verschiedenen Handlungsmustern. Die Unterscheidung zwischen Pionier*in und Value Creator spiegelt beispielswiese stark die agile Ausrichtung des Unternehmens wider. Pionier*innen versuchen trotz der schwierigen Rahmenbedingungen der nicht-agilen Gesamtorganisation erfolgreiche Softwareprodukte zu liefern und – ausgehend von ihrer agilen Softwareentwicklung – die Agilität in ihr Unternehmen, das in einer klassischen hierarchischen Fachabteilungsstruktur organisiert ist, zu tragen. Wohingegen Value Creator in bereits konsequent auf ihre Kund*innen ausgerichteten, von den Kund*innenbedürfnissen geführten Unternehmen daran arbeiten, mit ihren Softwareprodukten und Dienstleistungen einen eindeutigen Wert für ihre Kund*innen zu schaffen. Die möglichen Handlungsmuster Agile*r Manager*in bzw. Coach und deren Gestaltungsräume hängen zwar auch von den Möglichkeiten, Rahmenbedingungen und Vorgaben des Unternehmens ab. Hier steht aber die persönliche Interpretation der Rolle im Vordergrund.

Agile Manager*innen sind gut eingebettet in ihre Organisation. Sie versuchen auf Basis der agilen Werte den erfolgreichen Einsatz agiler Methoden zu gestalten und damit einen Mehrwert für ihre Organisationen zu schaffen. Sie adressieren die besonderen Herausforderungen agiler Entwicklung, geben dabei klare Ziele vor und lassen ihre Teams den Weg selbst bestimmen. Beim Typus Coach steht die Unterstützung und Weiterentwicklung der Teams im Mittelpunkt ihrer Führungsarbeit. Sie sehen sich weniger als hierarchische Vorgesetze, sondern als Coach ihrer Mitarbeiter*innen.

Pionier*innen müssen gewährleisten, dass agile Softwareentwicklung auch in einer klassischen hierarchischen Gesamtorganisation funktioniert. Sie arbeiten in einem konfliktreichen Alltag daran, dass die Agilität im Unternehmen verstanden und geschätzt wird und die gesamte Organisation zunehmend agiler arbeitet. Value Creator sind Führungskräfte mit Leadership, die ihren Führungsstil darauf ausrichten, dass alle gemeinsam zielgerichtet an der Erfüllung der Kund*innenbedürfnisse arbeiten. Verwaltung und klassische Managementaufgaben treten demgegenüber in den Hintergrund. Die Ausprägung der verschiedenen Typen hängt nicht nur vom persönlichen Führungsverständnis der Führungskräfte ab, sondern auch stark von der Struktur und der agilen Ausrichtung des gesamten Unternehmens. Pionier*innen versuchen trotz der schwierigen Rahmenbedingungen der nicht-agilen Gesamtorganisation erfolgreiche Softwareprodukte zu liefern und agile Prozesse in ihrem noch mit einer klassischen hierarchischen Fachabteilungsstruktur organisiertem Unternehmen zu stärken. Unternehmen, in denen ein Value Creator wirksam ist, sind bereits als gesamte Organisation auf ihre Kund*innen ausgerichtet. Von den vier beschriebenen Typen bedarf sicherlich jener des Value Creators noch am meisten vertiefende Forschung.

Mit diesen vier verschiedenen Zugängen versuchen die Führungskräfte agiler Teams erfolgreiche Softwareentwicklung zu gestalten. Allen Führungstypen gemeinsam ist, dass sie an sich und ihre Teams hohe Ansprüche stellen und danach streben, dass selbstorganisierte Teams mit großen Gestaltungsmöglichkeiten regelmäßig qualitätsvolle und für ihre Kund*innen wertvolle Produkte liefern. Offensichtlich ist, dass agile Führungskräfte im Vergleich zu Vorgesetzten in einer klassischen hierarchischen Organisationsstruktur Entscheidungsgewalt an ihre Mitarbeiter*innen abgeben. In dieser Arbeit konnte nicht beleuchtet werden, wie diese Mitarbeiter*innen mit diesen erweiterten Entscheidungsmöglichkeiten und mit der an sie übergebenen größeren Verantwortung umgehen. Es wäre lohnend, das zu untersuchen, da selbstorganisierte Teams nur im Zusammenspiel aller Beteiligten erfolgreich sein können.

Die Veränderungen im Führungsverhalten, die in der Softwareentwicklung mit agilen Methoden Einzug gehalten haben, werden sich in Zukunft wohl auf alle Unternehmensbereiche und Branchen ausweiten. In vielen Artikeln wird gefordert, sich von den alten Führungs- und Leadership-Bildern zu verabschieden und die Unternehmen durch die Mitarbeiter*innen führen zu lassen. Gerade in letzter Zeit wurden etliche Prinzipien und Praktiken für eine skalierende Selbstorganisation mit ermächtigten Mitarbeiter*innen entwickelt (Kaltenecker, 2017) sowie erfolgreiche Unternehmen mit völlig neuen Organisations- und Arbeitsformen bzw. Führungsmethoden beschrieben.

Diese neuen Unternehmenskulturen bedeuten für die oben beschriebenen Typen, dass Pionier*innen in zunehmendem Ausmaß nicht mehr notwendig sind und dass auch die Bedeutung agiler Manager*innen abnimmt. Elemente des Typus Coach werden wichtiger werden. Die zentrale Rolle aber werden wohl Value Creator mit ihrer klaren Ausrichtung auf die Bedürfnisse der Kund*innen einnehmen. Diese Kultur der Selbstorganisation bedeutet auf jeden Fall eine Abkehr von heroischem Führungsverhalten. Rudolf Wimmer formulierte dies in seiner Keynote bei den Leadership Days 2017 (einer virtuellen Konferenz zu Führung im Zeitalter der Digitalisierung) so: „Führungskräfte müssen sich sozusagen in eine neue Bescheidenheit hineinüben, sich selber in den Dienst des erfolgreich Machens des größeren sozialen Ganzen stellen" (Wimmer, 2017). Damit schließt sich der begriffliche Kreis mit der berühmten Turing-Lecture von Edsger W. Dijkstra (1972) – „The Humble Programmer"[8]: Bescheidenheit als Leitmotiv einer am stärksten wachsenden und den Alltag beeinflussenden Branche und ihrer Führungskräfte ist mehr als einen kurzen Gedanken wert.

---

[8] Edsger W. Dijkstra war eine der einflussreichsten Persönlichkeiten der ersten Generation von Informatiker*innen. Er erhielt 1972 als einer der ersten den Turing-Award, der als höchste Auszeichnung in der Informatik gilt. In seiner Vorlesung zur Preisverleihung „The Humble Programmer" schlägt er vor, sich den anspruchsvollen Herausforderungen der Softwareentwicklung als bescheidene*r Programmierer*in zu nähern.

Scrum unter allen Umständen? Probleme bei der Einführung und dem Einsatz von Scrum

Mario Dambauer

1 Einleitung

Entwicklungsprojekte für Software sind komplex und erfordern einen flexiblen Umsetzungsrahmen. Das agile Verfahren „Scrum" setzt darauf, Projekte mit kleinen, sich selbst organisierenden Teams mittels eines iterativen Prozessrahmens durchzuführen. Dieser Beitrag hat zum Ziel, die mittels einer Interviewstudie ermittelten Problemfelder und Herausforderung bei der Einführung von Scrum darzustellen, um für die Praxis konkrete Maßnahmen ableiten zu können.

Mit klassischen Methoden umgesetzte Softwareentwicklungsprojekte weisen eine sehr geringe Erfolgsquote auf und viele der Projekte scheitern in Bezug auf die Projektgrößen: Zeit, Budget und Qualität/Umfang. Eine regelmäßig durchgeführte Studie der Standish Group belegt, über die letzten 25 Jahre betrachtet, dass nur ca. dreißig Prozent der durchgeführten IT-Projekte als erfolgreich eingestuft werden (vgl. The Standish Group International, 2020). Doch was ist der Grund für derart hohe Fehlerraten speziell bei Softwareentwicklungsprojekten? Softwareprojekte sind „komplex, entwickeln sich unvorhersehbar und sind deshalb nur schwer planbar" (Wirdemann, 2011, S 25). Es wird versucht, alle Eventualitäten vorauszusehen, Risiken abzuleiten und einen Plan auf Basis vager Anforderungen zu erstellen, gleichzeitig erhält man meist erst relativ spät im Projektverlauf Feedback über getroffene Annahmen oder die konkrete Umsetzung (vgl. Pichler, 2008). Mitunter liegen zwischen Projektstart und Projektfertigstellung Monate oder Jahre, in denen sich der Markt, die Anforderungen, die Wünsche und Vorstellungen der Kund*innen verändert haben können. Diese Problematik ist bei Softwareprojekten nicht neu, und so wird versucht, die Mechanismen und Verfahrensweisen weiterzuentwickeln. Am Beginn der Neunzigerjahre änderte Jeff Sutherland seine Vorgehensweise zur Softwareentwicklung und schuf dadurch ein Framework namens „Scrum". Dieses wurde von Ken Schwaber auf einer wissenschaftlichen IT-Konferenz 1996 zum ersten Mal einer breiten Öffentlichkeit präsentiert, worauf es Einzug in die Softwareentwicklung hielt (vgl. Gloger, 2011). Scrum wurde „gezielt dafür entwickelt, aus komplexen Aufgabenstellungen heraus brauchbare Produkte zu schaffen. [...] Scrum beruht auf der industriellen Prozesssteuerungstheorie, die auf Mechanismen wie Selbstorganisation und Emergenz zurückgreift" (vgl. Schwaber, 2007, S. 2).

Eine wesentliche Veränderung ist jedoch der Kulturwandel, wie Stefan Roock erläutert: weg von der Low-Trust-Command-and-Control-Kultur hin zur High-Trust-Empowerment-Kultur (vgl. Roock, 2012). Dabei wird das Team bevollmächtigt und zur Selbstorganisation angehalten, hierbei kommen neue Rollen – die dies fördern und das klassische Hierarchiedenken auflösen sollen – zum Einsatz. Es geht also nicht mehr um hierarchische Positionen, sondern um Rollen, die es zu erfüllen gilt. Führungskräfte lernen, die Selbstorganisation des Teams zuzulassen und dieses aktiv zu fördern. Diese neue Arbeitsweise hat jedoch nicht nur Auswirkungen auf die Mitarbeiter*innen und Führungskräfte (d. h. die interne Organisation), sondern auch auf die Art der Zusammenarbeit mit den Kund*innen. So ist es das erklärte Ziel, Kund*innen stärker einzubeziehen und sie zu Beteiligten am Entwicklungsprozess zu machen. Scrum scheint aufgrund seines relativ simplen Konstrukts mit den wenigen Regeln, Rollen und Vorgehensweisen schnell im Unternehmen integrierbar, doch genau diese Simplizität führt zu erheblichen Herausforderungen in den Praktiken und der Kultur der Unternehmen.

2 Methodisches Vorgehen

Die empirische Studie, die im Zuge einer Masterarbeit erstellt wurde, geht u. a. der Forschungsfrage nach, *auf welche Probleme Unternehmen beim Einsatz von Scrum in der Praxis stoßen*. Die Erhebung der Daten erfolgte in Form von zehn Expert*inneninterviews im IT-Projektmanagement. Als Expert*innen wurden für die Untersuchung Personen ausgewählt, die als Entscheidungsträger*innen im Entwicklungsbereich bzw. im Projektmanagement seit mindestens fünf Jahren tätig waren und gleichzeitig mindestens zwei Jahre Erfahrung mit agilen Methoden aufwiesen. Alle Befragten verfügten über einen Softwareentwicklungshintergrund – entweder waren sie selbst Entwickler*innen oder hatten zumindest im Zuge ihrer universitären

Ausbildung Software entwickelt. Alle Interviewpartner*innen kamen jedoch erst im Zuge ihrer beruflichen Laufbahn mit agilen Methoden und Scrum in Berührung und hatten Praxiserfahrung. Die Untersuchung fand im Jahr 2012 statt.

Zur Auswertung der erhobenen Daten wurde zum einen die von Philipp Mayring entwickelte qualitative Inhaltsanalyse verwendet, welche die systematische Analyse der Inhalte erlaubte und das Datenmaterial entsprechend reduzierte, um die wesentlichen Inhalte herausarbeiten zu können (Mayring, 2015). Im Zuge der wissenschaftlichen Arbeit konnten folgende Problemfelder und Herausforderungen ermittelt werden, die gereiht nach ihrer Brisanz und Nennung aufgelistet sind:

Problemfelder

- Einführung von Scrum
- Abgrenzung der Sprints

Herausforderungen

- Vorschnelle Adaptierungen
- Unrealistische Erwartungen
- Schätzung der Zeit
- Spezialistentum
- Kommunikation

3 Exemplarische Ergebnisse

3.1 Problemfelder

Einführung von Scrum

Die Einführung von Scrum ist ein komplexes Vorhaben und sollte gezielt geplant und von einer Fachperson begleitet werden. Die dadurch bedingten weitreichenden Veränderungen beziehen sich auf die Mitarbeiter*innen/Teammitglieder, die Führungskräfte, Abläufe und Prozesse im Unternehmen und haben auch Auswirkungen auf die Zusammenarbeit mit Kund*innen – egal, ob intern oder extern. Sofern die Entscheidung, Scrum einzuführen, im Top-down-Verfahren zur Anwendung kommt (d. h. vom Management beschlossen wird), sollten Unternehmen Schritt für Schritt vorgehen, um Erfahrungen aufbauen zu können und das Risiko der Einführung zu reduzieren. Mehrere der Befragten nutzten Scrum zu Beginn selektiv (d. h. für einzelne Projekte oder Teams), um auf Basis der Erkenntnisse die weiteren Schritte zu definieren. Speziell dann, wenn nur geringe Vorkenntnisse bzw. keine erfahrenen Scrum-Master zur Verfügung stehen, ist es ratsam, eine*n externe*n agilen Coach/Scrum-Trainer*in einzubeziehen, da diese*r die richtige Vorgehensweise bei der Einführung bestimmen kann. Dabei müssen eben nicht nur die Schnittstellen zu anderen Abteilungen und Prozessen bedacht werden, sondern ganz besonderes Augenmerk sollte auf die Mitarbeiter*innen gelegt werden. Diese sollten umfangreich geschult werden, sodass zum einen ein besseres Verständnis der Arbeitsweise gewährleistet und zum anderen die zu Beginn oft vorherrschende Skepsis und Angst vor Veränderung überwunden werden kann.

In der Praxis kommt es vor, dass Scrum von der Entwicklungsabteilung oder einzelnen Teams Bottom-up im Unternehmen eingeführt wird. Dabei ist es ratsam, so früh wie möglich das Management einzubinden, um entsprechende Rückendeckung zu erhalten.

Durch die unterschiedliche Arbeitsweise von Scrum muss den Mitarbeiter*innen die Möglichkeit gegeben werden, sich in dem neuen Thema der Selbstorganisation zurechtzufinden. Dies hat sowohl Einfluss auf die Arbeitsweise des Teams als auch auf jene der Führungskräfte, welche weg von Command-and-Control zu einem unterstützenden Führungsstil umschwenken müssen. In neun von zehn der Interviews konnte ermittelt werden, dass die Rollen Scrum-Master als Zeremonienmeister*in der Methodenanwendung und Product Owner Zusatzfunktionen sind. Dabei befinden sich derzeit die Schaffung von Karrieremöglichkeiten und auf agile Praktiken ausgerichtetes Personalmanagement noch nicht im Fokus (z. B. Fachkarriere vs. Karriere in der Linie). Dennoch konnte bei einem der Unternehmen bereits beobachtet werden, wohin die Entwicklung geht: Hin zum Scrum-Master, der in einem eigens gegründeten Bereich im Unternehmen angesiedelt ist und die Einführung, die Verbreitung, den Know-how-Transfer und die Einhaltung der agilen Vorgehensweise unterstützt bzw. überwacht. Die Scrum-Master *„sind sozusagen die Chefs über den Scrum-Prozess. Die achten auf die Compliance* *und auf die Einheitlichkeit des Vorgehens."* (Interview 9, Zeile 346). Diese verstärkte Ausrichtung der Unternehmen wird man in Zukunft häufiger sehen und Personalverantwortliche wird dieses Thema künftig noch mehr beschäftigen.

Abgrenzung der Sprints

Die Abgrenzung des Sprints, um eine effektive Erreichung des Sprintziels gewährleisten zu können, stellt alle Unternehmen vor Herausforderungen und Probleme. Der Sprint ist als Time-Box gedacht, an dessen Beginn die vorab am höchsten priorisierten Anforderungen vom Team zur Umsetzung ausgewählt werden, um sie am Ende des Sprints den Stakeholdern zu präsentieren. Ein Problem dabei ist jedoch zu gewährleisten, dass während eines Sprints das Sprintziel unverändert bleibt, denn darauf basiert das Commitment des Teams. Natürlich ist Scrum ein agiles Vorgehen, nur hat Agilität auch ihre Grenzen, die dann zutage treten, wenn jeden Tag die Richtung geändert wird. Einen Einfluss darauf hat die Größe der Entwicklungsabteilung, weil bei einem kleinen Entwicklungsteam, welches nur aus einem Scrum-Team besteht, es viel schwerer ist, über mehrere Wochen hinweg einen Backlog Freeze – d. h. Änderungen am Backlog sind nicht erlaubt – aufrechtzuerhalten und somit nicht auf Veränderungen zu reagieren. Dies lässt sich durch entsprechende Puffer lösen, indem bei der Teamkapazität z. B. zwanzig Prozent für kurzfristigen Support während des Sprints reserviert und für die Sprintplanung nicht verwendet werden. Dadurch erhält man einen entsprechenden Spielraum, um ungeplanten Einflüssen von außen zu begegnen. In diesem Zusammenhang sollte auch die Einhaltung der Scrum-Regeln sowohl vom Scrum Team selbst als auch von teamfremden Personen angemerkt werden, welche durch Unterstützung von Scrum auf Managementebene einfacher zu exekutieren sind.

Ein großes Problem für die Abgrenzung des Sprints stellen Abhängigkeiten zu anderen Scrum-Teams, anderen Bereichen oder externen Zulieferer*innen dar. *„Wir können die Software jetzt zwar super schnell erzeugen und super transparent, aber wie wird die dann fertiggetestet?"* (Interview 2, Zeile 202). Kommen mehrere Teams zum Einsatz, welche zusätzlich vielleicht auch virtuell über mehrere Standorte hinweg arbeiten, so ist die Synchronisation eine Herausforderung, besonders bei zeitkritischen Projekten. Kompliziert wird es auch, wenn mit unterschiedlichen Methoden gearbeitet wird – einige Teams arbeiten mit Scrum und andere wiederum mit klassischen Methoden. Hier ist es wichtig, bereits im Vorfeld die entsprechenden Prozesse und Abläufe zu schaffen, sodass diese Teams auch möglichst effektiv zusammenarbeiten können.

3.2 Herausforderungen

Vorschnelle Adaptierungen

Vorschnelle Adaptionen und Anpassungen von Scrum sollten dennoch nicht durchgeführt werden. Wer Scrum nie in Reinform versucht hat, kann auch nicht beurteilen, wie es wirklich funktioniert und welche Potenziale dadurch freigesetzt werden können. Dabei wird sehr schnell in Richtung „ScrumBut" gegangen (d. h. nur noch das Grundkonstrukt von Scrum wird verwendet) und somit viel Potenzial ungenutzt gelassen. Man sollte also versuchen, Scrum mit so wenigen Adaptionen wie möglich einzusetzen, denn die einzelnen Teile der Vorgehensweise greifen ineinander und entfalten nur gemeinsam das volle Potenzial.

Unrealistische Erwartungen

Scrum zur Lösung von nicht funktionierenden Projekten einzusetzen ist ein von den Befragten aus der Praxis beschriebenes Problem. Projekte, die sich bereits in Schieflage befinden, mittels Scrum-Einführung retten zu wollen, birgt das Risiko, dass das Projekt aufgrund der extremen Schieflage nicht mehr gerettet werden kann und hinterher Scrum für das Scheitern verantwortlich gemacht wird. *„[...] man hat geglaubt, ein unlösbares Projekt mit Scrum heilen zu können, das ist gescheitert, und da muss man höllisch aufpassen, dass nicht der schwarze Peter der agilen Methode umgehängt wird."* (Interview 9, Zeile 556). Die Unternehmen sollten sich im Klaren sein, aus welchen Gründen sie Scrum einsetzen möchten, und die Einführung sollte dementsprechend geplant und professionell begleitet werden.

Schätzung der Zeit

Schätzungen auf Zeitbasis zu Projektbeginn bergen, unabhängig davon, ob mit Scrum oder klassischen Methoden, immer ein hohes Risiko der Ungenauigkeit. Der Einsatz von „Story Points", der bei Scrum propagiert wird, ermöglicht das

Schätzen in relativen Größen, was die Genauigkeit erhöht und das Risiko reduziert. Sofern bereits eine Entwicklungsgeschwindigkeit des Teams ermittelt werden konnte, kann darüber die Projektlaufzeit antizipiert werden. Scrum-Master sollten sich verstärkt mit Story Points vertraut machen und diese Methode einsetzen. Aktuell kommt dieses Verfahren bislang nur in sehr geringem Umfang zum Einsatz, wodurch einiges an Potenzial nicht genutzt wird. Unabhängig davon, auf welche Art und mittels welcher Methode geschätzt wird, sollte in jedem Fall das Team, das auch für die Umsetzung verantwortlich ist, die Schätzungen durchführen.

Spezialistentum

Das in der Praxis oft vorherrschende Spezialistentum ist schwierig einzudämmen und macht den übergreifenden Ressourceneinsatz nur bedingt möglich. Im Bereich der Hardwareentwicklung wären Gegenmaßnahmen entsprechend kostspielig.

Das von Boris Gloger und André Häusling beschriebene Spezialistentum herrscht in der Praxis verstärkt vor (vgl. Gloger & Häusling, 2011). Mitarbeiter*innen spezialisieren sich mit der Zeit immer mehr, was bei Verlust der jeweiligen Person für das Unternehmen mitunter schwerwiegende Folgen nach sich ziehen kann. Hier sollte aktiv dagegen angegangen werden, durch gemeinsame Abwicklung von Aufgaben oder falls nicht anders möglich, durch eine entsprechende Rollierung der Aufgaben im Team. Dadurch kann das Wissen auf weitere Köpfe verteilt werden, und so reduziert sich für die Unternehmen das Risiko des Know-how-Verlusts.

Kommunikation

Als letztes Problemfeld soll noch die Kommunikation angeführt werden, welche aus der Datenanalyse hervorging. Scrum erfordert eine sehr flexible Arbeitsweise im Sprint und die Dokumentation soll dabei nur so umfangreich wie unbedingt nötig ausfallen, da diese bis zur Umsetzung der Funktionalität bereits wieder veraltete sein könnte. Somit ist intensive Kommunikation zwischen dem Product Owner, den Programmierer*innen und den Tester*innen unumgänglich. Die verbale, direkte Kommunikation ist am zielführendsten, um komplexe Anforderungen zu besprechen. *„Die Kommunikation [...] ist das um und auf bei Scrum. Wenn du mit einem Entwickler nur per Mail kommunizierst,* *dann funktioniert das nicht. Da wird zu wenig Information transportiert und das führt zu Unklarheiten und Verzögerungen."* (Interview 5, Zeile 290). Zusätzliche Meetings sollten dennoch auf das Nötigste reduziert werden, da diese durch die bereits im Scrum-Framework vorgesehenen Besprechungsformate – wie Daily Stand-ups, Refinements, Reviews – und durch die direkte Zusammenarbeit im Team großteils obsolet sind. *„[...] das ist, was sofort spürbar ist, dass das Daily Stand-up [...] sehr positiv ist [...] das Team zusammensitzt und bespricht, was es vorhat."* (Interview 10, Zeile 150).

Die direkte Interaktion der Individuen ist einer der Grundpfeiler des „Agilen Manifests" – Individuen und Interaktionen vor Prozessen und Werkzeugen (Beck et al., 2001). Der Mensch steht im Mittelpunkt der agilen Methoden, Eigenverantwortung, Motivation und Zusammenarbeit im Team sind die Erfolgsfaktoren, womit die Bedeutung dieses Punkts nochmals unterstrichen werden soll.

4 Zusammenfassende Diskussion und Konsequenzen für die Praxis

Im Zuge der Masterarbeit wurde festgestellt, dass Scrum relativ schnell in Unternehmen der IT-Branche implementierbar, aber nicht für jedes Vorhaben geeignet ist. Die beiden Hauptproblemfelder liegen laut einem Großteil der Studienteilnehmer*innen gerade bei der Einführung von Scrum und in der Anwendung von Sprints bzw. deren Abgrenzung. Auch werden Themen wie vorschnelle Adaptierungen, die Schätzung der Zeit, das Spezialistentum und die direkte Kommunikation als Herausforderungen genannt.

Einschränkend wird festgehalten, dass die Erhebung mehr als fünf Jahre alt und auf den IT-Bereich beschränkt ist. Ausgehend von diesen Ergebnissen wird angeregt, weitere auch quantitative Forschungen zu unternehmen, um weitere Herausforderungen bzw. Adaptionen im Umgang mit Scrum zu identifizieren.

Wie auch Thomas Lieder und Katja Roth beschreiben, ist „die Einführung agiler Methoden [...] kein Selbstzweck, sondern dient dazu, Geschäftsziele zu erreichen" (Lieder & Roth, 2011, S. 12). Diese werden offensichtlich mit Scrum flexibler, schneller und somit in weiterer Folge auch wirtschaftlicher erreicht. Den im Zuge dieser Arbeit ermittelten Problemfeldern – zu denen hauptsächlich die Einführung von Scrum sowie die iterative Arbeitsweise und hier im Speziellen die Abgrenzung des Sprints zählt – sollte mehr Augenmerk geschenkt werden. Für die Einführung ist es hilfreich, sofern nicht bereits ein erfahrener Scrum-Master zur Verfügung steht, mit einem professionellen Coach zu arbeiten, denn dieser kann während der Einführung helfen, Probleme zu lösen und im Vorfeld die richtige Art der Integration ins jeweilige Unternehmen mitzugestalten. Auch wenn der Lernprozess aufwändig und mühsam erscheint, so sollte Scrum über einen längeren Zeitraum ohne jegliche Änderung angewendet werden, um so die sich entfaltenden Potenziale zu erleben und ein Umlernen zu ermöglichen.

Scrum ist sicherlich nicht in jeder Situation die geeignetste Methode und sollte deshalb auch nicht unter allen Umständen für jedes Projekt zum Einsatz kommen. Durch seine Einfachheit bei gleichzeitiger Effektivität und auf Basis des „Agilen Manifests" (Beck et al., 2001) – das den Menschen (i.e. die Kund*innen), eine funktionierende Software und die Flexibilität in der -Projektumsetzung in den Mittelpunkt stellt – hat Scrum alles mit an Bord, um in Zukunft noch viel von sich hören zu lassen: Auch außerhalb der IT.

Wo geht die Reise hin? Scrum ist bereits immer weiter aus der IT in andere Bereiche vorgedrungen. Dies bestätigt auch Wendler und empfiehlt, den für das aktuelle Projekt am besten geeigneten Lösungsweg bzw. die optimale Vorgehensweise zu wählen (vgl. Wendler, 2012). Zusätzlich zur Art und Weise, wie Scrum eingesetzt und in Verbindung mit anderen Verfahren zur Anwendung kommt, sollte verstärkt in Richtung Team- und Personalentwicklung gearbeitet werden. Wie Gloger und Häusling vorschlagen, sollte den Mitarbeiter*innen durch die Methodenwahl die Möglichkeit zur Entfaltung gegeben werden, damit diese ihre Talente so produktiv wie möglich in den Projekten zum Einsatz bringen können (Gloger & Häusling, 2011). Darüber hinaus sollte der Rolle des Scrum-Masters mehr Aufmerksamkeit geschenkt werden, denn dieser soll nicht nur das Team bei seiner Arbeit unterstützen, ein zentraler Aspekt seiner Tätigkeit liegt auch in der Verbreitung und Vermittlung agiler Methoden im Unternehmen.

# Retrospektiven in agilen Softwareprojekten: Reflexion in selbstgesteuerten Teams

Andrea Alexa und Georg Zepke

1 Einleitung

Seit der Formulierung des „Agilen Manifests" (Beck et al., 2001) gibt es eine wachsende Zahl an Unternehmen, die ihre Abläufe auf agile Modelle umgestellt haben. Gleichzeitig nimmt der Druck auf selbstorganisierte Teams zu, schnell und adäquat auf Herausforderungen, Konflikte und Änderungen zu reagieren. In agilen Projekten ist oft viel an Begeisterung für den neu gewonnen Gestaltungsraum und dem lebendigen Teamempfinden zu spüren, aber gleichzeitig auch Frustration und Ohnmachtsgefühle aufgrund von zu langsamer Entwicklung in der Gesamtorganisation und Widerständen bei der Umsetzung.

Mit Retrospektiven gibt es ein eigenes Format, darüber zu reflektieren und Verbesserungen anzustoßen. Als letztes der zwölf Prinzipien des „Agilen Manifests" wird die Bedeutung von Reflexionen hervorgestrichen: „In regelmäßigen Abständen reflektiert das Team, wie es effektiver werden kann, und passt sein Verhalten entsprechend an" (Beck et al., 2001). Gerade in dynamischen Konstellationen mit ständiger Veränderung sind gegenläufige und verlangsamende Elemente der Reflexion Kernelemente der erfolgreichen Agilität.

Retrospektiven sind regelmäßige Meetings des Teams, in denen die fachlichen, aber auch kooperationsbezogenen Erfahrungen der letzten Arbeitsphase zur Produktentwicklung („Iteration") reflektiert und Konsequenzen für die zukünftige Arbeit gezogen werden. Um einer auf Probleme fokussierten, defizitorierteten Sicht vorzubeugen, finden in die Retrospektivenpraxis auch lösungsorientierte Ansätze – bei denen anstelle der aufgetretenen Schwierigkeiten vielmehr Ressourcen, positive Zukunftsbilder und bisherige Erfolge im Zentrum stehen – Eingang (Löffler, 2014).

Man könnte annehmen, dass ein solches Format uneingeschränkt begrüßt und genutzt wird. Trotzdem kann Gegenteiliges beobachtet werden und es gibt aus der Praxis immer wieder Berichte, dass gerade Retrospektiven dem Zeitdruck geopfert werden. Man denkt, ohne sie auskommen zu können, wenn der Druck groß und die Motivation im Sinken ist. Des Weiteren stoßen Retrospektiven – auch wenn sie in einem Team gut etabliert sind – oft bei teamübergreifenden Themen an Grenzen. Als Folge davon werden Retrospektiven nach einiger Zeit eingestellt, da Verbesserungen, die im Handlungsspielraum des eigenen Teams sind, bereits ohnedies realisiert sind bzw. der Sinn nicht mehr gesehen wird, wenn zu wenig an Verbesserung bezüglich der Schnittstellen zur Organisation und zu anderen Teams beobachtet werden kann.

Mit der Einstellung der Retrospektiven wird nicht nur der Rahmen für regelmäßige Reflexionen entzogen, sondern auch die Plattform, um die Belastungen im Projekt zu diskutieren, sich gegenseitig zu stärken, Verbesserungen der Selbstorganisation anzugehen und auf dem Pfad der Agilität das gesamte Portfolio des Unternehmens zu integrieren.

2 Methodisches Vorgehen

Das Ziel der diesem Beitrag zugrunde liegenden Masterarbeit war, Erfahrungswerte und subjektive Eindrücke zu Retrospektiven in agilen IT-Projekten zu erhalten und damit Erfolgskriterien, aber auch Barrieren und Herausforderungen bei der Umsetzung zu identifizieren sowie herauszufinden, wie Retrospektiven optimal genutzt werden können. Im vorliegenden Beitrag wird ein zentrales Ergebnis der Masterarbeit, nämlich die Rolle, die teambezogene Aspekte für den Erfolg von Retrospektiven spielen, diskutiert und anschließend bilanzierend zentrale Erfolgsfaktoren für den produktiven Einsatz von Retrospektiven dargestellt.

Dazu wurden 17 Interviews mit verschiedenen Praktiker*innen des agilen Arbeitens geführt. Es wurde versucht, eine möglichst große Diversität hinsichtlich der Rolle (Teammitglieder, agile Führungsrollen, Expert*innen), des Alters, des Geschlechts und der Nationalität bei den Befragten zu erreichen. Die interviewten Personen arbeiteten in Projekten unterschiedlicher Größe in Organisationen mit verschiedensten Zielsetzungen.

Bei allen interviewten Personen waren entweder Scrum, Kanban oder Mischformen als agiles Modell in Verwendung. Als Reflexionswerkzeug wurden Retrospektiven eingesetzt, unabhängig davon, welches agile Framework im Unternehmen gelebt wird.

Für die Auswertung wurde die Methode der qualitativen Inhaltsanalyse und hier die strukturierende Inhaltsanalyse nach Philipp Mayring (2015) verwendet bzw. um Elemente des eklektischen Vorgehens nach Georg Zepke (2016) ergänzt.

3 Exemplarische Ergebnisse

In agilen Projekten wird selbstorganisierten, sich selbst steuernden Teams ein hoher Stellwert zuerkannt. Kooperation ist eines der Kernprinzipien agiler Methoden. In der Praxis hinken allerdings Stellenwert und Erfolg der Selbstorganisation oft der Theorie und dem proklamierten Anspruch hinterher. Eine Fragestellung der Interviews war daher herauszufinden, wie sich Retrospektiven auf das Team und die teamübergreifende Zusammenarbeit auswirken.

Grundsätzlich wäre es naheliegend, davon auszugehen, dass die gemeinsame Reflexion der Zusammenarbeit durchgehend als positiv auf die Teamarbeit gesehen wird. Beim Einfluss der Retrospektiven auf den Teamzusammenhalt gehen aber überraschenderweise die Meinungen auseinander. Die Interviewten lassen sich grob in zwei Gruppen einteilen:

Einerseits in jene, die Retrospektiven als wesentlichen Entwicklungsimpuls für das Team, als ideales „Übungsgelände" definiert. *„Mir hat es gut gefallen, in einer Retro zu üben, ein Team zu sein."* (Interview 3, Zeile 1028). Hier finden sich Personen, die überwiegend am sozialen Teamgefüge interessiert sind. *„Durch die Verbesserung und die Diskussion über die Abläufe wird das Team mehr zusammengeschweißt. Das ist aus meiner Sicht der wichtigste Effekt [...] Produktivität ist ein Seiteneffekt, dadurch, dass wir uns besser fühlen, dass wir besser zusammenarbeiten."* (Interview 6, Zeile 2787).

Man entwickelt das Vertrauen, Dinge anzusprechen, ohne dass es übelgenommen wird und *„[...] eine Zone zu schaffen, wo die Leute gegenseitig*

Vertrauen, Respekt haben und auch Mut, die Sachen anzusprechen. Das dauert und bekommt man nicht von heute auf morgen. Ich habe aber noch kein Team gesehen, wo das Team das nicht machen wollte." (Interview 8, Zeile 4133).

Andererseits gibt es Interviewpartner*innen, die Retrospektiven keinen Einfluss auf den Teamzusammenhalt beimessen und der Meinung sind, dass Teamentwicklung in Retrospektiven unpassend sei und dafür eigene Events oder gemeinsame Freizeitaktivitäten zuständig wären. *„Ich habe nicht den Eindruck, dass sich das irgendwie positiv oder negativ auswirken würde. Da gibt es andere Praktiken, um den Teamzusammenhalt zu festigen. Indem man das nicht im Rahmen des Projekts macht, sondern selbst etwas organisiert, Meetings nach Dienst oder so."* (Interview 12, Zeile 5774).

Vom Selbstverständnis eines agilen Teams her finden sich hier verstärkt diejenigen Interviewpartner*innen, die primär an Inhalten und Sachdimensionen interessiert sind und soziale Themen eher im Informellen verortet sehen.

In die Gruppe jener, die dem sozialen Geschehen einen hohen Stellenwert beimessen, fallen eher Agilitäts-Expert*innen und Personen in agilen Führungsrollen, während „normale" Teammitglieder primär an der fachlichen Seite orientiert sind. Auffällig ist, dass die erste Gruppe den Retrospektiven generell einen größeren Einfluss auf die Qualität der Arbeit zugesteht. *„Die Art des ständigen Reflektierens hat einen starken Einfluss. Es schafft ein Bewusstsein, dass es ein Miteinander im Team ist. Wertschätzend und trotzdem die Unterschiedlichkeit zu akzeptieren, die ja noch immer da ist. [...] Es ist ein sehr gutes und spürbares Werkzeug, das dem Team dient, an einem Ziel gemeinsam zu arbeiten, obwohl sie sehr verschieden sind [...] das ist hilfreich."* (Interview 9, Zeile 4484).

Der Wert der Teamentwicklung wird zwar grundsätzlich gesehen, aber in der Praxis werden dennoch selten gezielt Teamentwicklungsmaßnahmen gesetzt und der Teambildung oft erst im Nachhinein genügend Bedeutung beigemessen. *„Natürlich, wenn ich vorne einen Hebel ansetze, dass das Team sich schneller aufbaut und entwickelt mit einer Teamentwicklung, kann es das Ganze wesentlich schneller und effektiver machen. Mit Sicherheit. Das sind meist die Dinge, wo man im Nachhinein betrachtet sagt: ‚Ja eh, stimmt!' – aber meist macht man es trotzdem nicht."* (Interview 4, Zeile 1898).

3.1 Umgang mit zwischenmenschlichen und emotionalen Phänomenen

Nicht immer fällt es leicht, Probleme offen anzusprechen. Insbesondere, wenn die Schwierigkeiten nicht in fachlichen Themen, sondern in der gemeinsamen Teamarbeit, im sozialen Prozess und der persönlichen Zusammenarbeit begründet sind. *„Prinzipiell wäre die Retro schon dafür da, dass das jemand anspricht. Aber ich kann mich an keine Situation, an kein Team, an keine Retro erinnern, wo das passiert wäre. Dass von jemanden die Zusammenarbeitsthemen angesprochen wurde."* (Interview 6, Zeile 3041).

Wie weit Emotionen als zulässig in einer Retrospektive erscheinen, wird unterschiedlich beurteilt. Manchmal verhindert die eigene Unsicherheit im Umgang mit Befindlichkeiten und Affekten, dass darüber diskutiert wird. Während der Interviews wurde dieses Unbehagen tendenziell häufiger von männlichen Personen geäußert, aber nicht ausschließlich. Es stellt sich die Frage, ob auch die agile Praxis in der eher männerdominierten IT-Welt durch ein primär auf Sachdimensionen und „Objektivität" ausgerichtetes Selbstverständnis geprägt ist, in der zwischenmenschliche und soziale Prozesse letztlich als zu vermeidende Störquellen betrachtet werden. *„[Ich] würde mir wünschen, dass die Retrospektive als Hilfsmittel erkannt wird, das objektiv genutzt werden kann, aber dass die persönlichen Dinge außen vorgelassen werden."* (Interview 4, Zeile 1854). *„Das, was mich immer gestört hat, ist, wenn die Punkte sehr persönlich besprochen werden."* (Interview 12, Zeile 5929).

Zuweilen besteht eine Ambivalenz, ob es ein Ausdruck von „Reife" ist, zwischenmenschliche Themen besprechen zu können, oder als unpassend empfunden wird. *„Wir sind noch nicht so reif, dass wir über persönliche Differenzen reden, das sehe ich noch nicht. Aber das ist die Frage, ob man so tief gehen will."* (Interview 6, Zeile 2620).

Im Unterschied dazu betonen einzelne Gesprächspartner*innen, dass Emotionen Raum gegeben werden muss, um diese aufarbeiten zu können. *„Wenn du Emotionen hast, gehen die nicht einfach fort. Aber wenn du ihnen Platz gibst, kannst du ihnen die Schärfe nehmen."* (Interview 17, Zeile 6395; original in Englisch).

Der konstruktive Umgang mit Konflikten und Meinungsverschiedenheiten scheint eines der Merkmale gut funktionierender Teams zu sein. „[...], dass ich in der Retro auch Kritik üben kann innerhalb des Teams [...], dass man das als normal empfindet und nicht als persönlichen Angriff wertet, da hat das Team eine gute Reife erreicht. Wenn es ihnen möglich ist, solche Dinge anzusprechen, das objektiv zu sehen und zu sagen: ‚Ja, das können wir beim nächsten Mal ändern.'" (Interview 4, Zeile 1707).

Offenheit im Team wird als Voraussetzung für das Gelingen von Retrospektiven gesehen. „Grundvoraussetzung ist ein gutes Verhältnis im Team. Dass niemand etwas zurückhält, dass jeder sagt, was er sich denkt." (Interview 11, Zeile 5258). „[...], dass wir uns persönlich näherkommen und dann werden wir anders miteinander reden und dann wird sich das Ganze leichter leben lassen." (Interview 1, Zeile 356).

Ob eine Retrospektive gelingt, hängt auch von der Mentalität der Teilnehmenden ab, der Erfahrung mit (Selbst-)Reflexion und ob sie in der Lage sind Feedback offen und ohne Abwertung zu äußern. Insbesondere Letzteres wurde von den Befragten immer wieder als bedeutsam angesehen. „Wenn man ein Team hat, bei dem man offen und ehrlich auch mal Persönliches ansprechen kann, dann hebt das das Team extrem [...]. Wenn das gelöst ist, steigert das das Team enorm, das ist schon etwas ganz Wichtiges." (Interview 10, Zeile 4969).

Positiv wird dabei empfunden, wenn Kritikpunkte geäußert werden können, ohne dass jemand beleidigt ist und Meinungsverschiedenheiten nicht hochstilisiert werden. „Wir kennen uns, kennen die Starken und Schwächen voneinander und wir reden sehr offen. Da gibt es nichts, wo man etwas zurückhält oder hintenherum agiert, und in den Meetings ist es oft so, dass ich sage, das ärgert mich [...] oder: wenn du das so lieferst, kann ich es nicht brauchen, das ist ganz offen. Die Konflikte gibt es, aber die werden nicht aufgebauscht oder unter den Tisch gekehrt, sondern angesprochen und gelöst und fertig, das ist sehr locker." (Interview 11, Zeile 5235).

Auch Yanti Andriyani, Rashina Hoda und Robert Amor (2017) streichen hervor, dass, obwohl von zentraler Bedeutung, wenig über die Art und Weise, wie Reflexion in Retrospektiven stattfindet, bekannt ist. Retrospektiven in agilen Teams werden oft als technischer Prozess, den es durchzuführen gilt, gesehen.

Wenig Augenmerk wird auf die Art der Reflexion gelegt. In ihrer qualitativen Studie zur Verwendung von Retrospektiven mit 16 Teilnehmenden aus der Softwareentwicklung kamen sie zu dem Ergebnis, dass nicht jedes Team einen höheren Grad an Reflexion erreicht. Obwohl alle Teams Retrospektiven durchführten, diskutierte nur ein Teil Emotionen des Sprints oder fasste Beschlüsse für konkrete Verbesserungsmaßnahmen (vgl. Andriyani et al., 2017).

3.2 Verlagerung sozial anspruchsvoller Themen ins Informelle

Ein Teil der Befragten gab an, dass Reflexionen im Sinne von Retrospektiven zwar stattfinden, diese aber wenig formalisiert und überwiegend informell geführt werden. Es gibt keine zeitlichen Rahmenbedingungen und obliegt einzelnen Personen, wann, wo und wie oft diese Feedback-Runden stattfinden bzw. welche Themen angesprochen werden.

Es besteht die Tendenz, zwischenmenschliche Konflikte und emotionale Themen eher ins Informelle zu verlagern. *„Es ist zu Konflikten innerhalb des Teams gekommen [...], weil zwei Personen nicht miteinander können. Das sollte nicht in die Retro rein, das sollte man im Zweiergespräch lösen. Es kann auch einen negativen Impact auf das Team haben, wenn man eine Retro verwandelt in einen Streit von zwei Personen, der nur die beiden etwas angeht."* (Interview 4, Zeile 1578).

Informelle reflexive Gespräche finden selbstverständlich immer auch als Ergänzung zu regelmäßigen strukturierten Retrospektiven statt. Entscheidend ist vielmehr, ob zwischenmenschliche Konfliktthemen als ausschließlich informell zu klären gesehen werden. Es wurden Erfahrungen gesammelt, dass diese informellen Varianten an ihre Grenzen stoßen. *„Da merkt man stark, dass man sich es zwar mit Einzelnen ausredet, aber das ganze Team, das war stark spürbar, das hat sich erst entwickelt."* (Interview 9, Zeile 4485).

3.3 Reflexionserfahrung als Schlüsselfaktor für die Auswirkung der Retrospektiven auf den Teamzusammenhalt

In Retrospektiven zeigt sich oft ein sich selbst verstärkender Kreislauf: Je bewusster dem Team die Wechselwirkungen von sozialen und inhaltlichen

Aspekten der Zusammenarbeit sind, je selbstreflexiver und selbstverantwortlicher die Teammitglieder sind, desto wahrscheinlicher und effizienter werden Retrospektiven für Verbesserungen verwendet. *„Je selbstorganisierter das Team ist, desto einfacher werden die Retros werden. Man hat weniger Hemmungen, gewisse Dinge anzusprechen. Es wird klarer, man wird effizienter in Lösungsfindungen oder in den Wegen, wie man etwas löst. Damit werden die Retros auch positiver, weil man schneller etwas erreicht [...]. Das hat schon eine sehr positive Wechselwirkung."* (Interview 4, Zeile 1690).

Diese Fertigkeit wird zuweilen wertend als „Teamreife" bezeichnet. So verwendet Svenja Hofert (2016) Teamreife nahezu synonym mit der kollektiven Reflexionsfähigkeit. „Niedrige Teamreife zeigt sich an geringer Reflexion der Zusammenarbeit, hohe an intensiver" (Hofert, 2016, S. 17).

Je „unreifer" und wenig reflexionsgewohnt ein Team ist, desto eher läuft es Gefahr, an Oberflächlichkeiten hängen zu bleiben und das Potenzial der Retrospektiven für tiefgreifende Änderungen und Verbesserungen nicht auszunutzen. Wenn das Team dagegen bereits Erfahrungen mit der Selbststeuerung sozialer Prozesse, auch bei Schwierigkeiten, gesammelt hat, gemeinsame Ziele verfolgt und den Wert von Diskussionen schätzt, werden Retrospektiven sehr positiv und erfolgsfördernd wahrgenommen. *„[...] dass der Umgang miteinander ganz ein anderer ist, während des Sprints, weil ich Phasen habe, wo sie sich gegenseitig öffnen in der Retro [...], da hab ich schon das Gefühl, dass sich das auch auf das tägliche Tun während des Sprints auswirkt [...], wenn man ein gemeinsames Ziel hat. Dann hab ich auch gemeinsame Energie."* (Interview 9, Zeile 4712). Das deckt sich auch mit den Ergebnissen von Richard Skinner, Lesley Land, Wynne Chin und R. Ryan Nelson (2015). Diese führen mehrere Barrieren an, die dafür verantwortlich sind, dass Unternehmen nicht aus Projekten lernen. Deren Erkenntnisse deuten darauf hin, dass die Grundlage für einen erfolgreichen Einsatz von Retrospektiven bereits vor ihrem Beginn gefährdet sein kann, wenn Vorbehalte oder negative Vorurteile der Teammitglieder über Retrospektiven bestehen – unabhängig von unterstützenden Organisationsstrukturen oder dem Potenzial durch ihre Nutzung.

4 Zusammenfassende Diskussion und Konsequenzen für die Praxis

Im Folgenden werden bilanzierend Schlüsselfaktoren für den Erfolg von Retrospektiven angeführt:

Passende Dosis aus offenem, direktem und zugleich behutsamem Umgang mit sozialen Themen

Aus den oben ausgeführten Gedanken wird deutlich, dass – wenig überraschend und eher auf einer sehr allgemeinen und abstrakten Ebene – Einigkeit darüber besteht, dass soziale Faktoren der Teamarbeit wesentlich für den Erfolg von agilen Projekten sind. Sehr unterschiedlich wird aber im konkreten bewertet, wann Emotionen, zwischenmenschliche Themen und Konflikte im formelleren Rahmen einer Retrospektive thematisiert werden sollten oder wann es besser zu sein scheint, diese Themen eher im Informellen zu bearbeiten und sich bei der Retrospektive primär auf die fachlichen Fragen zu konzentrieren. Die Bewertung scheint in hohem Ausmaß von der Rolle im Team abhängig zu sein und hängt wohl auch mit der Fülle an Erfahrungen mit positiv gelösten Konflikten im Team zusammen.

Moderierende Unterstützung und methodisch anregende Gestaltung

Wie auch in traditionellen Projekten wird der Rolle der Moderation – in agilen Projekten entspricht dies am ehesten dem Scrum-Master oder agilen Coach – eine wesentliche Bedeutung zugemessen. Wenn es gelingt, einen geschützten Rahmen zu schaffen, Sicherheit auch in sozialen Interaktionen und Konflikten zu geben, ist die Wahrscheinlichkeit erfolgreicher Retrospektiven größer. Allein die Art der Moderation, die ausgewählten Methoden, die Sensibilität für kritische und persönliche Themen, trägt wesentlich zum Erfolg bei. Dies bestätigte sich auch in den Interviews. Immer wieder wurde als wesentlicher Faktor für gelingende Retrospektiven die Rolle eines guten Scrum-Masters angesprochen. Wichtig ist Sensibilität für das Soziale, für Kommunikation und Konflikte, etwas im Raum Stehendes zu erspüren, auch ohne dass es explizit ausgesprochen wird, und nicht zuletzt ein gutes Balancieren von Insider-Knowhow auf der einen und externen Perspektive auf der anderen Seite.

Der Wunsch nach abwechslungsreich und interessant gestalteten Retrospektiven wurde von vielen Interviewten geäußert. Dies umso mehr, je länger der Prozess andauert und je mehr Retrospektiven nach dem gleichen Schema bereits stattgefunden haben. Abwechslung, interessante Gestaltung, aber auch Spaß an der Sache wird als wesentlich für das Beibehalten, aber auch das Gelingen von Retrospektiven angesehen. Als Gründe dafür, dass Retrospektiven im Laufe der Zeit ihr Potenzial einbüßen, werden u. a. der instrumentalisierte und routinemäßige Ablauf ohne nachhaltige Verbesserungen angeführt. Die Retrospektiven werden dann als formale Meetings mit nur geringem Wirkungsgrad betrachtet.

Lösungsorientierung, Konzentration auf das Wesentliche und Nachhaltigkeit der Umsetzung

Oft scheitern Retrospektiven an der nachhaltigen Umsetzung bereits beschlossener Maßnahmen. Teils, weil sich niemand dafür verantwortlich fühlt, teils, weil die Projektarbeit Priorität genießt. Wenn Retrospektiven ausschließlich zum Aufzeigen von Schwierigkeiten genutzt, aber keine Maßnahmen implementiert werden, ist dies einer der Faktoren, Retrospektiven als wenig zielführend und Zeitverschwendung abzutun. Wenn das Team zwar formell den Scrum-Regeln folgt, wird es zwar vordergründig weiterhin an den Retrospektiven festhalten, allerdings mit überschaubarem Erfolg. Wenn es sich weniger strikt an die Regeln hält, wird das Team immer öfter andere dringendere Aufgaben finden und Retrospektiven ausfallen lassen oder sogar einstellen. Auch Judith Andresen (2017) definiert als zentrale Ursachen, warum agile Teams auf Retrospektiven verzichten, deren erlebte Wirkungslosigkeit und den fehlenden Glauben, damit etwas bewirken zu können.

Wichtig ist, dass durch die Retrospektiven tatsächlich neue Einsichten gewonnen werden und Probleme und Schwachstellen eigenständig bearbeitet werden können. Somit sind Maßnahmen, die im Team beschlossen wurden, nachhaltiger in der Umsetzung und machen einen zentralen Teil des Erfolgs aus. Die Erkenntnis, es selbst geschafft zu haben, wirkt als enormer Motivationsschub für das Team. Wesentlich für den Erfolg von Retrospektiven wird gesehen, sich auf wenige Maßnahmen zu konzentrieren.

Entwicklung teamübergreifender und organisationaler Formate

Der teamübergreifenden Zusammenarbeit und der Ausrichtung auf die gesamte Organisation kommt eine immer größere Bedeutung in der agilen Praxis zu. Es entsteht eine wachsende Abhängigkeit von den Rückmeldungen und Inputs anderer Teams für das eigene Tun. Vor diesem Hintergrund scheint es wesentlich, die Möglichkeiten von übergreifenden Reflexionen zu beleuchten bzw. zu klären, wie weit hier Retrospektiven für Verbesserungen zwischen den Teams genutzt werden.

Insbesondere bei teamübergreifenden Problemen gibt es die Tendenz, den außenstehenden Verantwortlichen oder anderen Teams Schuld zuzuweisen und durch einen „gemeinsamen Außenfeind" im Team Erleichterung zu finden. Teamübergreifende Probleme werden als besonders belastend und frustrierend empfunden, da hier der eigene Wirkungsgrad gering ist und oft ein Gefühl der Ohnmacht und Lähmung entsteht. Es wird erkannt, dass hier ein wesentlicher Hebel zur Verbesserung struktureller Schwachstellen liegen könnte. Auffallend ist, dass teamübergreifend meist dennoch wenig an strukturiertem und regelmäßigem Austausch passiert. Es hängt vom Engagement Einzelner und dem teamübergreifenden und organisationalen Einverständnis ab, um eine solche Austauschform zu etablieren bzw. eine steuernde und begleitende Rolle einnehmen zu können.

Teamübergreifende Retrospektiven werden oft als besonders anspruchsvoll in der Umsetzung wahrgenommen. Wenn es keine gemeinsame Ausrichtung in der Organisation gibt und Veränderung nur als lokaler Faktor gesehen wird, wirkt das hinderlich für übergreifende Formate, da Teams nur mehr entlang der eigenen Grenzen Verbesserungen adressieren können. Offenbar braucht es spezifische Designkompetenz, um passende teamübergreifende Formate zu entwickeln und umzusetzen. Aufgrund der Schwierigkeit von team-übergreifenden Formaten wird zuweilen versucht, sich als Team komplett unabhängig von anderen zu machen und damit auch viele technische (Um-)Wege in Kauf zu nehmen und zu einer „agilen Insel" zu werden. Eine andere Umgangsform ist die Verlagerung des teamübergreifenden Austauschs ins Informelle. In den Interviews gibt es aber auch vereinzelt Beispiele für gelungene übergreifende Retrospektiven, die sich positiv auf die Zusammen-arbeit ausgewirkt haben.

Fehlerfreundliche Organisationskultur

Insbesondere die Kultur der Organisation hat einen wesentlichen Einfluss auf Ablauf und Effizienz von Retrospektiven. Wenn das Umfeld als hemmend empfunden wird und es sowohl bei der Fehlerkultur als auch der offene

Umgang miteinander unzureichend ist, braucht es eine sehr gute Begleitung und genügend Zeit, um das erforderliche Vertrauen aufzubauen und damit erst die Rahmenbedingungen für Reflexion und Verbesserungen zu schaffen.

Einig sind sich alle interviewten Personen über den negativen Einfluss einer schuldzuweisenden Fehlerkultur sowie mangelndes Vertrauen und Sicherheit für die Mitarbeiter*innen. Eine sehr fehlerorientierte Organisationskultur unterläuft letztlich die Grundlage von Retrospektiven und macht die Sinnhaftigkeit der Durchführung damit fraglich. Schwirig ist es umgekehrt auch, wenn Retrospektiven oder gar das agile Vorgehen generell von oben angeordnet werden, es das Team aber nicht von sich aus will. Lösungen werden dann nicht vom Team gefunden, sondern verordnet.

Umgekehrt werden Retrospektiven aber auch potenziell positive Wirkungen auf die Organisation und deren aktuellen Kultur zugetraut, insbesondere durch viele kleine Schritte und laufende Lernschleifen, mit denen Kulturänderungen initiiert und verstetigt werden können.

Hierarchien dekonstruieren und mit Alternativen experimentieren

Neue Organisationsformen in hierarchiefreien und hierarchiereduzierten Unternehmen

Christian Hauser

1 Einleitung

Der Anspruch auf raschere Antwortfähigkeit von Organisationen auf die Veränderungsdynamiken ihrer relevanten Umwelten steigt. Die Frage, wie Organisationen Arbeit erfolgreich organisieren, entscheidet über Wettbewerbsfähigkeit und Marktanteile.

Als Organisationsberater und Human Resources (HR) Professional sieht der Autor des vorliegenden Beitrags die immense Herausforderung für HR und die Organisationsentwicklung, eine adäquate Übersetzungsleistung dieser veränderten gesellschaftlichen Rahmenbedingungen in die Unternehmensorganisation zu bewerkstelligen. Die berufliche Sozialisation des Autors in multinationalen IT-Konzernen westlicher und östlicher Kulturprägung ist gekennzeichnet von Erfahrungen mit hierarchischen Organisationsmodellen. Erfolgsfaktoren und Dysfunktionalitäten der pyramidalen Unternehmensstrukturen bieten die Ausgangsbasis für das persönliche Forschungsinteresse des Autors im Rahmen einer Masterarbeit, deren wichtigste Erkenntnisse in diesem Beitrag dargestellt werden. In der Masterarbeit und der daraus entstanden Buchpublikation (Hauser, 2017) wurden die Gründe, die Wirkungen, die Herausforderungen zur Transformation in eine hierarchiearme Organisation und ebenso die Bedingungen, die neuen Organisationsformen wieder zu verlassen, erhoben.

Im vorliegenden Beitrag wird auf die neuen Aspekte der Organisationsgestaltung, auf die Unterschiede zwischen „neuen" Organisationsformen und jenen von konventionellen Unternehmen fokussiert und untersucht, welche anderen, eventuell neuen Praktiken sie im Unternehmensalltag einsetzen. Des Weiteren werden die größten Herausforderungen in neuen Organisationsformen herausgearbeitet: Was sind die besonderen Schwierigkeiten, die Stolpersteine, die Herausforderungen, die in „neuen" Organisationformen auftreten, und wie werden diese adressiert?

An dieser Stelle soll definiert werden, inwieweit „neue Organisationsformen von Arbeit" nun wirklich hierarchiefrei bzw. hierarchiereduziert sind und was darunter zu verstehen ist. Vier von fünf untersuchten Unternehmen arbeiten mit dem Grundprinzip der verschachtelten Teams, die nach den Prinzipien von Holokratie bzw. Soziokratie zusammenarbeiten (vgl. Laloux, 2015).

Das Grundanliegen der neuen Organisationsformen besteht darin, Verantwortung und Macht zu splitten und zu verteilen. Bezeichnet man die Abhängigkeiten verteilter Verantwortung zueinander als „das Besondere" der neuen Organisationsformen, so meint man damit, dass es keine positionsabhängigen Hierarchien von Menschen (z. B. Führungskraft und Mitarbeiter*in) zueinander gibt, sondern nur durch Strukturen bedingte Hierarchien (z. B. verschachtelte Teams, Lead-Teams und die spezifischen Rollen).

2 Methodisches Vorgehen

Die empirische Untersuchung wurde in Form von neun qualitativen Experteninterviews mit Gründer*innen, Geschäftsführer*innen und Mitarbeiter*innen von fünf Unternehmen durchgeführt, die kürzlich eine Transformation in Richtung hierarchiefreie oder hierarchiereduzierte Organisationsform gestartet haben oder sich bereits länger in einer Transformationsphase befinden. Es wurden insgesamt dabei die Sichtweisen von elf Personen erhoben.

Darstellung der untersuchten Unternehmen

Unternehmen Geschäftsinhalt	Planung und Realisierung von IT-Lösungen, Technologieberatung	Akustikplattenfertigung und Handel	Groß- und Einzelhandel mit elektronischen Messgeräten	Produktion und Handel von Steuerungsgeräten	Betriebsberatung
Anzahl Mitarbeiter*innen in Ö	50	7	88	88	9 Gesellschafter*innen/ Kommanditist*innen
Gründung des Unternehmens / Beginn Transformation	2000 / 2005	1994 / 2014	1998 / 2015	1967 / 2013	2015 / 2015
Organisationsform	Selbstentwicklung	Selbstentwicklung	Holokratie	Selbstentwicklung	Holokratie

3 Exemplarische Ergebnisse

3.1 Initiation durch Gründer*innen

„*Selbstorganisation entwickelt sich nicht von selbst!*" (Interview 3, Zeile 865). Die Entscheidung zur (Neu-)Gestaltung der Organisation von Arbeit fällen einzig Gründer*innen, Eigentümer*innen und Geschäftsführer*innen. Die initiale Entscheidung zur Veränderung der Organisationsform kommt von diesen „ersten bewegten Beweger*innen". Ohne diesen eindeutigen und klaren Entscheid startet keine nachhaltige Veränderung der Organisationsform. Das Paradoxon, dass der Weg zu einer von persönlicher Hierarchie freien Struktur an der obersten Instanz der Hierarchie beginnt, ist real. Der*die Machtträger*in verzichtet auf Macht und Autorität. Dieser Machtverlust wird mit Erwartungen, Wünschen, Hoffnungen und Sehnsüchten an die neue Organisationsform kompensiert.

3.2 Neue Aspekte der Organisationsgestaltung

Nach der grundsätzlichen Entscheidung zur Transformation werden bisherige Muster und Strukturen im Unternehmen sprichwörtlich „auf den Kopf gestellt", neue Aspekte der Organisationsgestaltung treten hervor. Folgende acht Aspekte wurden bei den untersuchten Unternehmen in unterschiedlichen Ausprägungsgraden evident:

- Transparenz
- Entscheidungs- und Abstimmungsabläufe
- Beteiligung
- Gehaltssystem
- Zielvereinbarungen
- Karriere- und Karriereverständnis
- Gruppendruck
- Peer-Feedback

Für diesen Beitrag werden die drei Aspekte Transparenz, Entscheidungs- und Abstimmungsabläufe sowie Gruppendruck näher beleuchtet.

Transparenz

Die klare und eindeutige Entscheidung, bisher „geheime" bzw. nur manchen Hierarchiestufen vorbehaltene Betriebsinformationen (von Finanzkennzahlen über Gehaltsinformationen bis zur Transparenz aller Aufgaben von Mitarbeiter*innen) allen Mitarbeiter*innen uneingeschränkt vom Umfang her und jederzeit bzw. so rasch wie möglich zur Verfügung zu stellen bzw. stellen zu wollen, ermöglicht den Mitarbeiter*innen grundsätzlich eine höhere bzw. schnellere Handlungsbereitschaft. Die Transparenz schafft eine Voraussetzung zu differenzierterer Aktivität von Mitarbeiter*innen. Die folgenden Zitate beschreiben die Wichtigkeit dieses Aspektes:

- „Weil wenn ich jetzt sage, ab jetzt entscheide du das, muss ich jetzt, wenn ich jetzt eine Verantwortung von mir als Führungskraft weitergebe, die gleichen Entscheidungskriterien zumindest zu Verfügung stellen, damit eine ähnliche Qualität entscheiden kann. Deswegen ist Transparenz so wichtig. [...] Man muss sicherstellen, dass die Leute Zugriff auf die Informationen haben, die sie brauchen, und das ist natürlich auch eine große Umstellung im Unternehmen, weil bis jetzt hatte nicht jeder Zugriff auf Kostenstellendaten und solche Sachen." (Interview 5, Zeile 969, Geschäftsführer*in).

- „Die ganzen Protokolle von den verschiedensten Gremien, Arbeitsgruppen, alles liegt ab. Man kann sich alles durchlesen, es ist für alle zugänglich. Also es ist schon sehr viel Transparenz da und es wird auch, wenn man jemanden fragt, warum ist das jetzt nicht so gelaufen vom Umsatz her, man bekommt eine Antwort drauf, auch wenn man damals noch Lehrling war oder jetzt halt auch noch eher frisch dabei ist, es ist irgendwie überhaupt keine Geheimniskrämerei oder irgendwie, dass man es hinter verschlossenen Türen hält." (Interview 8, Zeile 684, Mitarbeiter*in).

- „Das heißt, bei uns wissen die Mitarbeiter was OPEX und EBITDA sind, sie wissen über jede Zahl Bescheid, die dieses Unternehmen generiert. Und das macht auch Angst, das macht natürlich Angst, Transparenz macht Angst. Wer weiß denn das schon in so einem Unternehmen? Und ich sage *immer, bei uns sieht man den Zug, der auf dich zurollt. Und das ist, das macht natürlich auch Angst, da kann man nicht sagen, das habe ich nicht gewusst. Habe ich doch. Bei uns wissen alle alles. Können alle alles wissen."* (Interview 7, Zeile 357, Geschäftsführer*in).

Veränderte Entscheidungs- und Abstimmungsabläufe

Die Beschreibungen der Interviewpartner*innen belegen die massiv veränderten, partizipativen Entscheidungs- und Abstimmungsläufe in neuen Organisationsformen. Diese ermächtigen alle Mitarbeiter*innen, egal, in welcher Rolle oder Team sie tätig sind, zu Teilhaber*innen von Entscheidungen. In neuen Organisationsformen wird die grundsätzliche Annahme unterstellt, dass alle Mitarbeiter*innen für ihren Arbeitsbereich Expert*innen sind, im Zuge einer inhaltlichen Diskussion Expertise einbringen können und Interesse an der Entscheidung bzw. an der Mitentscheidung für ihren Arbeitsbereich haben. In neuen Organisationsformen steht dabei auch das Neu-Entscheiden von veränderten Entscheidungsmöglichkeiten zur Disposition. Das soll heißen, in welchen Strukturen, wie entschieden wird, wird von den Teilnehmer*innen in Entscheidungsgremien entschieden und kann daher, entlang dem jeweiligen Entscheidungsmodus, auch wieder verändert und neu entschieden werden. Die folgenden Beschreibungen der Unternehmen helfen, die Bedeutung dieses Aspektes zu erfassen:

- In einem untersuchten Unternehmen sind mehrere Teams föderalistisch aufgestellt und stark autark in Bezug auf Planung und Ausführung. Zur Abstimmung unter diesen Teams gibt es das zentrale Koordinationsteam. Jedes Team hat zwei Sprecher*innen, eine*r für Ressourcen, die*der andere für die Strategie. Gewählt werden die Sprecher*innen für mindestens neun Monate und maximal zwei Jahre. Die Rolle als Sprecher*in sei ein Add-on zur Jobrolle, damit der Bezug zum Tagesgeschäft bleibt, und wird nicht entlohnt. Die Geschäftsleitung als Teil des zentralen Koordinationsteams hat drei besondere Rechte: das Vetorecht bei Entscheidungen, das Recht, die Organisationsform außer Kraft zu setzen, und die Verantwortung für die Personalagenden.

- In einem zweiten untersuchten Unternehmen, das holokratisch organisiert ist, werden Entscheidungen in den jeweiligen Kreisen getroffen, spätestens aber im Superkreis, in dem aus jeder Arbeitsgruppe/Kreis zwei

Vertreter*innen – Lead-Link und Rep-Link – vertreten sind. Entscheidungsprozesse unterliegen dem in der holokratischen Verfassung verankerten Governance-Prozess. Die Entscheidungsfindung erfolgt in Form eines Entscheidungsrituals, das ein Beweisverfahren darstellt: Der Entscheidungsablauf ist sehr schnell und kann autonom durchgeführt werden. Durch diesen Entscheidungsablauf führt das System und nicht Personen. Im holokratischen Organisationsmodell sind alle Mitarbeiter*innen Sensoren, die Spannungen wahrnehmen. Diese Spannungen werden in Meetings prozessiert. Was genau diese Spannung ausmacht, muss man den anderen zu erklären versuchen. Nicht immer werden Lösungen für die Spannungen gefunden. Holokratie-Regeln werden manchmal aufgebrochen, indem Freiräume zur Diskussion gestellt werden, das ist zielführend. Es ist wichtig, dass man sich nicht in eine andere Rolle einmischt. Man kann mit der*dem Rolleninhaber einen Vorschlag gemeinsam ausarbeiten oder zum Lead-Link gehen und fragen, ob man auch diese Rolle haben kann.

Gruppendruck

Das Phänomen der gegenseitigen Beobachtung, der Verhaltenseinschätzung und des Leistungsvergleichs ist ein menschliches. Die verbale Kommunikation dieser Beobachtungs- und Vergleichspunkte wird in konventionellen Organisationsformen von den Führungskräften erwartet bzw. bewusst an diese delegiert. Durch das Nichtvorhandensein der Führungskräfte entsteht ein Vakuum – allerdings nicht lange. Mitarbeiter*innen beginnen, diese Beobachtungspunkte auf horizontaler Basis zum Austausch zu bringen. Ungeplant, unstrukturiert, unmethodisch. Damit beginnt ein „Selbstregulationsmechanismus". Dieser ist vollkommen neu und für die Betroffenen ungewohnt. Diese „Gruppendruck"-Situation etabliert Beziehungen und Abhängigkeiten zu Kooperationspartner*innen im Unternehmen, ohne dass Führungskräfte anweisen, eingreifen oder sanktionieren. Folgende Verdichtungen aus den Interviews beschreiben diesen „Gruppendruck".

Da es keine Führungskräfte gibt, die Feedback geben, wird das von Kolleg*innen gemacht. Es wird durchaus als Herausforderung gesehen, Kolleg*innen zu kritisieren. Wenn sich ein Verhalten bzw. die Performance nicht ändert, dann wird das von den Feedbackgeber*innen als belastend erlebt und es kommt zu einer Gruppendynamik, welche die Kolleg*innen spüren lässt, dass etwas nicht passt.

Ein*e Geschäftsführer*in meinte, es schauen viel mehr Leute auf das Gesamte und was jede*r Einzelne tut. Das gemeinsame Arbeiten im Kreis ermöglicht sehr schnelle Regelschleifen.

3.3 Die größten Herausforderungen in neuen Organisationsformen

Die besonderen Herausforderungen der neuen Organisationsformen bestehen in dem Unterfangen, Macht und Verantwortung im Unternehmen verteilen zu wollen. Die innerbetrieblichen, innersten Abläufe der Organisation sollen verändert werden. Gleichzeitig dürfen die Wertschöpfung und der Zweck des Unternehmens nicht leiden. Die Annahme, dass sobald die personenbezogene Hierarchie ihre Wirkung verliert, bereits die Selbstorganisation funktioniert, ist aus Sicht des Autors verkürzt. Die Effekte der Änderung der Organisationsform sind neu und ungewohnt. Die gesamte Organisation beschäftigt bei laufendem Betrieb die Frage, wie es sinnvollerweise gelingen kann, dass Verantwortung und Macht übertragen und durch Mitarbeiter*innen übernommen wird. Und das ist ein radikaler Lernprozess.

Bei den Interviews kam dem Autor das Bild einer fragilen Skulptur und eines Mobiles in den Sinn. Neue Organisationsformen sind also keinesfalls perfekt, fertig oder fehlerfrei. Im Gegenteil: Neue Organisationsformen anerkennen Unvollständigkeit und Fehler als Realität, mit der es umzugehen gilt. Bestmöglich spürt jedes einzelne Organisationsmitglied die Verantwortung zur Auseinandersetzung mit dieser Situation.

In den Interviews wurden folgende Themen als die größten Herausforderungen benannt:

- Individuelle Selbstorganisation
- Passung zum Unternehmen
- Abläufe ohne formale Führungskräfte

- Gemeinsame Richtung
- Umsetzung
- Duales Betriebssystem

In diesem Beitrag wird vertiefend die „individuelle Selbstorganisation" dargestellt. Die Herausforderungen mit der individuellen Selbstorganisation der eigenen Arbeitsbereiche war sowohl quantitativ als auch qualitativ das hervorstechende Thema in den Interviewaussagen in der Kategorie „Herausforderungen". Das Thema der Unterscheidung, ob, allgemein gesprochen, alle Menschen selbstorganisiert arbeiten können oder wollen bzw. wie das bei den Mitarbeiter*innen/Kolleg*innen im eigenen Unternehmen ist, kam in fast jedem Interview auf. Gründer*innen und Geschäftsführer*innen beantworteten die allgemeine Frage, ob alle Menschen grundsätzlich selbstorganisiert arbeiten können bzw. wollen, optimistischer als die Mitarbeiter*innen. Festgehalten wurde von den Interviewpartner*innen ein beobachteter Zusammenhang zwischen der Dauer an Arbeitsjahren in konventionellen Organisationsformen und der Fähigkeit/Absicht, in neuen Organisationsformen selbstorganisiert tätig zu sein. Je länger Mitarbeiter*innen bereits in konventionellen Organisationsformen gearbeitet hätten, umso schwerer fiele ihnen der Umstieg in ein neues Organisationsmodell, so die Interviewpartner*innen.

Die beiden folgenden Auszüge aus den Interviews verdeutlichen die Herausforderungen rund um das Thema Selbstorganisation.

- *„Das Spannende ist ja, Kontext produziert Verhalten. Und wir haben über Jahrzehnte schlichtweg gelernt, wie wir uns in solchen Systemen verhalten sollen. Das heißt, das ist wie Flöhe dressieren: wenn ich jetzt den Deckel abnehme, springen sie trotzdem nicht höher. [...] Das heißt, aus meiner Sicht gibt es viel konditioniertes Verhalten, das erschwert, in diesen neuen Modus zu kommen. Gleichzeitig sage ich, jeder von uns agiert in seinem Privatkontext eigenverantwortlich, bucht Flüge, (lacht) organisiert Urlaube, baut ein Haus, kauft eine Wohnung, geht einkaufen, steuert seinen Tag autonom. Der gleiche Mensch geht bei der Tür herein in die Organisation und sagt: ‚So, ich lege meine Eigenverantwortung in die Ecke und will es nicht mehr.' [...] Gleichzeitig ist die Frage, wie trainieren wir Menschen* rasch diese neuen Kompetenzen und wie lernen wir diesen neu gewonnenen Freiraum auch auszufüllen und zu nutzen. Und das braucht auf jeden Fall Unterstützung am Beginn. Von selbst ist das schwierig. [...] Grundsätzlich glaube ich schon, dass Menschen geeignet sind, aber der Umstieg ist extrem herausfordernd." (Interview 5, Zeile 631, Geschäftsführer*in).

- „Für mich als junge Person ist das halt irgendwie nicht nachvollziehbar, dass die Leute sich nicht selbst ihre Verantwortung einteilen können beziehungsweise ihre Arbeit einteilen können. Viele Leute brauchen halt noch immer irgendwie so den Schlag von hinten, dass sie, der Schlag von hinten klingt so hart, aber halt diese Anweisungen von einer Person, die ober ihr ist. Und für mich ist das halt irgendwie überhaupt nicht verständlich, weil es ist doch viel angenehmer, wenn man frei arbeiten kann, wenn man sich die Arbeit einteilen kann, wenn einem das nicht so [...] so aufgezwungen wird, dass man das noch erledigt und noch schnell. Also eben für viele ist das was und für viele nicht. Aber das muss man halt auch einsehen." (Interview 8, Zeile 329, Mitarbeiter*in).

4 Zusammenfassende Diskussion und Konsequenzen für die Praxis

In der organisationalen Praxis ist klar ersichtlich: Die Notwendigkeit der raschen Antwortfähigkeit von Organisationen an die Veränderungsdynamiken ihrer relevanten Umwelten ist das Kernthema für die nachhaltige Entwicklung eines Unternehmens schlechthin. Die organisationsstrukturellen Antworten auf diese Notwendigkeit zeigen sich in mehreren Facetten: Die Rolle und der Nutzen von Führungskräften wird hinterfragt; Partizipation von Mitarbeiter*innen in der strategischen Ausrichtung ist erwünscht; die Reflexion und Überprüfung des Sinns und Zwecks der Organisation und der eigenen Person steht auf der Agenda; Verantwortung wird von Führungskräften in Richtung Teams und Einzelpersonen delegiert und mit alternativen Entscheidungsmodellen wird experimentiert.

Als zentrale Ergebnisse der Arbeit wurde deutlich, dass die Wesenskerne neuer Organisationformen das Erleben der psychologischen Eigentümerschaft

– im Sinne der Identifikation mit der Organisation (Höge, 2006; Laloux, 2015) – und die soziomoralische Atmosphäre (Weber, 1999) positiv beeinflussen. Unter soziomoralischer Atmosphäre wird ein Klima der Wertschätzung, Wertorientierung und größtmöglicher Partizipation verstanden, welches die Grundlage für eine autonome Verantwortungsübernahme schafft. Die durch die qualitative Forschung sichtbar gemachte Nutzen der neuen Organisationsformen stärken das organisationale Commitment und das Organizational Citizenship Behavior (vgl. Maringer, 2009; Weber, 1999). Die Austauschbeziehung zwischen Organisation und Mitarbeiter*innen ist aufgrund des partizipativen Aspekts in neuen Organisationsformen intensiver. Die Bedeutung des psychologischen Vertrages ist daher aufgewertet. Hingewiesen werden soll aber auch auf die prinzipiellen Risiken, die das hohe Commitment mit der Arbeit mit sich bringen kann (Kleemann, Matuschek & Voß, 1999). Überall dort, wo es zu Entgrenzungen kommt, kann es zu „Übergriffen" kommen oder können solche erlebt werden. Das Erleben einer hohen psychologischen Eigentümerschaft kann auch auslaugend und energieraubend sein. Selbstorganisation bedeutet unter anderem, mit seinen eigenen Kräften und Unzulänglichkeiten im Sinne einer ganzheitlichen Gesundheit eigenverantwortlich umgehen zu können bzw. zu lernen, damit umzugehen.

Die derzeitigen und zukünftigen soziodemografischen Veränderungen und gesamtgesellschaftliche Entwicklungen antizipierend, stellen neue Organisationsformen eine organisationale Antwortmöglichkeit auf veränderte Rahmenbedingungen in unserer Arbeitswelt dar und werden in Zukunft die Organisationslandschaft vermehrt bereichern. Die zweckgerichtete Verwendung von neuen Organisationsformen wird insbesondere wohl Teil des Employer Brandings werden, um die Attraktivität für jüngere Mitarbeiter*innengruppen und die systematische Mitarbeiter*innenbindung zu erhöhen.

Sollte der Trend hin zu neuen Organisationsformen von Arbeit anhaltend sein, dann sind massive Auswirkungen auf das unternehmerische Denken und Handeln von Menschen, auf die Entwicklung des menschlichen Bewusstseins sowohl auf persönlicher wie auch auf gesellschaftlicher Ebene auf die Felder Forschung, Lehre, Beratung und das gesamte Schulsystem zu erwarten.

Kollektivierte Orte des Entscheidens in Organisationen mit nicht-hierarchischem Anspruch

Claud A. Goutrié

1 Einleitung

Wie werden Entscheidungen in Organisationen, die wenig hierarchisch bzw. bewusst nicht hierarchisch aufgebaut sind, getroffen? In diesem Beitrag wird verdeutlicht, wie Organisationen und Initiativen der Zivilgesellschaft Formen des kollektiven Entscheidungsprozesses unabhängig von bekannten Führungskonzepten entwickeln und nutzen. Die Arbeit diskutiert die Relevanz der Ergebnisse einer Interviewstudie für die Theorie und Praxis der Organisationsentwicklung und stellt die Hypothesen als Interventionsmöglichkeiten vor, die kollektive Selbstorganisation zu unterstützen.

Nach Erfahrung der Autorin des vorliegenden Beitrags finden sich in den Selbstorganisationsprozessen von Teams und Organisationen mit nichthierarchischem Anspruch immer wieder ähnliche konflikthafte Situationen. Hierzu zählen z. B. Stillstand durch Verantwortungsdiffusion, Hierarchisierungs- und Machtaneignungsvorwürfe, Überlastung durch zu hohe Komplexität, Frustration und Rückzug der Mitarbeiter*innen, eskalierende Konflikte mit Schuldzuweisungen an einzelne Mitarbeiter*innen mit zum Teil schwerwiegenden persönlichen Folgen, einem Abwenden von nichthierarchischen Organisationsformen und auch das Scheitern einer sozialen und transformativen Initiative.

Gleichzeitig sind die Erfahrungen, die mit einer gelingenden Zusammenarbeit in nicht-hierarchischen Organisationen gemacht werden können, dem Kooperieren in Verbundenheit, der Fähigkeit, mit komplexen Situationen flexibel umgehen zu können, gleichberechtigt an Entscheidungen beteiligt zu sein, dem daraus entstehenden Vertrauen und organisationaler Resilienz starke Argumente, sich grundlegend mit den Herausforderungen und Möglichkeiten von Organisationen mit nicht-hierarchischem Anspruch zu beschäftigen.

2 Methodisches Vorgehen

Da im Bereich der Kollektivierung von Entscheidungsprozessen und Führungsaufgaben nicht-hierarchisch arbeitender Organisationen kaum Literatur vorhanden ist, schien ein qualitatives, hypothesengenerierendes exploratives Vorgehen sinnvoll, das die Bandbreite des Umgangs mit Führungsaufgaben innerhalb nicht-hierarchischer Organisationen ebenso erfasst wie die Umsetzung dieser Art der Zusammenarbeit innerhalb des Rahmens unterschiedlicher Medien der virtuellen Kollaboration. Das wichtigste Kriterium bei der Auswahl der Stichprobe mit nicht-repräsentativem Charakter war die nicht-hierarchische, in einem Fall dezidiert antihierarchische Selbstdefinition der Organisationen. In der Studie wird „nicht-hierarchisch" bzw. „antihierarchisch" als der bewusste Verzicht auf personalisierte Führungskonzepte und auf die Ausübung von „Macht über" in Form von dichotom verstandenen „Führenden" und „Geführten" sowie auf hierarchische Entscheidungspyramiden. Impulsgebend für diese Betrachtung waren unter anderem die Gedanken von Virginia Vanderslice (1988) zur Arbeit in Kollektiven und der Trennung von Führungsaufgaben von Führungspersonen, ebenso wie Mary Parker Folletts Ideen zur Betrachtung von Führung als Aufgabe statt als Position und ihren Aussagen zur zirkulären Integration von Macht (Follett, 1924).

Für diese Studie wurden Initiativen, Projekte der Zivilgesellschaft und NGOs ausgewählt, die eine solche Organisationsform aufwiesen. Es wurden Vertreter*innen von sieben Vereinen, Vereinssektionen, Teilorganisationsgruppen, Netzwerken und Projektgruppen aus verschiedenen europäischen Ländern interviewt. Da das Forschungsinteresse dieser Arbeit auf längerfristige Entwicklungen im Rahmen der Selbstorganisation gerichtet ist, wurden auf Zeit angelegte Projektgruppen und Teams nicht in die Untersuchung einbezogen. Dazu wurde ein theoriegeleiteter Interviewleitfaden verfasst, der sich auf die Theorie zu Führungsaufgaben, Orten des Entscheidens und dem System von Differenzierungen stützt sowie grundlegende Begriffe wie Macht, Verantwortung und Vertrauen thematisiert.

Die Interviews wurden zum Teil Face to Face, zum Teil mittels Skype als Videotelefonat, in zwei Fällen aufgrund technischer Probleme als VoIP-Telefonat ohne Video durchgeführt. Nach der Durchführung der sieben Interviews folgte die Auswertung nach dem Modell der strukturierenden qualitativen Inhaltsanalyse nach Philipp Mayring (vgl. Mayring, 2015) mit der Erstellung eines Kategoriensystems, das aus dem Leitfaden und der Theorie deduktiv und dem Interviewmaterial induktiv hergeleitet wurde (Bortz & Döring, 2006). Folgende Kategorien wurden identifiziert: „Nicht-hierarchische Organisationsform" (hierbei als besonders erwähnenswerte Unterkategorie: „emergente Führung"), „Entscheidungsfindung: Orte des Entscheidens" (mit den Unterkategorien „Entscheidungsverfahren", „Entscheidungsgremien", „Entscheidungstragende Personen", „Schleifen in der Entscheidungsfindung"), „Wissen und Kompetenzen", „Motivation", „Arbeitsverteilung", „Ressourcen" und „Kommunikation und Umgang mit Konflikten", „Gestaltung formeller Strukturen/Prozesse/Programme" und die „Rolle der virtuellen Zusammenarbeit". Weiters wurden „Grundlegende Begriffe der Zusammenarbeit", die sich als „Macht", „Vertrauen" und „Verantwortung" eingrenzen ließen, abgeleitet.

3 Exemplarische Ergebnisse

Bei der Auswahl der Ergebnisse liegt das Augenmerk in diesem Beitrag auf den Punkten, die für die Praxis unmittelbar relevant sind und die einen Ausblick auf weitere wissenschaftliche Fragestellungen erlauben. Dabei werden wichtige Bausteine wie Vertrauen, Verantwortung und der diskursive Umgang mit Macht jenseits der Steuerung durch Hierarchie als auch konflikthaft erlebte Aspekte der Selbstorganisation ausgeführt. Gemeinsam gestaltete Prozesse der Auseinandersetzung bilden die Grundlage für die gelungene Kollektivierung von Entscheidungen, die als Orte des Entscheidens vorgestellt werden.

Grundsätzlich kommt in den Interviews persönliche Zufriedenheit mit dieser Form der Zusammenarbeit zum Ausdruck *„Ich mag das Projekt urgern, ich mag es, keine Chefin zu haben, ich find das als Arbeitszusammenhang ursuper."* (Interview 1, Zeile 370) sowie auch eine positive Einschätzung der Möglichkeiten dieser Art der Zusammenarbeit: *„das ist so, dass ein Kollektiv ziemlich viel mittragen kann."* (Interview 1, Zeile 239). Sowohl der soziale Zusammenhalt werden genannt als auch das Prestige, das mit dieser besonderen Form der Zusammenarbeit verbunden ist. Diese Zufriedenheit kommt nicht irgendwie, sondern bedarf der kontinuierlichen Pflege und der Reflexion entlang von Themen wie Macht und Verantwortung, die dann zu einem Vertrauen in den

Prozess der Entscheidung münden kann. In einem Interview wird auf reflexives, durch Erfahrung mit kollektiven Prozessen entstehendes Vertrauen Bezug genommen: *„Ach, wenn dann sieben, acht, neun Leute immer wieder mal drüber nachdenken, da kommt dann einfach auch irgendwann was. Ich weiß auch nicht genau, wie es funktioniert, aber man kann darauf vertrauen, dass es für alle so funktioniert. War halt bisher immer so."* (Interview 1, Zeile 430; vgl. Interview 3, Zeile 214).

3.1 Grundlagen der Kollektivierung

Vertrauen

In mehreren Interviews werden Vertrauen und Verantwortung ursächlich miteinander verbunden: *„Letztlich ist Vertrauen daran geknüpft, dass alle ihren Verantwortlichkeiten nachkommen."* (Interview 2, Zeile 470; vgl. Interview 2, Zeile 464; vgl. Interview 3, Zeile 348; vgl. Interview 4, Zeile 410). Vertrauen zeigt sich aber auch, wenn sich die Mitglieder der Gruppe verlassen können, dass die Aufgaben erfüllt werden. Ebenso ist die Verlässlichkeit auch davon geprägt, wie transparent die Mitglieder einer Gruppe ihre Kolleg*innen informieren: Verlässlichkeit wird hier auch als Verlässlichkeit des rechtzeitigen Delegierens beschrieben: *„Und wenn du es nicht machen kannst, ist es nicht schlimm, aber sag es uns rechtzeitig."* (Interview 7, Zeile 441). Für Niklas Luhmann (2009) ist Vertrauen neben Macht ein weiteres wichtiges Medium der Reduktion von Komplexität. Vereinfacht ausgedrückt entsteht Vertrauen zum einen auf die Vergangenheit bezogen und wirkt in die Zukunft, es stellt aber auch eine Übereinkunft dar, einen Code (so wie auch Machtcodes auf Übereinkünften beruhen). Das Vertrauen kann entweder anderen Personen gelten, es kann sich aber auch als Systemvertrauen (vgl. Luhmann, 2009) auf systeminterne Strukturen beziehen. Dieses Vertrauen ist z. B. als Vertrauen in das Wissen einzelner Personen zu finden, ebenso wie das Vertrauen in die Erfahrungen einer Person, kann sich aber auch auf das Wissen und die Erfahrung beziehen, die in einem System vorhanden sind. Da, wo Wissen und Erfahrung nicht auf eine bzw. wenige Personen begrenzt sind, sondern sich auf eine ganze Organisation und die Beiträge aller stützen, ist die Wahrscheinlichkeit, dass das Vertrauen darin enttäuscht wird, erheblich verringert (Brafman & Beckstrom, 2006).

Verantwortung

Für den Umgang mit Verantwortung wird einerseits Verantwortungsdiffusion genannt: *„Einerseits gibt's nicht so eine Struktur, dass ganz klar ist, wer da jetzt verantwortlich wäre für diese spezifischen Anfragen oder so."* (Interview 4, Zeile 266). Andererseits werden auch gelungene Möglichkeiten, mit Verantwortung umzugehen, erwähnt. In Interview 4 wird die vorab erfolgte Klärung von Verantwortlichkeiten als positiv beschrieben: *„Und dann gab's da mal diese Liste mit Verantwortlichkeiten und Terminen, die haben wir vorbesprochen. Das wurde eben aufgeteilt auf das Team, das habe ich als sehr gelungen erlebt."* (Interview 4, Zeile 467).

Macht

Zum Thema Macht waren unter anderem zwei gegensätzliche Möglichkeiten des Umgangs damit vertreten: In Interview 3 z. B. wird das Thema Macht und Führung als tabuisiert beschrieben: *„talking about leadership and it's power relations is a threat and they don't want to do it."* (Interview 3, Zeile 70). Hingegen in Interview 2 wird gerade die konstruktive Auseinandersetzung mit „Macht" betont: *„Und ich glaub, es ist wichtig, sich dessen auch bewusst zu sein und dann aber auch im Austausch innerhalb oder auch nach außen zu sein. Dieses Macht-Ding auch zu einem gewissen Grad zu dekonstruieren."* (Interview 2, Zeile 493). Macht und Machtverhältnisse unreflektiert zu lassen wird als mögliche Ursache für Konflikte beschrieben.

3.2 Häufige Konfliktpunkte und mögliche Lösungsansätze

Unklar verteilte Aufgaben und ungerecht empfundene Aufgabenteilung

Als häufige Konfliktgründe werden von den Interviewten ungerecht empfundene Aufgabenverteilungen und Unklarheiten z. B. über den Modus der Aufgabenverteilung und der dabei anfallenden Entscheidungen geäußert: *„Da entstehen dann manchmal ungute Situationen, wenn man sich darüber ärgert, dass man das jetzt wieder machen musste, und dann ist der Konflikt perfekt."* (Interview 5, Zeile 265).

Drei der Interviewten berichten, dass es kein gültiges Prozedere für die Aufgabenverteilung gibt: *„Es gibt wohl so das Gefühl, dass die räumlich näheren Personen sich mit dem Alltagsgeschäft und den weniger spannenden Themen* *beschäftigen müssen, wohingegen dann der Eindruck entsteht, dass die anderen sich dann so die Rosinchen rauspicken."* (Interview 7, Zeile 287). Es wird aber auch von gelungener Aufgabenverteilung bei weniger attraktiven Tätigkeiten berichtet: *„und wir haben dann die Sachen, die quasi noch offen waren, noch mal verteilt und haben da auch die unangenehmen ziemlich aufs Team verteilt. Also eigentlich jede Person hat so 'ne blöde Sache an der Backe."* (Interview 6, Zeile 328).

Hierarchisierend gedeutete emergente Führung

Unter emergenter Führung wird das mandatslose Übernehmen von Verantwortung und Entscheidungsaufgaben verstanden (Bass & Bass, 2008). Auch wenn die emergente Übernahme von Führungsaufgaben positive funktionale Aufgaben erfüllt, kann sie in einem nicht-hierarchischen bzw. antihierarchischen Kontext als negativ und im Widerspruch zu den Grundwerten der Organisation empfunden werden, wenn sie ohne Absprache mit den übrigen Mitarbeiter*innen erfolgt. Häufig wird in den Interviews thematisiert, dass Einzelne spontan Verantwortung übernehmen und die damit verbundenen Entscheidungen treffen: *„[...] dass dann 'ne kleine Gruppe an Verantwortungsübernehmenden quasi über die Köpfe der anderen hinweg entscheiden muss, auf die Gefahr hin, hinterher angefeindet zu werden."* (Interview 7, Zeile 95). *„[...] dann gibt es eben die, die eh schon viel mehr [Verantwortung] haben, und da sind wir wieder bei dem Hierarchiethema, und die dann einfach für bestimmte Themen die Verantwortung übernehmen und dann wird ihnen eben dieser Hierarchiegedanke vorgeworfen."* (Interview 5, Zeile 522). Dieses Phänomen anzusprechen bereitet durchaus Schwierigkeiten, vor allem, wenn über diese Praxis nicht laufend reflektiert wird.

Unterschiede, Hierarchisierung und Machtbeziehungen

In der Mehrheit der Interviews werden Unterschiede beschrieben, die sich auf die Machtverteilung auswirken, als Hierarchie erlebt und als problematisch wahrgenommen werden: *„Die Wissenshierarchie war mir sehr bewusst [...]."* (Interview 7, Zeile 225). Des Weiteren werden verschiedene *„Dienstalter"* (Interview 5, Zeile 144) und *„unterschiedliche Erfahrungen"* (vgl. Interview 3, Zeile 296; Interview 6, Zeile 360) als Grund für unterschiedliche Positionen im hierarchischen Sinn genannt. Darüber hinaus werden unterschiedliche Positionen mit unterschiedlichem Status aufgrund formaler Anforderungen einer hierarchischen und ressourcenvergebenden Umwelt genannt, die Unterschiede im Auftreten nach außen machen und Muster der Hierarchisierung unterstützen. Im Kontext von Teams und Organisationen mit nicht-hierarchischem Anspruch ist auch Michel Foucaults Feststellung, dass Machtbeziehungen „tief im sozialen Nexus verwurzelt" sind (Foucault, 2005, S. 258) und es daher keine Gesellschaft ohne Machtbeziehungen geben könne, von Belang. Er selbst ergänzt seine Aussagen dazu: „das bedeutet keineswegs, dass die bestehenden Machtbeziehungen notwendig sind oder dass Macht innerhalb der Gesellschaft ein unabwendbares Schicksal darstellt" (Foucault, 2005, S. 258). Für die von ihm geforderte Analyse und damit einhergehende Infragestellung der Machtbeziehungen ist die Reflexion und Dekonstruktion von impliziten Differenzierungen unerlässlich.

3.3 Orte des Entscheidens – die Kollektivierung von Entscheidungen

Die Entscheidungsfindung ist für die Reduktion von Komplexität in Organisationen essenziell (Luhmann, 2000). Meist wird gerade für Entscheidungen Hierarchie als wesentlich erachtet. Wie werden in hierarchiefreien Organisationen Entscheidungsprozesse gestaltet? Als wichtigstes Ergebnis ergibt sich aus den Interviews, dass die Entscheidungsfindung absichtlich nicht Führungspersonen zugewiesen wird, sondern eine Kollektivierung entlang folgender Achsen erfährt und als kontinuierlicher gemeinsamer Prozess der Auseinandersetzung und Klärung verstanden wird:

1. Wo? In welchen Gremien wird entschieden?
2. Wie? Nach welchem Modus/Verfahren wird entschieden?
3. Wer? Welche Personen sind an der Entscheidungsfindung beteiligt?
4. Wann? Innerhalb welchen Zeitraums wird entschieden?

Wo wird entschieden?

In den Interviews werden Plena, Jours fixes, Klausuren und Netzwerktreffen als jener Rahmen genannt, in dem Aufgaben verteilt, Konflikte besprochen, Feedback gegeben wird, Wissensvermittlung stattfindet und Entscheidungen vorbereitet und getroffen werden: *„Ist das Plenum dafür da, dass man dort solche Sachen besprechen kann. Dass man einfach auch Kritik üben kann, dass man sagen kann, was gut gelaufen ist, was nicht gut gelaufen ist, dass man Aufgaben aufteilt, [...] ja, im Prinzip all diese Dinge, dass man sich gegenseitig motiviert."* (Interview 5, Zeile 573).

Die längeren Treffen, wie Klausuren und Netzwerktreffen, dienen auch als Gelegenheit, über grundsätzliche Fragen zu diskutieren und strategische Entscheidungen zu treffen. Sie werden aber auch zur Bearbeitung von tiefergehenden Konflikten, die nicht zufriedenstellend gelöst werden konnten, genutzt: *„auf den Treffen, da werden sie [die Konflikte] halt angesprochen [...]."* (Interview 7, Zeile 332).

Wie wird entschieden?

In fast allen Interviews wird als Entscheidungsverfahren die Konsensfindung genannt. Die Konsensfindung wird hier beschrieben als gemeinsamer Prozess der Diskussion und des Abwägens mit dem Ziel, dass alle Beteiligten die Entscheidung mittragen können: *„Indem wir es alle für gut befinden. Wenn wir alle sagen: ‚Ja, super Sache!' [...] Und prinzipiell ist es so, dass halt diskutiert wird, bis [...] na halt alle ihre Pros und Contras dazu gesagt haben und dann quasi gemeinsam aus diesen Pros und Contras die Entscheidungsfindung stattfindet."* (Interview 5, Zeile 162). Im Interview 7 wird das konsensuale Modell genannt als Gegenpol zur *„klassische[n] Mehrheitsentscheidung"* (Interview 7, Zeile 506). Das Einlegen eines Vetos wird benannt: *„Und dass man auch ein Veto einlegen kann bei diversen Dingen und dass das dann eben mit diesem Veto nicht durchgeht."* (Interview 5, Zeile 91).

Wer entscheidet?

Entscheidungsberechtigt sind jeweils alle (aktiven) Mitarbeiter*innen der jeweiligen Organisationen. Es wird benannt, dass die Anwesenheit im Plenum für das Entscheidungsrecht Voraussetzung ist: *„Die, die im Plenum sind, treffen die Entscheidungen."* (Interview 5, Zeile 120). Als Sonderform wird der bewusste Einsatz von Arbeits- bzw. thematischen Gruppen genannt. Diese Untergruppen sind mit der Entscheidungsfindung in den jeweiligen Bereichen betraut bzw. leisten Vorarbeit für die kollektive Entscheidungsfindung.

Wann ist entschieden?

Das Vorgehen im Fall der Abwesenheit bei der Entscheidungsfindung und somit auch die Frage, wann eine Entscheidung als endgültig getroffen gilt, ist unterschiedlich geregelt: *„Wobei in Wahrheit der Hintergrund ist, dass sie einfach nicht ins Plenum kommen und somit quasi nicht an der Entscheidungsfindung beteiligt sind."* (Interview 5, Zeile 123). Möglichkeiten des Einlegens eines Vetos bei Abwesenheit bei bereits getroffenen Entscheidungen sowie Nachbesserungsschleifen werden ebenfalls beschrieben.

Die Betrachtung der Interviews erfolgt vor dem Hintergrund von Luhmanns Gedanken, dass sich Entscheidungen in Organisationen nicht direkt, sondern nur an ihren Auswirkungen beobachten lassen und dass es sich bei der Auflösung dieses „Mysteriums des Entscheidens" (Luhmann, 2000, S. 139) um ein „abergläubisches Lernen" (Luhmann, 2000, S. 139) handelt, um ein willkürliches Zurechnungskonstrukt: „Wenn Entscheidungstheorien das Zurechnungskonstrukt nicht berücksichtigen, sondern den Entscheider als den gewissermaßen ontologischen Ort des Entscheidens ansehen, bietet sich eine auf ihn bezogenen Auflösung der Paradoxie an." (Luhmann, 2000, S. 138). Daraus ergibt sich, dass der „Ort des Entscheidens" in Abwesenheit einer Hierarchie mit personalisierter Führung auch mit anderen (funktionierenden) Zurechnungen gefüllt werden kann. Im Fall der hier interviewten Organisationen geschieht das entweder durch konsensbasierte kollektivierte Entscheidungsprozesse oder durch emergente, spontane Übernahme der Verantwortung für Entscheidungsaufgaben.

3.4 Hypothesen für die Praxis

Aus den Ergebnissen dieser Studie lassen sich folgende Hypothesen ableiten, die für weitere Forschungen als auch für den Organisationsalltag genützt werden können.

Hypothese 1: Kollektivierte „Orte des Entscheidens"
Wenn über alle vier Dimensionen organisationsintern Klarheit besteht, ist die Kollektivierung für diese Aufgabe vollständig, es existiert ein „Ort des Entscheidens" im Sinne der Zurechnung von Entscheidungen.

Die Führungsaufgaben können somit diesen „Orten des Entscheidens" zugewiesen werden. Ein Beispiel für eine solche Kollektivierung der Führungsaufgabe „Arbeitsverteilung" wäre die in der Untersuchung genannte Möglichkeit, dass alle Mitarbeiter*innen (Wer?) auf einem Plenum (Wo?) darüber sprechen, wie sie unangenehme und angenehme Aufgaben unter sich verteilen wollen. Wenn sich die anwesenden Personen auf ein Vorgehen einigen (z. B. durch Bilden eines Konsens) (Wie?) und evtl. auch die Meinungen abwesender Personen eingeholt sind, dann (Wann?) ist aus der Führungsaufgabe „Arbeitsverteilung" eine an einem kollektivierten „Ort des Entscheidens" im nicht-hierarchischen Sinn geklärte Aufgabe geworden.

Hypothese 2: Emergente Führung bei unvollständiger Kollektivierung

Emergente Führung, die als Widerspruch zu nicht-hierarchischer Organisationsform erlebt wird, entsteht aufgrund unzureichender kollektiver Klärung der Zuordnung einer Aufgabe zu den vier Dimensionen eines Orts des Entscheidens.

Werden Führungsaufgaben nicht oder nicht vollständig kollektiviert – besteht z. B. in einer der Dimensionen des Orts des Entscheidens Unklarheit – und wird auf andere, personalisierte Möglichkeiten der Zuordnung zurückgegriffen, die keine kollektive Zustimmung haben, dann ist von emergenter Führung zu sprechen. Wenn also Einzelne oder kleine Gruppen von Mitarbeiter*innen ohne Mandat diese Aufgaben übernehmen, erfüllt dies zwar funktional die Bedürfnisse der Organisation, steht aber im Widerspruch zum Selbstverständnis der Organisation. Dies kann zu Vorwürfen der Hierarchisierung gegen die Personen, die die Aufgaben übernommen haben, führen oder als Konflikt entweder kritisch für die Organisation eingeschätzt werden oder als Chance zu einer Klärung in diesem Punkt dienen.

Hypothese 3: Vollständige Kollektivierung und Komplexitätspotenzial

Bei vollständig kollektivierter Verantwortungsübernahme für Entscheidungen steigt das organisationsinterne Vertrauen und das damit verbundene Komplexitätspotenzial.

Es kann angenommen werden, dass bei Unklarheit in der kollektiven Regelung der Übernahme von Entscheidungen das organisationsinterne Vertrauen abnimmt, im umgekehrten Fall bei Klarheit über die Verteilung der

Entscheidungsverantwortung das Vertrauen zunimmt. Sollte ein Zusammenhang zwischen dem Vertrauen in organisational gebildetes Vertrauen und dem Komplexitätspotenzial (Luhmann, 2009) bestehen, würde dieses durch gemeinsame erfolgreiche Kollektivierungsprozesse steigen. Das Vertrauen würde dann „reflexiv in die Mechanismen der Vertrauensbildung" (Luhmann, 2000, S. 87) einfließen. Dieses Vertrauen zweiter Ordnung ermöglicht eine Steigerung des Komplexitätspotenzials und kann damit als eine mögliche Grundlage im Umgang mit dem – durch den Verzicht auf Machtstrukturen und Hierarchie – angestiegenen Grad der Komplexität in nicht-hierarchischen Organisationen gesehen werden.

Hypothese 4: Macht und das System der Differenzierungen

Der Widerspruch zwischen nicht-hierarchischem Anspruch und Unterschieden bzw. Differenzierungen kann durch kollektive Strategien gelöst werden.

Wenn der Umgang mit Unterschieden in Wissen, Erfahrung, Kompetenzen, Status etc. als zu kollektivierende Aufgabe betrachtet wird, kann eine andere Form von Macht entstehen, nämlich „Power-with" (Follett, 1924). Das hier vorgestellte Modell der kollektiven Orte des Entscheidens bietet eine Grundlage für diesen Reflexionsprozess.

Die Intention dieser Arbeit lag darin, Einblicke in die Bandbreite der nicht-hierarchischen Organisationsgestaltung zu geben sowie Hypothesen zum nicht-hierarchischen Umgang mit Führungsaufgaben zu formulieren. Aus Sicht der Autorin werden weitere Forschungen über Vertrauen in Teams und Organisationen angeregt, die auch auf Privilegien basierende Unterschiede, unterschiedlicher Positionierung in der Organisation und dadurch entstehende Diskriminierungserfahrungen einschließen.

4 Zusammenfassende Diskussion und Konsequenzen für die Praxis

In diesem Beitrag werden die Möglichkeiten von kollektiven Entscheidungen und auch deren Herausforderungen in hierarchiefreien Organisationen diskutiert. Da es bei diesem Modell um die Zuordnung von Führungsaufgaben zu Orten des Entscheidens geht, kann das Modell prinzipiell auf alle Formen des

Umgangs mit Führungsaufgaben angewendet werden. Damit wird auch eine Übersetzung für hierarchische Organisationen möglich. Ebenso lassen sich aus den hier genannten Hypothesen Leitfragen entwickeln (Goutrié, 2013), die bei der Weiterentwicklung von Selbstorganisation hilfreich sein können.

In diesem Sinn könnten die hier beschriebenen Erkenntnisse und deren Weiterentwicklung in konkrete Schritte zur Unterstützung bei der Selbstorganisation durch Prozesse der Kollektivierung und die Schaffung von Klarheit in Bezug auf „Orte des Entscheidens" übersetzt werden. Bereits 1968 hat Luhmann sein Konzept „Vertrauen zweiter Ordnung" vorgestellt. Luhmann (2000) bezeichnet damit ein Vertrauen, das auf sich selbst bezogen ist und ein größeres Komplexitätspotenzial der Organisation ermöglicht. Seine Überlegungen können zur Forschung über kollektive Intelligenz in Teams und den Faktoren, die dafür förderlich sind, in Bezug gesetzt werden: "One particularly important area for future research that is related to the stability of collective intelligence is whether we can increase the collective intelligence of groups." (Wooley, Aggarwal & Malone, 2015, S. 423).

Die Nutzung von Fragen im Sinne von Edgar H. Scheins (2009) „humble inquiry" könnte – auf die Dimensionen der Orte des Entscheidens bezogen – Organisationen bei der bewussten Umsetzung nicht-hierarchischer Prinzipien unterstützen. Scheins erkundende Haltung spiegelt selbst grundlegende Werte nicht-hierarchischer Zusammenarbeit wider und könnte – auf den Inhalt des Beitrags angewendet – z. B. zu folgenden Fragen führen, die hier anstelle eines Schlussstatements angeführt werden:

Welche Führungsaufgaben (Aufgaben, die mit Entscheidungsfunktionen verbunden sind) sollen in einer Organisation kollektiviert werden? Wie kann die Organisation diese Aufgaben und die damit verbundenen Entscheidungen vollständig kollektivieren, so dass in allen vier Dimensionen die Orte des Entscheidens betreffend Klarheit besteht?

Inwiefern sind eine vollständige Kollektivierung und das dabei entstehende reflexive Vertrauen wesentliche Faktoren bei der Entstehung kollektiver Intelligenz?

Könnte die Kollektivierung aller Führungsaufgaben – zu denen auch der Umgang mit dem System der Differenzierungen und mit dem privilegienbasierten Machtungleichgewicht (vgl. Brown, 2017) in Organisationen zählt – eine praxisbezogene und konkrete Anleitung zur Selbstorganisation sein, die sich auf verschiedenste Situationen und Organisationsformen flexibel auch im Rahmen einer zunehmenden virtuellen Zusammenarbeit anwenden lässt?

Schulorganisation 2.0 – Zur Einführung von Soziokratie im Schulsystem

Elisabeth Scherrer

1 Einleitung

Der gesellschaftliche Wandel stellt die Organisation Schule mit all ihren Beteiligten vor neue Bildungs- und Erziehungsaufgaben, die anspruchsvoller werden und immer schwieriger zu erfüllen sind. Die rasante Digitalisierung, die wachsende Heterogenität in den Bildungseinrichtungen, die wachsende Kluft zwischen Bildungsbenachteiligung und Bildungsaffinität verändern die Arbeit in der Schule (Oberwimmer, Baumegger & Vogtenhuber, 2019). Gleichzeitig führen die flache Führungsspanne der Schulleiter*innen vor Ort und die quantitative Zunahme an Reformen im Bildungswesen zu einem aktuell turbulenten Arbeitsumfeld (Altrichter & Maag Merki, 2016). Aus den oben angeführten Diskrepanzen entstand das Forschungsinteresse, ob die Organisation „Schule" mithilfe von Soziokratie besser gestaltet werden könnte, um die Zufriedenheit aller Beteiligten zu erhöhen. Soziokratie scheint, obwohl sie im schulischen Bereich in Österreich bisher wenig Verbreitung gefunden hat, als Methode für das Schulsystem Potenzial zu haben. Die Mitbegründer*innen der Soziokratie, Kees Boeke und Betty Cadbury, haben ursprünglich die Grundzüge der Soziokratie in ihrer eigenen Schule entwickelt (Strauch & Reijmer, 2018).

Bei der empirischen Untersuchung im Rahmen der Masterarbeit wurden vier Forschungsfragen in den drei einzigen soziokratisch organisierten Schulen Österreichs untersucht: *Wie wird Soziokratie in der Schule umgesetzt? Welche Hürden bzw. Hindernisse gibt es bei der Implementierung? Was hat sich durch die Implementierung im Vergleich zu früher geändert? Welche Meinung haben die Führungskräfte im Regelschulsystem zu diesem Paradigmenwandel?*

Für den vorliegenden Beitrag wurde das Ziel gesetzt, die Umsetzbarkeit von Soziokratie an Schulen in Österreich zu diskutieren. In ersten Teil wird ein Überblick über die Ausgangslage und den Status quo zum Thema Soziokratie in der Schule gegeben. Nach einem kurzen Überblick über das Forschungsdesign werden wesentliche Ergebnisse gesichtet und abschließend die Chancen und Risiken von Soziokratie in Schulen diskutiert.

Bis zum Jahr 2018 haben erst drei Schulen in Österreich die Soziokratie in ihrer Organisation implementiert, wobei es sich hier ausschließlich um Freie Montessori Schulen (mit Öffentlichkeitsrecht) handelt. Einzig eine Regelschule im BMHS-Bereich hat im Jahr 2018 im Rahmen eines Forschungsprojektes der Pädagogischen Hochschule (PH) Wien begonnen, die Selbstorganisation in einem Schulzweig mit einer ehrenamtlichen Begleitung zu implementieren (Strauch & Reijmer, 2018). Die Schule mit der längsten Erfahrung mit -Soziokratie in Österreich ist eine im Jahr 1994 von Eltern gegründete Schule am Rand von Wien. Dort betreuen neun Lehrkräfte als „Schulbegleiter*innen" ca. siebzig Schüler*innen in der Primar- und Sekundarstufe I, wobei die ca. achtzig Eltern sich zu einer Mitarbeit von ca. acht Stunden pro Monat in der Administration als auch in praktischen Tätigkeiten verpflichtet haben. Sie wird zu einem überwiegenden Teil von Eltern finanziert und ist rechtlich ein nichtgewinnorientierter Verein.

2 Methodisches Vorgehen

Die qualitative Erhebung wurde in zwei Phasen aufgeteilt: Zuerst wurden zehn Expert*innen für Soziokratie (vier Mitglieder vom Topkreis – davon zwei Eltern und zwei Lehrkräfte –, vier Organisationsentwickler*innen und zwei Lehrkräfte) in leitfadengestützten Interviews befragt. Insgesamt wurden bei der Untersuchung alle drei soziokratisch organisierten Privatschulen in Österreich berücksichtigt (siehe Tabelle).

Übersicht der untersuchten Schulen

Nummer	Anzahl Eltern	Anzahl Schüler*innen	Seit wann Soziokratie	Vollimplementierung
Schule 1	ca. 80	ca. 70	2014	Ja – seit 2018
Schule 2	ca. 80	ca. 44	2018	Nein
Schule 3	ca. 44	ca. 23	2015	Ja – seit 2019

Im zweiten Teil dieser qualitativen Erhebung wurden weitere sechs Führungskräfte (zwei Direktor*innen, zwei Personen der Schulaufsicht und zwei Schulentwickler*innen) im öffentlichen Regelschulsystem aus dem gesamten Bundesgebiet Österreich ausgewählt, die mit Soziokratie noch keine Erfahrung hatten. Bei diesen Interviews ging es v. a. darum, ihre Einschätzungen, Erfahrungen, Bedenken zu Selbstorganisation bzw. Soziokratie zu erheben. Die 16 Interviews wurden im Zeitraum Jänner 2019 bis Mai 2019 in ganz Österreich durchgeführt.

Durch die induktive Kategorienbildung gemäß der zusammenfassenden Inhaltsanalyse (Mayring, 2015) ergeben sich aus der Analyse der 16 Interviews sechs Themenfelder, die wie folgt vorgestellt werden:

- Ausgangssituation vor Einführung der Soziokratie an Schulen
- Veränderungen der Soziokratie
- Soziokratie in der Praxis
- Positionen der nicht mit Soziokratie erfahrenen Führungskräfte
- Voraussetzung für eine Implementierung im Regelschulsystem
- Hürden und Erfolgsfaktoren

3 Exemplarische Ergebnisse

3.1 Ausgangssituation vor Einführung der Soziokratie an Schulen

Vor Einführung des soziokratischen Organisationsmodelles in einer von Eltern geführten Freien Montessori Schule gab es keine faire Aufgabenverteilung in der Elternschaft, die den allgemeinen Support in der Schule liefert: *„Elternarbeit ist ein ewiges Thema. [...] Die einen sind überfordert. Die anderen sind unterfordert. Es ist dann aber auch nicht leicht, wenn er jahrelang einen Job macht, dass er dann ersetzt wird."* (Interview 1, S. 1, Zeile 26, Mitglied im Topkreis).

Bei demokratischen Abstimmungen wäre auch die Hälfte mit der Entscheidung unzufrieden gewesen. Dies wird einheitlich von den interviewten, mit Soziokratie erfahrenen Gesprächspartner*innen berichtet: *„Und das ist* *eigentlich immer auf Mehrheitsbeschluss passiert, mit dem Effekt, dass oft eine Hälfte für etwas war und die knappe Mehrheit dagegen. Und da war die Hälfte eigentlich immer unzufrieden mit dem Ergebnis."* (Interview 16, S. 1, Zeile 39, Lehrkraft).

Einheitlich erzählen alle Befragten der drei selbstorganisierten Freien -Montessori Schulen, dass die Mitbestimmung, die Teamarbeit, die Eigenständigkeit und die Entscheidung auf Augenhöhe Teil des didaktischen Konzeptes wäre. Eine Lehrkraft stellt auch den positiven Zusammenhang der Didaktik nach Montessori und der Partizipation bzw. Mitbestimmung in der Schulorganisation her: *„Wir sind eben eine Freie Montessori Schule und eigentlich steht das Kind im Mittelpunkt und auch die Selbst- und Mitbestimmung. Und wenn es natürlich Veränderungsprozesse gibt oder irgendwelche größeren Entscheidungen, so wie Ausflüge, Anschaffungen oder irgendwelche Regelungen, wie man Sachen koordiniert und reguliert, dann bestimmen sie (Anmerkung: die Kinder) normalerweise mit. Ja."* (Interview 16, S. 1, Zeile 30, Lehrkraft).

Aus Sicht der Autorin des vorliegenden Beitrags erleichtert die Einführung von Soziokratie auch, dass die Pädagog*innen in Montessori Schulen privatrechtliche Arbeitsverträge haben. Das bedeutet, dass alle Arbeitsstunden aufgezeichnet werden und die Teammeetings – so wie in der Privatwirtschaft üblich – zur Arbeitszeit gezählt werden.

3.2 Veränderungen durch die Soziokratie

Die Beteiligten loben nach der Einführung von Soziokratie in der Schule vor allem die neue, professionelle Meetingkultur, die in einer guten Vorbereitung, einer ordentlichen Moderation, gleichwertigen Sprechzeiten („keine Monologe") für alle Teilnehmer*innen und einem strikten Zeitplan sichtbar wird. Eine Interviewpartner*in bringt es auf den Punkt: *„Eine der größten Veränderungen ist die Effektivität der Meetings."* (Interview 8, S. 6, Zeile 1, Mitglied im Topkreis).

Die Interviewten betonen die höhere Arbeitszufriedenheit, das bessere Arbeitsklima, den fehlenden Unmut über Informationsmangel durch die doppelte Koppelung und den insgesamt wertschätzenden Umgang mit Mitarbeiter*innen: *„Und das Zweite, was mir auffällt, war die Zufriedenheit aller*

Beteiligten, die ich vorher noch nie so erlebt habe, weil einfach diese Art wertschätzend miteinander umzugehen, einfach so ein angenehmes Wohlgefühl erzeugt und dann noch die offene Wahl dazu. Das hat mich total begeistert. Also das Arbeitsklima hat sich total verbessert – verglichen mit dem, was ich vorher erlebt habe." (Interview 4, S. 9, Zeile 42, Mitglied im Topkreis).

Die neue gelebte Transparenz in den Entscheidungen wird in jedem Interview mit einer soziokratisch erfahrenen Person besonders hervorgehoben, wenngleich diese nicht vollkommen besteht, denn es werden nur die Grundsatzentscheidungen für alle zugänglich veröffentlicht, nicht aber die Protokolle der Teammeetings. Einig sind sich auch alle befragten Personen aus den drei Schulen, dass die Aufgaben nun offen und nachvollziehbar verteilt sind und es eine langfristige Entlastung für die Führungskräfte gibt.

Die Pädagog*innen sehen als größte Vorteile der soziokratischen Arbeitsweise den Effekt auf die Teamarbeit: Reduzierung des Einzelkämpfer*innentums, strukturierter Unterricht durch klare Regeln und Abläufe und gemeinsame Verantwortungsübernahme für eine Entscheidung. Diese Auswirkungen werden bereits nach kurzer Zeit (sechs Monaten) der Selbstorganisation berichtet. Die Eltern spüren laut eigenen Aussagen den Effekt einer soziokratisch organisierten Schule in der Partizipation bei der Schulentwicklung.

Abschließend lässt sich aus den Interviews ableiten, dass bereits mit der Einführung eines soziokratischen Tools im Unterricht (offene Wahl bei der Klassensprecher*innenwahl, soziokratischer Klassenrat etc.) positive Effekte auf die soziale Entwicklung der Jugendlichen beschrieben werden. Eine Lehrkraft im Regelschulsystem erzählt von der raschen Verbreitung der Methode „Soziokratische Klassensprecher*innen" im Kollegium: *„Nicht nur bei mir, sondern auch in anderen Klassen, weil sich herumgesprochen hat, dass da nicht immer der Klassenkasperl gewählt wird."* (Interview 2, S. 2, Zeile 22, Lehrkraft).

Die befragten Lehrkräfte berichten z. B. nach der Einführung von Selbstorganisation in der Schule von der Umsetzung des systemischen Konsensierens bei allen Entscheidungen, die die Kinder gemeinsam treffen können. Beim systemischen Konsensieren wird die Entscheidung nicht nach dem Konsens- oder Konsentprinzip durchgeführt, sondern nach dem Ausmaß des Widerstandes: Jene Lösung, die den geringsten Widerstand auslöst, wird gewählt.

3.3 Soziokratie in der Praxis

Die Implementierungsphase der vier Grundprinzipien (Konsentprinzip, Organisation in Kreisen, doppelte Koppelung und offene Wahl) in der -Soziokratie dauerte jeweils vier Jahre und wurde in diesem Changeprozess von einem speziell für Soziokratie ausgebildeten Organisationsentwicklungsteam begleitet.

Die Implementierung der Selbstorganisation wird in vier Phasen eingeteilt. Die erste Phase ist Überzeugungsarbeit bei den Entscheidungsträger*innen, die zweite Phase dient der Vorstellung des Konzeptes für die gesamte Organisation in Form einer Kick-off-Veranstaltung, wo auch die Vor- und Nachteile präsentiert werden. Danach folgt in der dritten Phase ein überschaubares Projekt mit klar definierten Regeln der Soziokratie. Am Ende des Prozesses steht die Reflektion und gleichzeitig die Erweiterung der Aufgabengebiete bzw. der Roll-out über die gesamte Schulorganisation (Lobodda, 2019; Spitzer, 2016).

Die drei Arbeitskreise Marketing, Pädagogik und Betrieb haben weitgehend autonome Entscheidungsbefugnisse, da die Mitglieder im Team in je zwei Arbeitskreissitzungen pro Semester über die Grundsatzentscheidungen im Konsent abstimmen. Die Ausführung erfolgt dann eigenverantwortlich in den Teams. Durch diese Neuorganisation der Administration als auch der Umverteilung der Entscheidung von wenigen Vorstandsmitgliedern auf eine breite Basis wurde eine Mitbestimmung und Partizipation ermöglicht: In den Arbeitskreisen sind alle Eltern aktiv. In diesen Arbeitskreisen werden regelmäßig Grundsatzentscheidungen getroffen (Spitzer, 2016).

3.4 Positionen der nicht mit Soziokratie erfahrenen Führungskräfte

Die befragten Führungskräfte aus dem Regelschulsystem zeigten einerseits großes Interesse an dieser Organisationsform, an Partizipation bzw.

Mitbestimmung im Schulleben und andererseits auch enorme Bedenken hinsichtlich des Mehrwerts für das Regelschulsystem.

Eine Schulleitung sieht vor allem das Prinzip der „offenen Wahl" in Teilbereichen der Schulorganisation als möglich, wobei die Kernbereiche doch ohne eine freie Wahl stattfinden sollen: *„Für die offene Wahl könnte ich mir im Bereich ´Tag der offenen Tür´ oder ´Marketing´ vorstellen, aber nicht so ideologisch wichtige Rollen wie das Leitungsteam. Ganz ehrlich."* (Interview 13, S. 2, Zeile 24, Schulleitung im Regelschulsystem). Aus Sicht der interviewten Direktor*innen ist es möglich, dass durch die offene Wahl Kompetenzen sichtbar gemacht werden können bzw. Vorwahlen stattfinden können. Ebenso kann eine soziokratische Beschlussfassung auch bei Konferenzen bzw. Sitzungen übernommen werden.

Aus Sicht der Schulaufsicht ist aus dem Konzept der Soziokratie die breite Dialogorientierung und auch das gemeinsame Suchen nach Lösungen weiter intensivierbar, dennoch wird die Frage aufgeworfen, was Soziokratie von der gegenwärtigen Situation in Schulen unterscheidet. Die interviewte Person lädt laut eigenen Aussagen regelmäßig Schulleitungen ein, um in Form von „World Cafés" die Eindrücke und Erkenntnisse mit den Schulleiter*innen strukturiert zu diskutieren. Ebenso ist es wichtig, in regionalen Bezugsrahmen zu denken und auch die Eltern beim Nachdenken über Bildung zu beteiligen. *„Für mich ist es eine ganz zentrale Frage: Welche Räume mache ich auf, dass Eltern Bildungsprozesse für die Region gestalten können."* (Interview 14, S. 3, Zeile 18, Schulaufsicht).

Die interviewten Organisationsentwickler*innen aus dem öffentlichen Schulbereich suchen nach Alternativen zu traditionell hierarchischen Steuerungskonzepten und nach Antworten, wie man das Einzelkämpfer*innentum in den öffentlichen Schulen unterbinden kann. Sie sind für Soziokratie durchaus offen, kämpfen aber mit zeitlichen und personellen Ressourcen.

Bei den letzten beiden Themenbereichen werden die Interviews, die mit jenen geführt wurden, die mit Soziokratie vertraut sind, und jenen, die mit ihr keine Erfahrung haben, verbunden und Ableitungen für eine Übertragung auf das Regelschulsystem getroffen.

3.5 Voraussetzungen für eine soziokratische Implementierung im Regelschulsystem

Eine mit dem Konzept vertraute Pädagogische Hochschule, eine überzeugte Schulleitung bzw. ein engagiertes Team an Leistungsträger*innen in der Schule und die notwendige offene Haltung bezüglich Partizipation werden als Voraussetzungen für eine Selbstorganisation im Schulwesen mehrheitlich angeführt. Der überwiegende Anteil der Expert*innen aus dem Regelschulsystem sieht vor allem die Rolle der Direktion als Schlüsselrolle in diesem Changeprojekt: In öffentlichen Schulen muss auf jeden Fall die Führungskraft von der Sinnhaftigkeit einer Selbstorganisation überzeugt sein, eine partizipative Haltung in der Führung haben und dafür auch die nötigen Ressourcen (Weiterbildung, Workshops der Pädagogischen Hochschule etc.) zur Verfügung stellen. *„Da müssen die Direktoren weiterhin davon überzeugt, hundertprozentig überzeugt sein, sonst kommt das nie zustande."* (Interview 13, S. 1, Zeile 35, Schulleitung im Regelschulsystem).

Eine weitere Voraussetzung für den Umbau in der Organisation einer Schule in Richtung Selbstverantwortung ist die Möglichkeit, Entscheidungen über Ressourcen auch selbst treffen zu können. Die neue Schulautonomie öffnet der Schulleitung Möglichkeiten, um selbstverantwortlich über Budgets, Personalressourcen, EDV-Ressourcen etc. entscheiden zu können. Ein*e Organisationsentwickler*in aus dem öffentlichen Bereich sieht im Schulautonomiepaket 2018[9] eine große Chance für die Schulleitung, um Selbstorganisation einzuführen: *„Es gibt ein wachsendes Scharren im Stall von den LeiterInnen, die sagen: ‚Huh, Schulautonomie, was mache ich damit und was heißt das jetzt, was könnte ich damit tun?' Und ich glaube, dass so eine, dass das so ein Aufhänger wäre, eine Möglichkeit wäre zu sagen: ‚Da kannst du was gestalten.'"* (Interview 9, S. 7, Zeile 26, Organisationsentwickler*in). Hierfür kann Soziokratie als eine Brücke dienen, die Leitungen bei der Ausgestaltung der Schulautonomie zu unterstützen.

---

[9] Ziel Schulautonomie: Gelebte Autonomie an Schulen hinsichtlich Schulzeitbestimmung, Klassen- und Gruppengrößen, professionelle Kommunikation, nutzenstiftende Kooperation, professionelle Personalauswahl, gelebte Personalentwicklung an Schulen etc. (siehe https://www.bmbwf.gv.at/Themen/schule/zrp/bilref/ap.html)

3.6 Hürden und Erfolgsfaktoren

Eine sehr häufig angesprochene Hürde in diesem Changeprozess sind die Konflikte, die bei der Implementierung von Selbstorganisation im Team auftreten können. Schlussendlich unterscheiden sich laut den Vergleichen aus den Interviews die Hürden der Implementierung von Soziokratie in einer selbst verwalteten Schule nicht von einer öffentlichen Regelschule: Die größten Hindernisse sind vor allem „menschliche Faktoren" wie interne Konflikte, Ängste und Gewohnheit. Vier Interviewpartner*innen mit soziokratischer Erfahrung nennen die nicht vorhandene strikte Trennung zwischen Pädagogik und Organisation in den Arbeitskreisen als anfänglich größten Fehler bei der Implementierung. Ein Mitglied im Topkreis beschreibt die Situation wie folgt: *„Wir haben zwei Eltern im Pädagogikkreis gelassen. Quasi als Stimme der Eltern. Und wir haben doch schnell gemerkt – also nach einem halben Jahr – das läuft unrund. Weil die Pädagogen haben dann quasi in dem Kreis keine Themen angesprochen, die wichtig waren, und alles im Team erledigt – ohne Eltern. Und dieser Kreis war dann eigentlich für die Fisch."* (Interview 1, S. 8, Zeile 31, Mitglied im Topkreis).

Die Erfolgsfaktoren für die Implementierung von Soziokratie sind zusammengefasst die raschen sichtbaren und erlebten Erfolge der Selbstorganisation im Unternehmen, eine finanzierbare externe Beratung (z.B. durch die Pädagogischen Hochschulen) und ein innovatives Team. Auch ist es essential, die zeitlichen Ressourcen für ein Pilotteam zur Verfügung zu stellen. Nicht zu unterschätzen ist auch – laut den Interviews – die Beständigkeit der externen Beratung.

4 Zusammenfassende Diskussion und Konsequenzen für die Praxis

Insgesamt wurden 16 Personen in ganz Österreich aus den vielfältigsten Bereichen zu diesem Thema befragt: Eltern, Lehrkräfte, Schulleitung, Schulaufsicht und Schulentwickler*innen und soziokratische Expert*innen. Für weitere Untersuchungen wird angeregt, die Sicht der Schüler*innen zu erheben und in Verlaufsforschung zu investieren.

Zusammenfassend wird festgehalten, dass Soziokratie Potenzial in der Schule hat, um eine Arbeitsentlastung und eine strukturierte Teamarbeit im Lehrkörper zu ermöglichen. Dieses Organisationsmodell könnte ein Konzept sein, um die Arbeitszufriedenheit im Schulwesen zu erhöhen und gleichzeitig die Burnout-Gefahr zu senken. Aus der empirischen Untersuchung ergeben sich einige Anregungen für den Regelunterricht, z. B. von einer soziokratischen Klassensprecher*innenwahl bis hin zum Klassenrat mit Meinungsrunden und Konsentbildung. Die Mitbestimmung der Schüler*innen sollte im Sinne einer weiteren Selbstorganisation auch bei diesen Themen ausgebaut werden: Pausengestaltung, Essensplangestaltung, Schularbeitstermine, Abstimmung bei Klassenreisen, Mitsprache bei der Erstellung des Supplierplanes etc. Einige Schulen leben eine solche Beteiligung bereits vor und berichten von Lösungen, die weniger Konflikte hervorrufen als „autoritäre" Bestimmungen seitens der Schulleitung. Zur Mitbestimmung der Lehrkräfte lassen sich Methoden der Soziokratie übernehmen und anwenden. Die Mitbestimmung der Eltern kann durch eine aktive Einbindung in die Schulentwicklung einfach ermöglicht werden. Auch scheint es lohnenswert, das Feedback von ehemaligen Schüler*innen und deren Eltern einzuholen, um die Schule weiterzuentwickeln.

Schlussendlich liefert die vorliegende Arbeit Anregungen für die Verbreitung von Soziokratie an Schulen. Eine erfolgreiche Umsetzung ist auch an Schulung, Coaching von Führungskräften und externe Organisationberatung gebunden und braucht finanzielle Mittel (Strauch & Reijmer, 2018; von Appen, 2019; Wagner, 2018). Aber letztendlich ist und bleibt es eine Frage der Haltung der Führungskräfte, ob Selbstorganisation im öffentlichen Schulsystem Einzug finden kann bzw. soll: *„Soziokratie ist eine Haltung – und keine Methode!"* (Interview 1, S. 21, Zeile 9, Mitglied im Topkreis).

**Querschnittsthemen:
Lernen, Führungsverständnis und
implizite Praktiken**

Selbstgesteuertes Lernen von Mitarbeiter*innen durch Personalentwicklung fördern

Sandra Nowak

1 Einleitung

Die steigende Komplexität der Arbeitswelt stellt zunehmend hohe Ansprüche an Organisationen und das Lernen von Mitarbeiter*innen im Arbeitsalltag. Weiterentwicklung findet aufgrund des breiten Aufgabenspektrums und des ständigen Wandels immer häufiger zeitnah und direkt am Arbeitsplatz statt, sodass die Selbststeuerung des Lernprozesses an Bedeutung gewinnt. Eine stille Revolution des Lernens wird dadurch hervorgerufen, wobei die Selbstorganisation und Eigenverantwortung von Mitarbeiter*innen in den Fokus rücken. Das Interesse der Autorin am vorliegenden Thema entstand durch die langjährige Tätigkeit in der Personalentwicklung (HR) eines Unternehmens und war von der Frage geprägt, welche Rahmenbedingungen in Unternehmen notwendig sind, um selbstgesteuertes Lernen von Mitarbeiter*innen fördern zu können. Im Beitrag wird dementsprechend darauf eingegangen, welche Rolle eine moderne Personalentwicklung bei der Umsetzung von eigenverantwortlichen und selbstgesteuerten Lernprozessen einnehmen kann.

In unserer volatilen Arbeitswelt wird von Mitarbeiter*innen mehr denn je Selbstorganisationskompetenz verlangt. Eng damit verbunden ist die eigenverantwortliche Aneignung von Wissen in der täglichen Arbeit. Eine Annahme von selbstorganisierten Lernwegen ist, dass Mitarbeiter*innen die Fähigkeit und das Wissen haben, sich ihre Lernwege autonom und im Interesse des Unternehmens zu gestalten. Diese übertragene Verantwortung wirkt motivationsfördernd, wenn die Mitarbeiter*innen mit der Organisation, den Zielen und ihren Kolleg*innen verbunden sind (Deci & Ryan, 2008). Welche Anforderungen selbstgesteuertes Lernen an Organisationen stellt, wurde in bisherigen Untersuchungen noch vernachlässigt. Abzusehen ist, dass sich die Aufgaben der Personalentwicklung grundlegend verändern werden. Aus dem Forschungsinteresse der Autorin wird in diesem Beitrag folgende Hauptforschungsfrage beantwortet:

- *Welche Rahmenbedingungen fördern in Organisationen das selbstgesteuerte Lernen von Mitarbeiter*innen?*

Darüber hinaus wird der folgenden Unterfrage nachgegangen:

- *Welche Rolle und welche Handlungsfelder wird die Personal-entwicklung 4.0 in Zukunft verstärkt verfolgen?*

2 Methodisches Vorgehen

Im empirischen Teil der Arbeit wurde in einer qualitativen Studie in Form von teilstrukturierten Interviews die Sicht von neun Expert*innen eingebracht. Es wurden Interviews mit Expert*innen aus konventionell hierarchischen Organisationen und Organisationen mit neuer Organisationsform geführt, welche sich bereits mit dem Thema Selbstorganisation generell und mit selbstorganisiertem Lernen im Speziellen auseinandergesetzt haben. Darüber hinaus wurden ein Organisationsberater und ein Innovationsmanager befragt, um eine andere Sicht auf das Thema zu ermöglichen. Als konventionell hierarchische Organisationen wurden jene Unternehmen identifiziert, die in ihrem organisatorischen Aufbau durch starre Hierarchien und klassisches Organigramm gekennzeichnet sind, welche die Über- und Unterordnung der verschiedenen Unternehmensbereiche darstellen. Demgegenüber wurden als Unternehmen mit neuer Organisationsform jene ausgewählt, die herkömmliche Strukturen und Hierarchien zu einem Großteil bereits abgeschafft haben und Werten wie Ganzheitlichkeit, Selbstorganisation, Selbstbestimmung und Sinnerfüllung mehr Raum geben (vgl. Koudela, 2016).

Die aus den Interviews resultierenden Erkenntnisse wurden mittels eklektischer Auswertung nach Georg Zepke (2016) analysiert. Die relevanten Textpassagen für die Beantwortung der Forschungsfragen wurden paraphrasiert und analysiert. Anschließend wurden daraus induktive Kategorien erstellt, welche jeweils Haupt- und Subkategorien zugeordnet und anschließend interpretiert wurden.

3 Exemplarische Ergebnisse

Die empirischen Ergebnisse der Masterarbeit fördern viele Facetten des selbstgesteuerten Lernens in Unternehmen zutage. Eine einheitliche Definition von selbstgesteuertem Lernen existiert dabei weder in der Literatur, noch wurde diese in den Interviews sichtbar. Die Interviewpartner*innen beschreiben Interesse, Motivation und ein gewisses Maß an Überblick am Lernprozess als Grundvoraussetzungen von Mitarbeiter*innen für das selbstgesteuerte Lernen. Als wesentlicher Punkt wird geschildert, als Unternehmen nur grobe Vorgaben zu geben und so den Mitarbeiter*innen schlussendlich die Verantwortung dafür zu übertragen, wie und worin sie sich weiterentwickeln wollen. Eine Interviewpartnerin konkretisiert ihr Bild von selbstgesteuertem Lernen mit folgender Aussage: *„Es geht darum, dass jeder selber wissen muss, was ihn interessiert und wo er sich weiterentwickeln will und kann."* (Interview 6, Zeile 126). Anhand der zugrundeliegenden Forschungsfragen wird im Nachfolgenden die Gestaltung von fördernden Rahmenbedingungen für das selbstgesteuerte Lernen zusammengefasst dargestellt sowie außerdem beschrieben, welchen Beitrag die HR dafür leisten kann und welche Veränderungen sich dadurch für die Personalentwicklung der Zukunft ergeben.

3.1 Welche Rahmenbedingungen fördern in Organisationen das selbstgesteuerte Lernen von Mitarbeiter*innen?

In den Interviews war zu erkennen, dass verschiedene Aspekte das selbstgesteuerte Lernen in Organisationen fördern können. Als relevant für die Beantwortung dieser Forschungsfrage haben sich insbesondere folgende Rahmenbedingungen herauskristallisiert, auf welche im Anschluss näher eingegangen wird: ein starkes Commitment der Geschäftsführung, ein kontinuierlicher organisationaler Lernprozess für eine vermehrte Verantwortungsübernahme durch Mitarbeiter*innen, eine hohe Reife von Führungskräften, eine klare Vorgabe für budgetäre und inhaltliche Entscheidungen in Bezug auf Weiterbildungen, eine HR bzw. Personalentwicklung, die als Vorbild in der Organisation wahrgenommen wird, eine offene Unternehmenskultur und schlussendlich organisationale

Strukturen, die das selbstgesteuerte Lernen ebenfalls positiv beeinflussen können.

Die erfolgreiche Etablierung des selbstgesteuerten Lernens von Mitarbeiter*innen bedarf zuerst einer gezielten strategischen Ausrichtung der Personalentwicklung im Unternehmen. Dafür notwendig ist primär der Rückhalt der Geschäftsführung. Entscheidet sich ein Unternehmen für eine selbstorganisierte Arbeitsweise und Weiterentwicklung, so ist es unumgänglich, dass die Geschäftsführung zu hundert Prozent dazu steht und die Selbstorganisation immer wieder forciert.

Im Unternehmen ist deshalb zu definieren, wer (künftig) die Verantwortung für Weiterbildung übernehmen soll, ob dies Mitarbeiter*innen budgetär und inhaltlich selbst entscheiden dürfen oder ob es (weiterhin) einer definierten Abstimmung zwischen Mitarbeiter*innen und Führungskräften bedarf. Um sich einer konkreten Verantwortungsübernahme zu nähern, sollte in der Organisation hinterfragt werden, inwieweit die HR das Weiterbildungsangebot vorgibt oder ob hier ein Bottom-up-Ansatz sinnvoll ist, der es Mitarbeiter*innen erlaubt, ihre Weiterbildung selbst nach Bedarf zu definieren. In neuen Organisationsformen wird die Verantwortung zu einem Großteil bereits den Mitarbeiter*innen übertragen. Es wird eine selbstbestimmte Sichtweise verfolgt, die es Mitarbeiter*innen erlaubt, selbst zu entscheiden, in welchen Gebieten sie sich weiterentwickeln wollen und können. In konventionell hierarchischen Unternehmen bedarf es hingegen einer behutsamen Heranführung an eine vermehrte Verantwortungsübernahme. *„Die erste Veränderung fängt nicht bei den Mitarbeitern an, sondern bei den Führungskräften."* (Interview 4, Zeile 314), bringt es ein Interviewpartner auf den Punkt. Führungskräfte sind gefragt, Mitarbeiter*innen intensiv darin zu begleiten, stufenweise mehr Verantwortung für ihre Aus- und Weiterbildung zu übernehmen und ihnen immer wieder Anerkennung zu geben. Dies verlangt eine hohe Reife von Führungskräften, welche durch einen entsprechend offenen Führungsstil geprägt ist, der mehr unterstützende und weniger hierarchische Führung fordert (vgl. Creutzfeld, 2018). Führungskräfte müssen ihren Mitarbeiter*innen zudem Vertrauen für den Lernprozess entgegenbringen sowie in weiterer Folge Wertschätzung bei Lernerfolgen vermitteln. Ein Interviewpartner beschreibt die notwendige Führungskompetenz auf diese Weise (Interview 1, Zeile 367): *„Das Einsehen, die Unterstützung und zu sagen,* *ich lasse mich darauf ein, ich weiß nicht genau, was passiert, aber ich bleibe in Kontakt mit meinem Mitarbeiter."* Auf der anderen Seite sind Mitarbeiter*innen wesentlich, die offen sind für Neues, speziell im Hinblick darauf, dass Weiterentwicklung in Zukunft verstärkt arbeitsplatznah, zeitnah und zu aktuellen Themen stattfindet und die Aktivierung von intrinsischen Motivationsfaktoren dabei besonders essenziell ist. Dies sind grundlegende Aspekte für eine selbstgesteuerte Weiterentwicklung, die von der HR vorbildlich gelebt werden müssen.

Die bewusste Auseinandersetzung mit der Unternehmenskultur spielt ebenfalls eine wesentliche Rolle und darf beim selbstgesteuerten Lernprozess nicht außer Acht gelassen werden. Eine offene Unternehmenskultur zu pflegen trägt in hohem Maße dazu bei, das selbstgesteuerte Lernen zu fördern. Eine positive Konnotation von Lernen im Unternehmen gibt Mitarbeiter*innen die Möglichkeit, selbst darüber zu entscheiden, wie viel Zeit sie in Weiterbildung investieren wollen. Das Unternehmen muss dabei das Bewusstsein vermitteln, dass lebenslanges Lernen wichtig ist und von Mitarbeiter*innen gern gesehen wird. In diesem Zusammenhang hilft es, eine offene Fehlerkultur zu pflegen, wie es eine Interviewpartnerin unterstreicht: *„Ganz wichtig ist, dass man Fehler positiv sieht. Fehler sind gut, sollen berichtet werden, damit wir weiter daraus lernen."* (Interview 5, Zeile 168). Darüber hinaus stärken gemeinsame Firmenwerte die Haltung und Einstellung gegenüber dem Selbststeuerungsprozess und betonen den hohen Stellenwert von Weiterentwicklung in der Organisation. Öffentlich niedergeschriebene Firmenwerte helfen, die Unternehmenskultur für alle Beteiligten präsent zu machen, und können überdies durch gemeinsame Rituale spürbar in den Alltag integriert werden. Als Beispiel dafür wurden von Interviewpartner*innen ein wöchentliches gemeinsames Frühstück oder ein regelmäßiger Einblick in verschiedene Unternehmensbereiche genannt, um sich besser mit dem Unternehmen identifizieren zu können.

Selbstgesteuertes Lernen setzt außerdem gewisse organisationale Strukturen im Unternehmen voraus. Einerseits können dies räumliche Konzepte – wie z. B. hausinterne Bibliotheken oder kreativ gestaltete Lernräume – sein, die Mitarbeiter*innen beispielsweise die Möglichkeit bieten, selbstgesteuert das Produkt oder die Dienstleistung des Unternehmens besser kennenzulernen oder sich zu einem selbstgewählten Thema weiterzuentwickeln. Auf der anderen Seite und von wesentlicher Bedeutung ist es, das Arbeitsumfeld für Mitarbeiter*innen so zu gestalten, dass selbstgesteuertes Lernen überhaupt erst möglich gemacht wird. Die Frage, die man sich hier stellen sollte, lautet *„[...] wie organisiere ich den Alltag, wie organisiere ich das Umfeld, damit Lernen, nämlich selbstgesteuertes Lernen, passieren kann."* (Interview 1, Zeile 413). Hier geht es also nicht nur um die Lernenden selbst, sondern darum, dass direkte Kolleg*innen unter Umständen in der Zeitspanne des Lernens die Aufgaben übernehmen müssen oder zumindest dem Lernenden die Möglichkeit bieten, sich ungestört weiterbilden zu können. Dies stellt einem Interviewpartner zufolge einen schmalen Grat zwischen einem möglichen Lernerfolg von Lernenden und einer denkbaren Benachteiligung weiterer Kolleg*innen dar.

Um die fördernden Rahmenbedingungen für das selbstgesteuerte Lernen ganzheitlich zu betrachten, ist die bewusste Auseinandersetzung mit New-Work-Aspekten in der eigenen Organisation notwendig. In einer von zunehmender Komplexität geprägten Arbeitswelt und den damit zusammenhängenden vielfältigen Anforderungen an die Beschäftigten, ist es wesentlich, sich mit neuen Formen der Zusammenarbeit auseinanderzusetzen (vgl. Hackl et al., 2017). Insbesondere Organisationen mit neuer Organisationsform, die unter anderem durch schlanke Prozesse und eine hohe Eigenverantwortung der Mitarbeiter*innen charakterisiert sind, konzentrieren sich auf innovative Formen der Zusammenarbeit und richten den Fokus auf die handelnden Menschen und deren maßgeblichen Beitrag zur Erreichung der gemeinsamen Unternehmensziele. Einem Interviewpartner zufolge ist es wichtig, *„[...], dass man ihnen einfach den Freiraum gibt [...]."* (Interview 8, Zeile 733). Durch die Übertragung von Verantwortung an Mitarbeiter*innen für die tägliche Arbeit gewinnt das selbstgesteuerte Lernen meist unbewusst an Bedeutung. Indem Entscheidungen zudem transparent begründet werden, können Mitarbeiter*innen Veränderungen im Unternehmen besser nachvollziehen, das wiederum stärkt ihr Vertrauen und erhöht ihre Motivation, einen Beitrag zum Unternehmenserfolg zu leisten und sich somit eigenverantwortlich weiterzuentwickeln. Zudem steigt durch Partizipationsmöglichkeiten die Identifikation mit dem Unternehmen merklich an. Mit der (neuen) Ausrichtung eines Unternehmens ist auch die organisationale Sinnfrage zu klären, nämlich welchen Nutzen die Organisation mit ihrer Arbeit für deren Umwelt hat. Davon abgeleitet ist der persönliche Sinn einzelner Mitarbeiter*innen durch ihren Beitrag zum Unternehmenserfolg zu definieren – sich also aus Mitarbeiter*innensicht die Frage zu stellen, „was habe ich davon?". Gerade im Zusammenhang mit dem Thema New Work erfährt eine für Mitarbeiter*innen empfundene sinnstiftende Arbeit neuen Aufwind. Auch der Spaß sowie die Freude an der Arbeit und der persönlichen Weiter-entwicklung gewinnen an Bedeutung.

Aus Sicht der Autorin des vorliegenden Beitrages zeigen die Ergebnisse der Hauptforschungsfrage eindrucksvoll, wie vielschichtig das Konzept des selbstgesteuerten Lernens in Organisationen ist. Die Personalentwicklung agiert dabei als Übersetzungshelfer*in, deren Rolle und Handlungsfelder sich unter den zuvor beschriebenen Aspekten ebenfalls ändern, wie in der Beantwortung der ersten Unterfrage im Folgenden sichtbar wird.

3.2 Welche Rolle und welche Handlungsfelder wird die Personalentwicklung 4.0 in Zukunft verstärkt verfolgen?

Die Entwicklungen der Arbeitswelt und die damit verbundenen Änderungen der Zusammenarbeit waren in den untersuchten Organisationen im Rahmen der Interviews deutlich wahrzunehmen. Im Mittelpunkt der zukünftigen Personalentwicklung stehen nach Einschätzung der Interviewpartner*innen die noch stärkere Fokussierung auf die Mitarbeiter*innen und die Gestaltung von deren Lernräumen. Durch die raschen und digitalen Entwicklungen lernen Beschäftigte immer öfter zeitnah und direkt am Arbeitsplatz, anstatt oftmals tagelange Präsenzseminare zu besuchen. Es bedarf daher durch HR-Verantwortliche der Entwicklung flexibler und kurzer Lerninhalte, die möglichst individualisiert zur Verfügung stehen. Die vorhandenen Präsenzseminare sollen ebenfalls individueller an die Bedürfnisse der Mitarbeiter*innen angepasst werden, um freiwillige Teilnahmen zu forcieren.

Die Rolle der Personalentwicklung im Unternehmen wird sich von Dienstleister*innen für flächendeckende Aus- und Weiterbildung hin zu Unterstützer*innen für individuelle Weiterentwicklung von Mitarbeiter*innen sowie Führungskräften ändern. Werner Sauter (2017) nennt dies die „Gestaltung einer Lernarchitektur" im Unternehmen, in deren Rahmen sich

Mitarbeiter*innen selbstgesteuert weiterentwickeln können. Personalentwickler*innen agieren zukünftig als Sparring-Partner*innen auf Augenhöhe mit Führungskräften, wobei deren Entwicklung und Begleitung ein wesentlicher Aspekt ist. Ein Interviewpartner brachte es in einem Interview folgendermaßen auf den Punkt: *„Also die Unterstützung, die Führungskräfte dabei brauchen, ist, ihnen Raum zu geben und auch die Zeit zu geben, sich selber infrage stellen zu dürfen."* (Interview 4, Zeile 348). Führungskräfte müssen stärker befähigt werden, ihre Mitarbeiter*innen im individuellen Lernprozess zu unterstützen. Durch diese Dezentralisierung der Personalentwicklung wird sich auch die Rolle der Führungskraft entscheidend ändern. Die Personalentwicklung muss dafür geeignete Formate für Führungskräfte zur Verfügung stellen, um diese Entwicklung im Führungsteam individuell reflektieren zu können. Ein weiteres Handlungsfeld der Personalentwicklung 4.0 stellt den Aufbau eines aktiven Wissensmanagements im Unternehmen dar. Meist ist implizites Wissen zu verschiedenen Themen im Unternehmen vorhanden, wird jedoch zu wenig oder gar nicht genutzt und verbreitet. Eine Plattform zur Wissensweitergabe kann dieses Problem entkräften und gibt Mitarbeiter*innen idealerweise durch selbstgesteuerte Maßnahmen wiederrum die Möglichkeit, sich ins Unternehmen einzubringen. Eine weitere Möglichkeit der Entwicklung und Weitergabe von Wissen sind Lernkooperationen mit anderen Unternehmen oder Mentoring-Programme innerhalb des Unternehmens. Um als Vorreiter*in in Sachen Agilität und Flexibilität im Unternehmen fungieren zu können, kommen zunehmend bereits in der Personalentwicklung selbst agile Methoden zum Einsatz. Beispielsweise die Kanban-Methode, die bestehende Workflows, vorhandene Arbeit und Probleme übersichtlich darstellt (vgl. Rinner, 2017); oder Techniken aus Scrum bzw. agilen Teams, die innerhalb der Personalentwicklung eingerichtet werden können, wie es ein Interviewpartner beschrieb.

Ein weiterer wichtiger Aspekt der Personalentwicklung 4.0 ist die gezielte Personalauswahl. Die Selbstorganisationskompetenz ist in einer volatilen Arbeitswelt besonders gefragt und wird von Unternehmen bis zu einem bestimmten Grad vorausgesetzt. Ein Interviewpartner äußerte sich dazu sehr kritisch: *„Wenn ich Mitarbeiter motivieren muss, dann habe ich schon bei der Personalauswahl etwas falsch gemacht."* (Interview 3, Zeile 132). Es bedarf daher eines Bewerbungsprozesses, der passende Mitarbeiter*innen identifiziert, wobei das Hauptaugenmerk bei der Suche nach geeigneten Kandidat*innen mehr auf der Persönlichkeitsebene und weniger auf der fachlichen Ebene liegt. HR-Verantwortliche gehen immer stärker davon aus, dass fachliche Qualifikationen erlernt werden können, der Wille, eigenverantwortlich zu arbeiten und sich weiterzuentwickeln, hingegen bereits vorhanden sein sollte. Hierfür werden weitere Forschungen angeregt.

4 Zusammenfassende Diskussion und Konsequenzen für die Praxis

Die Ergebnisse der Interviews betonen die aktuelle Verschmelzung von Arbeiten und Lernen und werden zu folgendem Spruch verdichtet: „Mitarbeiter*innen lernen, wenn sie arbeiten, und arbeiten, wenn sie lernen."

Nicht zuletzt durch die rasch voranschreitende Digitalisierung werden Arbeitsinhalte flexibler und Wissen wird zeitnah und im Arbeitsprozess generiert, wodurch ein selbstgesteuerter Lernprozess an Relevanz gewinnt. Aus Sicht der Autorin des vorliegenden Beitrags kann von einer Revolution des Lernens gesprochen werden. Deshalb wird es für Unternehmen zunehmend wichtiger, sich mit der Art und Weise des Lernens auseinanderzusetzen. Die Ergebnisse der Untersuchung zeigen in diesem Zusammenhang, dass es für das selbstgesteuerte Lernen keine vorgefertigte Lösung gibt, wie das Konzept in ein Unternehmen eingeführt werden kann. Es bedarf stattdessen eines organisationalen Lernprozesses, um als Unternehmen, bei dem die HR bzw. Personalentwicklung gefragt ist, einen Rahmen für selbstgesteuertes Lernen in der Organisation zu schaffen und Mitarbeiter*innen den erforderlichen Handlungsspielraum für die eigene Weiterbildung zu gewähren (vgl. Reinmann-Rothmeier & Mandl, 1993). Auch Werner Sauter und Christiana Scholz (2015) bestärken in diesem Ausblick, bei dem sich die heutige Personalentwicklung darauf fokussieren muss, die individuelle Kompetenzentwicklung jeder*s einzelnen Mitarbeiter*in zu ermöglichen. Dieser Anspruch wurde in den untersuchten Unternehmen sichtbar und bestätigt den Trend, dass sich das Handlungsfeld der Personalentwicklung zunehmend stärker auf den Aufbau einer gleichberechtigten Lernkooperation zwischen Mitarbeiter*innen und Führungskräften konzentrieren wird.

In den Interviews wurde das selbstgesteuerte Lernen teilweise auch kritisch betrachtet, da es eine hohe Motivation der Lernenden voraussetzt, das vor allem bei weniger veränderungsaffinen Mitarbeiter*innen möglicherweise zu einem höheren Konfliktpotenzial führt. Gleichzeitig verlangt es eine hohe Reife der Führungskräfte, damit entsprechend umzugehen. Ein Interviewpartner umschreibt die Führungskompetenz in Zeiten von Selbstorganisation mit folgender sinnbildlichen Metapher: *„Selbstbestimmtes Lernen bedeutet auch für die Führungskraft, Mitarbeiter weiterzubringen, die dann besser werden wie du selbst. [...] Erst dann zeigt sich die wahre Kunst eines Meisters."* (Interview 3, Zeile 546). Dies könnte auch in Zukunft definitiv für einige Führungskräfte eine Herausforderung darstellen, die es zu „meistern" gilt.

Überraschend war jedenfalls, wie das Konzept des selbstgesteuerten Lernens durch Werte charakterisiert wird. Eigenverantwortung und Reflexion wird bei den Unternehmen, die großteils bereits selbstgesteuert lernen, als zentral gesehen. Erkennbar war dies in den untersuchten Organisationen durch gemeinsame Rituale, wie etwa regelmäßige Frühstücksrunden, aber auch durch schriftlich festgehaltene Firmenwerte, die teilweise sehr mutig und offen formuliert wurden, um eine hohe Identifikation zu erzeugen, wie dieses Beispiel von drei gelebten Firmengrundsätzen verdeutlicht: *„Der eine heißt ‚Scheiß di ned au', bedeutet in Wirklichkeit ‚Sei mutig'. ‚Bitte sei ned so deppat' heißt übersetzt auf Hochdeutsch ‚Sei klug'. Und weil auch ein Verbrecher mutig und klug sein kann, braucht man einen Orientierungspunkt und deshalb ist der Dritte dann entstanden: ‚Orientier dich an der Liebe.'"* (Interview 2, Zeile 366).

Entscheidet man sich als Unternehmen grundsätzlich für eine höhere Verantwortungsübernahme durch Mitarbeiter*innen, ist dies zudem mit einem langfristigen Entwicklungsprozess verbunden. Dies betont nochmals die Wichtigkeit, dass die Geschäftsführung die sukzessive Verantwortungsübertragung an Mitarbeiter*innen aktiv unterstützt. Selbstorganisation kann ohne diesen Support nicht funktionieren. Hervorzuheben ist zudem, dass Führungskräfte und Mitarbeiter*innen bei diesem Prozess begleitet werden. Speziell neue Organisationsformen, die viel Wert auf Mitverantwortung und Transparenz legen, leben Selbstorganisation einfach, wie dieses abschließende Zitat eines Interviewpartners verdeutlicht: *„Das Wichtigste ist, dass einfach die Mitarbeiter darin gestärkt werden, dass sie selbst die Schritte setzen können."* (Interview 8, Zeile 733).

In nachträglicher Betrachtung der Ergebnisse aus der beschriebenen Forschungsarbeit lassen sich einige Erfahrungen aus der Praxis einbringen, die die Ergebnisse einerseits bestätigen und andererseits neue Trends aufzeigen.

Die Entwicklungen aus dem Personalbereich lassen erkennen, dass die Zahl an „reinen" Personalentwickler*innen zurückgeht und neue Berufsbezeichnungen wie Lerncoachs oder Employer-Branding-Spezialist*innen Einzug halten. Dieser aus Sicht der Autorin humanere Blick auf die Personalarbeit zeigt, dass die Gestaltung eines harmonischen Umfeldes Auftrieb erlebt, in der ein Rahmen geschaffen wird, in dem Mitarbeiter*innen ihr Bestmögliches für das Unternehmen leisten können. Hinzu kommt, dass sich der Arbeitsmarkt besonders in den vergangenen zwei bis drei Jahren stark zu einem Bewerber*innen-Markt umorientiert hat. Konnte man früher als Unternehmen aus einem vollen Bewerber*innen-Pool schöpfen, so sind es heute oftmals Bewerber*innen, die sich bei der Jobsuche die Rosinen aus den Unternehmen herauspicken können. Viele Mitarbeiter*innen wollen heutzutage selbstbestimmt arbeiten. Bei vielen HR-Verantwortlichen steht aktuell an oberster Stelle, genau diesen Rahmen als Unternehmen zu schaffen. Wenn Mitarbeiter*innen dann tatsächlich eigenverantwortlich arbeiten dürfen und diese vermehrte Verantwortungsübernahme auch von der Geschäftsführung gefördert wird, erkennen Mitarbeiter*innen zunehmend die Sinnhaftigkeit ihrer Arbeit im Gesamtsystem der Organisation und werden sich dadurch des Nutzens ihrer eigenen Weiterentwicklung bewusst. Die Reife der Organisation bestimmt dabei den Grad der Selbststeuerung in hohem Maße. Besonders neue Organisationsmodelle übertragen zu einem großen Teil die Verantwortung an ihre Mitarbeiter*innen und beschäftigen sich sehr intensiv mit der Frage, wie man als Arbeitgeber*in eine emotionale Bindung zu den Mitarbeiter*innen herstellen kann. Dabei versuchen sie, die Organisationsstrukturen so weit mitzugestalten, dass Praktiken der Selbstorganisation im Alltag etabliert werden können. Es ist an der Zeit, sich als konventionell hierarchisches Unternehmen zeitnah mit seiner Personalentwicklungsstrategie auseinanderzusetzen und sich von der Starrheit der Hierarchie zu lösen, mit dem Ziel, Mitarbeiter*innen mehr Eigenverantwortung für ihre Arbeit und ihre Weiterentwicklung zu übertragen.

Linienmanagement im selbstorganisierten Umfeld – zwischen Dezentralisierung von Macht und Revitalisierung eigenschaftstheoretischer Führungskonzepte

Petra Morgenbesser

1 Einleitung

In der aktuellen organisationstheoretischen Fachliteratur wird immer wieder postuliert, dass hierarchische, auf Durchsetzungsmacht basierende Führungskonzepte ausgedient hätten (z. B. Moser, 2017). Die Demokratisierung organisationaler Strukturen (z. B. Sattelberger, Welpe & Boes, 2015) und die notwendige Förderung selbstorganisierter Arbeitsformen (z. B. Laloux, 2015; Robertson, 2016) werden dabei häufig als Alternativen propagiert. Selbstorganisation steht dabei für die Dezentralisierung von Macht, Verantwortung und Entscheidungsbefugnis. Dies führt zu der Notwendigkeit, Führung und Management anders zu denken, als dies klassisch-hierarchisch strukturierte Organisationen nahelegen.

Zum einen leisten mit Entscheidungsmacht und Verantwortung ausgestattete Organisationseinheiten, die sich in hohem Ausmaß autonom und selbstbestimmt organisieren, kollektive Führungsarbeit (vgl. Oesterreich & Schröder 2016; Pfläging, 2018). Die Auseinandersetzung mit Steuerung muss sich in dieser Hinsicht von positionsgebundenen Konzepten lösen und Führung als horizontal wirksamen, wechselseitigen Einflussprozess einer Gruppe oder eines Teams in den Blick nehmen.

Zum anderen wird neben dieser Tendenz zur Kollektivierung von Führung im Kontext von Selbstorganisationskonzepten in sehr vielen Fällen durchaus auch an Linienvorgesetzten und damit an positionsgebundenen Führungskonzepten festgehalten (vgl. Kaltenecker, 2017; Laloux, 2015). Diese Organisationen charakterisiert eine Gleichzeitigkeit von selbstorganisierter Teamlogik und hierarchisch strukturierter Organisationslogik, wodurch sie im Hinblick auf die in ihnen wirksamen Steuerungsstrukturen als hybride Organisationen bezeichnet werden könnten. Die diesem Beitrag zugrunde liegende Forschungsarbeit basierte auf der Hypothese, dass diese Hybridität das Führungsverständnis des Linienmanagements grundlegend beeinflusst. Mit der empirischen Studie, deren Ergebnisse im Folgenden dargestellt werden, sollten die spezifischen Herausforderungen der Linienmanager*innen im selbstorganisierten Umfeld und zentrale Elemente ihres Führungs-verständnisses konturiert werden.

2 Methodisches Vorgehen

Im Fokus der durchgeführten Untersuchung stand die Frage, *welches Verständnis von Führung das Handeln von Linienmanager*innen weitgehend selbstorganisierter Teams und Organisationseinheiten leitet und welche spezifischen Chancen und Herausforderungen sie im Hinblick auf ihr Führungshandeln beschreiben*. In methodischer Hinsicht erforderte dieses Vorhaben einen sehr offenen Zugang, der es ermöglicht, persönliche Perspektiven auf das Thema „Führung" auf wiederkehrende, aber auch divergierende Beschreibungen hin zu erforschen. Um den Fokus auf das leitende Forschungsinteresse zu wahren, wurden leitfadengestützte Interviews durchgeführt, die neben der groben inhaltlichen Strukturierung genügend Freiräume für individuell akzentuierte Schilderungen der Interviewten bieten. Abgesehen von der Gemeinsamkeit des hohen Stellenwerts von Selbstorganisation bzw. selbstorganisierten Arbeitsformen in den von den Interviewten verantworteten Bereichen, zeichnet sich das beforschte Feld durch ein hohes Ausmaß an Heterogenität aus. Interviewt wurden neun Führungskräfte aus unterschiedlich großen Organisationen in verschiedenen Feldern bzw. Bereichen (u. a. Kultur, IT-Dienstleistung, Infrastruktur etc.).

Um dem explorativen Charakter der Fragestellung gerecht zu werden, wurde ein Auswertungsverfahren gewählt, das die Entwicklung zentraler Kategorien aus dem Datenmaterial zulässt und zugleich ermöglicht, inhaltliche Komplexität durch den Fokus auf die leitende Fragestellung auch wieder zu reduzieren. In Anlehnung an die von Udo Kuckartz beschriebene inhaltlich strukturierende qualitative Inhaltsanalyse (vgl. Kuckartz, 2018) kam ein mehrstufiges Verfahren der Kategorienbildung zur Anwendung, das eine Mischform aus deduktiver und induktiver Herangehensweise darstellt. Im

Rahmen der mehrstufigen Analyse des Datenmaterials wurden fünf Hauptkategorien gebildet: „Erwartungen an Selbstorganisation", „Aufgaben des Linienmanagements", „Anforderungen an die Rollengestaltung des Linienmanagements", „Zumutungen für das Linienmanagement" und „Ansprüche an Personen im Linienmanagement". Die folgende Darstellung ausgewählter Ergebnisse hält sich nicht streng an diese Struktur, sondern fokussiert auf Spannungsfelder, denen das Linienmanagement im selbstorganisierten Kontext in besonderer Form ausgesetzt zu sein scheint.

3 Exemplarische Ergebnisse

3.1 Zwischen Dienstleistung und Zukunftssicherung

Die durchgeführte Studie zeigt, dass sich Linienmanager*innen in Organisationen, die sehr stark auf Selbstorganisation und Selbststeuerung ihrer Mitarbeiter*innen setzen, nicht als fachliche Instanzen beschreiben, die die Arbeit in dem von ihnen verantworteten Bereich anleiten, vorgeben und kontrollieren. Der Schwerpunkt ihres Aufgabengebiets liegt vielmehr in der Ermöglichung und Unterstützung der weitgehend selbstorganisierten Arbeit der Mitarbeiter*innen. Ihr Selbstverständnis als Führungskräfte ist stark vom Dienstleitungsgedanken geprägt, da sie selbst keine oder kaum operative Entscheidungen treffen, sondern die Rahmenbedingungen dafür sichern, dass dies von den Mitarbeiter*innen bestmöglich übernommen werden kann: *„Führungskräfte müssen auf die Rahmenbedingungen schauen, ob diese Selbstorganisation unterstützen und an welchen Stellen eben nicht, um dann zu fragen, ‚wie kann ich diese Rahmenbedingungen möglicherweise verändern, damit sie das können?'"* (Interview 9, Zeile 157). Die Dezentralisierung von Entscheidungsmacht verlagert die Verantwortung des Managements auf die Sicherstellung der Rahmenbedingungen, die das Team benötigt, um diese Macht und Verantwortung auch wahrnehmen zu können. Management bedeutet nicht, Entscheidungen zu treffen, sondern Entscheidungsfindung zu ermöglichen: *„Es geht nicht darum, dass ich als Führungskraft die Entscheidung treffe, gut informiert, wie es halt sonst so üblich ist, sondern dass ich darauf schaue, dass wir als Einheit entscheidungsfähig sind."* (Interview 3, Zeile 208).

Neben diesem Fokus auf die Ermöglichung von Selbstorganisation im jeweiligen verantworteten Subsystem betonen Linienmanager*innen auch deren Aufgabe, auf die gesamtorganisationalen Zusammenhänge und Schnittstellen des jeweiligen Bereichs zu anderen organisationsinternen Teilbereichen zu achten. Linienmanager*innen gestalten die organisationsinterne Außengrenze des Teams bzw. der Abteilung zu anderen Subeinheiten und tragen (Mit-)Verantwortung für die Sicherstellung der Zukunftsfähigkeit des Gesamtunternehmens – Aufgaben, die wohl strukturbedingt nicht oder nur schwer von den Teammitgliedern selbst wahrgenommen werden können. In dieser Hinsicht werden mit Verweis auf die Aufgaben des Linienmanagements auch Grenzen von Selbstorganisation beschrieben, denn diese scheinen dort erreicht, wo es z. B. aufgrund strategischer Überlegungen um Vorgaben und Eingriffe des Linienmanagements in die selbstorganisierte Teamlogik geht: *„Das sind halt dann genau die Sachen, wo die Führungskräfte massiv gefordert sind, wo erkannt wird, für die Zukunftsfähigkeit unserer Softwaresysteme oder unserer Abteilung als solcher, man steht ja immer irgendwie in Konkurrenz, erfüllen wir die Ansprüche noch unserer Geschäftsbereiche, und darauf schauen, okay, da muss jetzt was passieren."* (Interview 3, Zeile 188). Obliegt Linienvorgesetzten in auf Selbstorganisation setzenden Organisationen in erster Linie das Managen der Rahmenbedingungen selbstorganisierten Arbeitens (und damit die Arbeit *am* statt *im* System), müssen sie offenbar auch immer wieder sicherstellen, dass die Zielrichtung des selbstorganisierten Systems mit jener der Gesamtorganisation korrespondiert. Sie bewegen sich insofern stets im Spannungsfeld von Ermöglichung und gegebenenfalls erforderlicher Einschränkung selbstorganisierter Prozesse.

3.2 Zwischen Machtverlust und Verantwortung

In Organisationen, die Selbstorganisation fördern und ermöglichen wollen, wird Macht und Entscheidungsbefugnis dezentralisiert. Entscheidungen sollen von jenen getroffen werden, die über fachliche Kompetenz, operatives Wissen und Einblick in die Anforderungen des Kund*innensystems verfügen. Für das Linienmanagement bedeutet dies, Verantwortung für Entscheidungen zu tragen, die sie selbst nicht treffen – eine Diskrepanz, die es auszuhalten gilt: *„Die größte Herausforderung für Führungskräfte im selbstorganisierten Umfeld ist, Verantwortung und Macht abzugeben. Damit können manche gar nicht."*

(Interview 4, Zeile 399). Trotz des Verzichts auf Macht und Kontrolle bleibt das Linienmanagement für die Entscheidungen der Mitarbeiter*innen verantwortlich, es übernimmt aber nicht die Verantwortung für das Treffen dieser Entscheidung oder ihren Ausgang: *„Und da merke ich, da kommen ganz oft Menschen von diesen alten Führungsbildern: Ich bin verantwortlich, ich muss entscheiden. Und das ist ein bisschen die Hürde, wie geht denn das und wie kann ich für etwas verantwortlich sein, wenn ich es dann gar nicht entscheiden darf."* (Interview 6, Zeile 252).

Diese Herausforderung, Entscheidungsmacht abzugeben und – zugleich oder trotzdem – für die nicht selbst getroffenen Entscheidungen Verantwortung zu tragen, scheint das Rollenverständnis bzw. die Rollengestaltung von Linienvorgesetzten im selbstorganisierten Kontext entscheidend zu prägen. Mit ihrer Führungsarbeit soll und muss sichergestellt werden, dass Mitarbeiter*innen Verantwortung übernehmen, Gestaltungsspielräume nützen und Entscheidungen treffen. Dies führt dazu, dass die Gestaltung der Beziehung zu den Mitarbeiter*innen und besonders das Vertrauen in sie und ihre Fähigkeiten einen hohen Stellenwert zugesprochen bekommt: *„Vertrauen ist, meiner Meinung nach, eines der ganz zentralsten Dinge, ohne das hast du keine Chance. Das habe ich schon gemerkt, das würde sonst episch scheitern."* (Interview 4, Zeile 660). Während Linienmanagement auf der einen Seite in fachlicher Hinsicht an Bedeutung verliert (und im Hinblick auf das operative Geschehen den Fokus stark auf das Ermöglichen und Unterstützen richtet), wird auf der anderen Seite dessen Verantwortung im Hinblick auf die Mitarbeiter*innen- und die Teamführung betont. Im Spannungsverhältnis von (operativ-fachlichem) Machtverlust und dem Tragen von Verantwortung für nicht selbst getroffene Entscheidungen entsteht die Anforderung an das Linienmanagement, sein Führungshandeln auf das Vertrauen in die Mitarbeiter*innen zu gründen. Damit verbunden werden durchaus hohe Erwartungen an die Persönlichkeit und Fähigkeiten von Führungspersonen beschrieben, worauf an späterer Stelle nochmals zurückzukommen sein wird.

3.3 Zwischen einer „Kultur der Augenhöhe" und Vorgesetztenposition

Neben dem Vertrauen in die Mitarbeiter*innen und ihre Fähigkeiten sowie Intentionen wird von einigen interviewten Linienvorgesetzten betont, wie wichtig es sei, Mitarbeiter*innen konsequent dazu einzuladen, sich zu beteiligen, sich einzubringen, mitzudiskutieren, Rahmenbedingungen und Vorgaben zu hinterfragen – kurz: das hohe Ausmaß ihrer Gestaltungsmacht auch anzunehmen. Das Linienmanagement hat die Aufgabe, Partizipation und gemeinsame Aushandlungsprozesse zu fördern und zu initiieren. Diese Dezentralisierung von Macht und Verantwortung geht oftmals auch mit dem Versuch einher, eine „Kultur der Augenhöhe" zu etablieren, in der Mitarbeiter*innen ihre Vorgesetzten ohne Angst vor negativen Konsequenzen hinterfragen und kritisieren können. Das oben erwähnte Vertrauen in die Mitarbeiter*innen soll umgekehrt auch den Linienvorgesetzten entgegengebracht werden.

In diesem Zusammenhang wird von interviewten Linienmanager*innen betont, dass Vorgesetzte im selbstorganisierten Kontext in höherem Ausmaß gefordert seien, mit Kritik, Wiederstand und Ablehnung umzugehen: *„Ich glaube, dass man [...] viel mehr am Prüfstand steht als in einem System oder in einem Unternehmen, wo Führung bedeutet, von oben vorzugeben. [...] Ich glaube, dass, je mehr man zulässt und je mehr man die Leute auch einlädt, zum Mitdiskutieren, desto mehr müssen Führungskräfte aushalten, an Kritik z. B.."* (Interview 6, Zeile 321). Wird Entscheidungsmacht und damit Einfluss, Wissen und Kontrolle in hohem Ausmaß auf der Teamebene verortet, verliert die Legitimation des Managements durch Verweis auf fachliche Autorität ihre Grundlage. Mit der Etablierung einer *„Kultur [...], in der man sich traut, auch das Management infrage zu stellen, und da keine Berührungsängste hat"* (Interview 6, Zeile 284) wird von Linienvorgesetzten erwartet, sich dieser Kritik zu stellen. Statt Distanz und Autorität – qua hierarchisch legitimierter Position – gehe es in hohem Ausmaß um Partizipation und die Einsicht, als Linienvorgesetzte über weniger Einblick, Wissen und Entscheidungskompetenz zu verfügen als deren Mitarbeiter*innen. Linienmanager*innen im selbstorganisierten Kontext sollten berücksichtigen, dass ihre Positionen und punktuellen Vorschläge oder Eingriffe hinterfragt werden, und mit den damit verbundenen persönlichen

Herausforderungen zurechtkommen: *„In selbstorganisierten Systemen, da muss man als Person viel mehr aushalten als in Systemen, wo man nicht darüber reden darf oder über die Person."* (Interview 6, Zeile 340).

In fachlicher Hinsicht kehren sich die Machtverhältnisse im selbstorganisierten Kontext letztlich um. Das Team soll selbstständig entscheiden und autonom agieren, dem Linienmanagement kommt keine Expert*innenrolle zu, sondern es muss auf die fachliche Kompetenz der Mitarbeiter*innen und ihrer Entscheidungen vertrauen. Linienvorgesetzte sind damit konfrontiert, Führung an die Teams abzugeben und auf Mitarbeiter*innenebene eine offene und kritische Haltung gegenüber dem Management zu fördern. Dies scheint in zweifacher Hinsicht zu fordern: Zum einen gilt es ein Selbstverständnis von Führung jenseits von klassischen Bildern zu entwickeln, die damit Autorität, Macht und hohe fachliche Kompetenz verbinden: *„Es braucht schon auch eine tiefgreifende Veränderung von Denkmustern und Glaubenssätzen. Das macht natürlich schon auch Angst und Unsicherheit und es braucht natürlich auch eine gewisse Kompetenz [...], tatsächlich in so einer Form zu führen, weil man kommt ja selbst oft aus einer anderen Welt der Führung."* (Interview 9, 75). Zum anderen muss die Ambivalenz ausbalanciert werden, dass Linienmanager*innen im selbstorganisierten Umfeld trotz der verschobenen Machtverhältnisse eine Vorgesetztenfunktion einnehmen und damit eine Position, die sehr wohl auf ein strukturell bedingtes Gefälle in der Hierarchie und damit verbunden auf die Ausstattung mit einer gewissen positionsgebundenen Macht verweist. Das ambivalente Verhältnis zu Führung, das Selbstorganisationskonzepten häufig aufweisen, wird in den widersprüchlichen Rollenerwartungen an das Linienmanagement sichtbar bzw. in der Unvereinbarkeit von funktionaler Logik, die ein strukturelles Gefälle impliziert, und dem Wunsch nach einer „Kultur der Augenhöhe".

3.4 Ansprüche an Personen im Linienmanagement: Die Rückkehr charismatischer Leader?

Die vorangegangenen Ausführungen enthalten immer wieder Hinweise auf Ansprüche und Erwartungen an die Linienmanager*innen im selbstorganisierten Umfeld. In einigen Interviews wurde explizit auf vom Linienmanagement geforderte Kompetenzen und Fähigkeiten hingewiesen. Von

Linienmanager*innen wird „*eine gewisse Gelassenheit und auch ein bisschen Nervenstärke [gefordert], weil klar, seinen Kopf hat man immer noch hinzuhalten*" (Interview 6, Zeile 367), und „sehr viel Empathie, weil du mit den Leuten arbeiten musst." (Interview 4, Zeile 640). Darüber hinaus erfordere es – neben der wichtigen Fähigkeit, vertrauen zu können – Offenheit und Lernbereitschaft: „*Es braucht Offenheit, auch Offenheit für Reflexion und Offenheit im Sinne von ‚ich möchte etwas dazulernen'.*" (Interview 6, Zeile 401). Mehrmals wurde erwähnt, dass Selbstvertrauen eine entscheidende Anforderung an die Person im Linienmanagement sei: „*Du musst dich auch hinstellen können, mit ausreichend Selbstvertrauen, auch beim Geschäftsführer, um zu sagen, ‚kann ich Ihnen jetzt nicht beantworten, da gibt es jemand, der weiß das viel besser, aber ich werde es Ihnen im Anschluss sofort schicken.'*" (Interview 4, Zeile 648).

Anstatt fachlicher Expertise und Kompetenzen wie Durchsetzungskraft und Entscheidungsfreude werden andere Eigenschaften von Führungspersönlichkeiten erwartet: Führung erfordere Offenheit, Empathie, Einfühlungsvermögen und die Fähigkeit, andere zu begeistern. Manager*innen müssten auch Vorbild sein und Mitarbeiter*innen Lernbereitschaft, Reflexionsfähigkeit, Motivation und Engagement vorleben. Linienmanagement in hybriden Organisationen erfordere selbstbewusste und charismatische Persönlichkeiten, um die für dieses Feld spezifischen Herausforderungen und Zumutungen bewältigen zu können: „*Wenn man Commitment ernst nimmt, dann ist das, glaube ich, für Führungskräfte eine ziemliche Herausforderung und da beobachte ich schon, dass es v. a. unerfahrenen Führungskräften, die vielleicht noch nicht lange im Fachbereich tätig waren, die jetzt übernehmen sollen, fast nur dann gelingt, wenn sie charismatisch sind.*" (Interview 6, Zeile 329). Charisma weist weniger auf erwerbbare Kompetenzen, sondern mehr auf Persönlichkeitseigenschaften hin, die Linienvorgesetzte dazu befähigen, andere zu begeistern und zu überzeugen bzw. von anderen als Vorbild anerkannt zu werden. Führungskräfte selbstorganisierter Teams hätten im besten Fall über persönliche Eigenschaften zu verfügen, die sie dazu befähigen, andere zu begeistern und zu motivieren, einzuladen und zu entwickeln sowie eine Kultur zu schaffen, in der Menschen die Bereitschaft entwickeln, Verantwortung zu übernehmen und Entscheidungen zu treffen: „*Man hört oft diesen fast schon auch wieder zu oft benutzten Spruch, dass man halt ein Leader ist und kein Chef, aber es stimmt* *für mich tatsächlich, das ist ein Riesenunterschied. Ich sehe mich wirklich als eine Führungsfigur, für die man gerne arbeitet, die es auch schafft, Leute zu motivieren, und die dann genau deshalb aus Eigenantrieb gute Arbeit machen."* (Interview 4, Zeile 591).

Mit dem expliziten Abschied von Führungskonzepten, die davon ausgehen, dass Vorgesetzte anweisen, anleiten und kontrollieren, gehen an dieser Stelle Revitalisierungen von Führungsideen einher, die der Persönlichkeit der Linienvorgesetzten eine entscheidende Bedeutung beimessen und alte Bilder der „geborenen Leader" wiederbeleben. Linienmanager*innen werden nicht (mehr) als heroische Vorgesetzte beschrieben, die im Bewusstsein ihrer Macht und Autorität nach Beeinflussung und Kontrolle ihrer Mitarbeiter*innen streben. Führung kommt vielmehr als Beziehungsgeschehen in den Blick, das Vertrauen und die Entwicklung der Mitarbeiter*innen fördern soll. Dabei werden durchaus eigenschaftstheoretische Führungskonzepte wiederbelebt, wenngleich sich die gewünschten Attribute verändert haben: Nicht Durchsetzungsvermögen, Entscheidungsstärke und Dominanzstreben, sondern Empathie, Offenheit, Vertrauen und Begeisterungsfähigkeit sind gefragte Eigenschaften.

Hier zeigt sich eine gewisse Ambivalenz im Hinblick auf die Frage nach dem Verständnis von Führung im selbstorganisierten Kontext: Während mit Selbstorganisationskonzepten einerseits versucht wird, klassisch-hierarchische, auf Autorität und Machtausübung verweisende Führungskonzepte zu dekonstruieren, werden andererseits eigenschafts-theoretische Ideen von Führung bemüht, die den Erfolg von Führung auf bestimmte Dispositionen der Führungspersonen zurückführen. Dies führt letztlich auch zu einer (Re-)Aktivierung der im Kontext von Selbstorganisationskonzepten eigentlich durchwegs kritisch beurteilten Idee, dass einzelne aufgrund ihrer Persönlichkeit oder Qualifikation geeignete Personen Organisationen in ihrem Sinn beeinflussen und formen könnten. Interessanterweise wird damit durchaus ein für klassische Führungstheorien und -konzepte charakteristisches Führungsverständnis bemüht, das sich durch den starken Fokus auf das Verhalten und die Eigenschaften der vorgesetzten Personen auszeichnet bzw. die Einschätzung, dass diese über hohe Einflussmöglichkeiten verfügen. Dies bildet doch einen starken Kontrast zu der Selbstorganisationskonzepten inhärenten Tendenz der Dezentralisierung von

Führung bzw. zur Abkehr von personalisierten Führungskonzepten zugunsten eines Verständnisses von Führung als positionsunabhängige, im Kollektiv ausgeführte Praxis, die nicht vertikal, sondern horizontal als wechselseitiger Einflussprozess auf Team- oder Gruppenebene realisiert wird.

4 Zusammenfassende Diskussion und Konsequenzen für die Praxis

Strukturell ist das mittlere Linienmanagement im selbstorganisierten Kontext zwischen selbstorganisierter Teamebene und gesamtorganisationaler Hierarchie angesiedelt. Einerseits müssen Linienvorgesetzte Freiräume ermöglichen und Mitarbeiter*innen zur Übernahme dieser gewonnenen Verantwortung ermutigen. Andererseits müssen sie selbstorganisierte Kräfte bündeln und sicherstellen, dass diese auf gesamtorganisationale Ziele bzw. den Zweck des Gesamtunternehmens ausgerichtet sind. In dieser Hinsicht befindet sich das mittlere Linienmanagement an der für die Position der Sandwich-Führungskräfte spezifischen Schnittstelle der Systemlogiken von Gruppe und Organisation, deren einander nicht selten widersprechende Anforderungen als Spannungsfeld der eigenen Rollengestaltung wirksam werden (vgl. Sanz & Schinnerl, 2020). Die Gleichzeitigkeit der grundsätzlich widersprüchlichen Logiken von Selbstorganisation und Hierarchie in hybriden Organisationen macht die Position des mittleren Managements nicht weniger anspruchsvoll: Im Vorantreiben der Dezentralisierung unternehmerischer Verantwortung, behalten Hierarchieebenen deshalb ihren Sinn, weil es dabei um die Bewältigung der Paradoxie von heteronom ermöglichter Autonomie geht (vgl. Wimmer, 1996). Der zentrale Auftrag an das Linienmanagement im selbstorganisierten Umfeld – als Vorgesetzte Selbstorganisation zu ermöglichen und zu unterstützen – ist ein strukturell nicht auflösbares Paradoxon. Die dargestellten Spannungsfelder, die das Führungshandeln der Linienvorgesetzten prägen, sind als Konsequenz dieser paradoxen Ausgangssituation interpretierbar. Wie gezeigt wurde, muss das Linienmanagement durchaus ambivalente Anforderungen meistern: es muss selbstorganisierte Prozesse ermöglichen, aber auch beschränken; Macht abgeben, aber weiterhin Verantwortung tragen; eine „Kultur der Augenhöhe" fördern, aber zugleich Vorgesetzte*r bleiben. Durch die Gleichzeitigkeit einander widersprechender Organisationsformen – einerseits selbstorganisierte Formate mit möglichst hoher Autonomie und andererseits lineare, hierarchische Steuerung – gehe es letztlich um „die laufende Bewältigung dieser Widerspruchsdynamik" (Wimmer & von Ameln, 2019, S. 216).

Diese strukturellen Herausforderungen bzw. die widersprüchlichen Anforderungen und Erwartungen an die Führungskräfte bergen durchaus Zumutungen an das Linienmanagement. Die durchgeführte Studie hat auch gezeigt, dass mit Selbstorganisationskonzepten die Revitalisierung personenbezogener Führungsansätze einhergehen kann, die auf bestimmte Persönlichkeitsmerkmale als Bedingung für erfolgreiche Führung verweisen. Während Macht und Steuerung einerseits zunehmend an die Mitarbeiter*innen abgegeben wird, kommt es andererseits zu der Betonung der Bedeutung einer charismatischen, inspirierenden, motivierenden Führungspersönlichkeit, der im Hinblick auf die Förderung von Innovation, Kreativität und der Weiterentwicklung der Mitarbeiter*innen durchaus hohe Einflussmöglichkeiten zugeschrieben werden. Hier scheint es nicht nur aus organisationstheoretischer, sondern auch aus politisch motivierter Perspektive angebracht, den sicherlich auch in Zukunft intensiven Diskurs um Führung aufmerksam zu verfolgen.

Implizite Praktiken der Selbstorganisation in Non-Profit-Organisationen

Klaus Kreisel

1 Einleitung

Der vorliegende Beitrag geht der Frage nach, wie viel Selbstorganisation in Organisationen und Institutionen, die sich nicht ausdrücklich als selbstorganisiert begreifen, steckt und welche impliziten Praktiken sich dabei auch ohne Bezug auf ein konkretes Konzept der Selbstorganisation herauskristallisieren.

Anhand einer qualitativen Untersuchung in wertebasierten Einrichtungen wird gezeigt, welche Strukturen und Prozesse autonome Selbstorganisation fördern und wie durch eine „Agilisierung" vieler Bereiche einer Organisation eine autogene (eigendynamische) Veränderung passiert.

2 Methodisches Vorgehen

Im Rahmen der Analyse von Selbstorganisationsprozessen wurden Mitarbeiter*innen in verschiedenen Funktionen, jeweils Geschäftsführer*innen bzw. Regionalleiter*innen, „mittleres Management" und operative Mitarbeiter*innen, von drei wertebasierten Einrichtungen kontaktiert. Insgesamt wurden neun Personen aus drei verschiedenen Organisationen befragt. All diese Organisationen stellten den sozialen Nutzen ins Zentrum ihrer Bemühungen und können daher als wertebasierte Institutionen beschrieben werden (vgl. Boos & Mitterer, 2014). Obwohl die Wertorientierung, die Ausrichtung auf ein gemeinsames Ziel (vgl. Scheller, 2017), als ein konstitutives Merkmal „neuerer" selbstorganisierter Einrichtungen gilt, haben die untersuchten Organisationen weder explizite Konzepte der Selbstorganisation, wie etwa Holokratie (Robertson, 2016), Agilität (Kaltenecker, 2017) etc., eingeführt, noch verstehen sie sich als modellhaft selbstorganisierte Einrichtungen.

Die empirische Untersuchung verfolgte das Ziel, explizite und vor allem implizite Elemente von Selbstorganisation in wertebasierten Organisationen anhand qualitativer Interviews zu identifizieren und näher zu beschreiben. Dabei lautete die zentrale Frage: *Welche Formen der Selbstorganisation gibt es in wertebasierten Einrichtungen?*

Die untersuchten Einrichtungen unterscheiden sich hinsichtlich der Dauer des Bestehens (fünf bis achtzig Jahre), der Größe (fünf bis 150 Mitarbeiter*innen) und der Art der Tätigkeit (Beratung, Therapie und künstlerische Arbeit im psychosozialen Feld). Alle Einrichtungen sind im Non-Profit-Bereich beheimatet. Um die Vergleichbarkeit der Aussagen zu erhöhen, wurde der Fokus auf parallel laufende Prozesse und Wertorientierungen gelegt. Eine Gemeinsamkeit der drei Organisationen ergibt sich besonders dadurch, dass diese Einrichtungen das eigene Handeln institutionalisiert reflektieren und so konkretere Aussagen über selbstorganisierte Prozesse gemacht werden können.

Aus der Literatur wurden konstitutive Faktoren für selbstorganisatorische Prozesse herausgearbeitet, die als Grundlage der Entwicklung eines Interviewleitfadens für teilstrukturierte Interviews dienten. Dazu zählen z. B. die Möglichkeit zur Weiterentwicklung der eigenen Rolle, die Kommunikation auf Augenhöhe aller Organisationsmitglieder, der offene Umgang mit Information und Konflikten, die Orientierung an einem übergeordneten Sinn bzw. Zweck (vgl. Laloux, 2015). Inhaltlich orientierte sich der Leitfaden an Aspekten der Selbstorganisation, die sich beabsichtigt oder unbeabsichtigt in verschiedenen Organisationsdimensionen zeigen. Der Fokus lag dabei auf der Struktur und den Prozessen der Organisation.

Um das Datenmaterial thematisch zu ordnen, wurden wichtige Textpassagen kodiert. Diese farblich gekennzeichneten Passagen wurden dann mit Paraphrasen versehen, und für jedes Interview wurde eine Kurzzusammenfassung erstellt. Auf dieser Grundlage wurden thematische Schwerpunkte herausgearbeitet.

3 Exemplarische Ergebnisse

In der Literatur wird zwischen autonomer und autogener Selbstorganisation unterschieden (vgl. Moser, 2017). Von autonomer Selbstorganisation spricht man, wenn im Konzept der Organisation festgelegt ist, dass Mitarbeiter*innen über wichtige Belange der Arbeit autonom entscheiden können: „Sie kontrollieren ihre Leistung selbst, ändern in Eigenregie ihre Strategie, wenn dies zur Lösung von Problemen erforderlich ist" (Wageman, 1999, S. 45).

Autogene Selbstorganisation hingegen meint, die in jeder Organisation unvermeidlich von selbst und sich heraus stattfindende Entwicklung einer Organisation durch Wechselwirkungen, quasi von „unsichtbarer Hand" (vgl. Exner, Exner & Hochreiter, 2009, S. 24), die sich in komplexen sozialen Systemen notwendigerweise ergeben und für diese konstituierend sind. Ein Beispiel dafür sind etwa informell entstehende Abstimmungsprozesse. Insofern ist jede selbst noch so reglementierte Organisation autogen selbstorganisiert.

Im Folgenden werden markante Aspekte autonomer Selbstorganisation in drei wertebasierten Einrichtungen dargestellt (Abschnitte 3.1, 3.2 und 3.3). In einem zweiten Schritt wird ein Beispiel autogener Selbstorganisation beschrieben (Abschnitt 3.4).

3.1 „Verantwortung dorthin, wo die Arbeit passiert"

Ein wesentliches Element autonomer Organisation zeigt sich in der operativen Tätigkeit der Mitarbeiter*innen. In den untersuchten Einrichtungen wird die persönliche Autonomie bewusst gefördert, um einerseits die Qualität der Arbeit und andererseits eine schnelle Reaktion auf geänderte Umweltbedingungen sicherzustellen. Denn, *„wenn man nicht dort, wo die Arbeit passiert, eigentlich hinhört, wie Arbeit passiert und wo man Verbesserungspotenziale wahrnehmen würde, dann hat man die langen Nachbesserungsstrecken"* (Interview 7, Zeile 96). Daher wird von einem Geschäftsführer postuliert: *„Verantwortung dorthin, wo Arbeit passiert, ganz egal, wie."* (Interview 7, Zeile 97).

Es sind vor allem die Tätigkeit selbst, die Bedingungen der Arbeit und die Rollen, die die Mitglieder der untersuchten Organisationen autonom gestalten können.

3.2 Teams sind der Dreh- und Angelpunkt

Die einzelnen Mitglieder stellen das Sensorium der Organisation dar. Sie nehmen Inputs des Umfeldes – z. B. der Kund*innen und Klient*innen – auf und bringen diese Anforderungen in die Teams ein. Die einzelnen Teams bilden den Ort der thematischen und persönlichen Auseinandersetzung. Sie sind der Dreh- und Angelpunkt der Organisation, an dem das Produkt und die Qualität der Arbeit weiterentwickelt werden.

Alle drei Einrichtungen verfügen über besondere Kommunikationsformate, die die Reflexion der eigenen Arbeit auf inhaltlicher und beziehungsdynamischer Ebene zum Gegenstand haben. Besonders hervorzuheben sind sogenannte Ateliers im künstlerischen Bereich und Intervisionen im beraterisch-therapeutischen Kontext. Die sich dabei ergebenden Aushandlungsprozesse in den Teams sorgen für Klarheit, geregelte Abläufe und Qualität. Die Intervision z. B. wird als eine *„Muss-Vorgabe"* (vgl. Interview 7, Zeile 869) gesehen. Sie *„ist so wie Zähneputzen, da muss jeder betreuende Mitarbeiter auch teilnehmen."* (Interview 7, Zeile 873).

Aus der Perspektive des Managements dient die Intervision als Kontaktinstrument (vgl. Interview 2, Zeile 85; Interview 4, Zeile 197), als Reflexionsmöglichkeit und effektives Lernfeld, aber auch als Mittel der kollektivierten Qualitätssicherung, *„denn am meisten lernt man in der eigenen Gruppe."* (Interview 7, Zeile 831).

Durch die kritische Auseinandersetzung im Team als integrierendes Kernelement entwickelt sich die ganze Organisation weiter. Damit dieser Prozess aber konstruktiv verläuft, braucht es, *„wenn es dann ums Eingemachte geht, sehr viel Teamkultur, damit man mehrere und auch konträre Positionen wirklich wertschätzend einfließen lassen kann"* (Interview 8, Zeile 135). So wird ein offenes Gesprächsklima hergestellt, das es allen Teammitgliedern ermöglicht, sich gleichberechtigt einzubringen.

Inputs des Systemumfeldes werden aufgenommen und ins Team gebracht. Über den laufenden Austauschprozess im Team, aber auch zwischen den Hierarchiestufen wird der Sinn für den Zweck der Organisation geschärft. Und zwar in der Art, dass die eigene Organisation einen Blick dafür entwickelt, wie und welche Anforderungen der Umwelt (z. B. der Klient*innen) bearbeitet werden sollen (vgl. Schreyögg, 2016). Die komplexe Vielfalt der Umwelt wird über diesen Prozess auf ein der jeweiligen Organisation eigenes, handhabbares Maß reduziert. Es entsteht ein spezifisches Set an Kriterien zur Beurteilung komplexer Zusammenhänge. Ein wesentliches Element zur Reduktion der so entstehenden Komplexität ist eine organisationsspezifische Sprache. *„Das hat dann auch schon was mit der gemeinsamen Sprache zu tun, die wir halt sprechen."* (Interview 6, Zeile 258).

3.3 Neues Leadership und Äquivalenz

Die drei untersuchten Einrichtungen verzichten nicht auf eine hierarchische Gliederung der Organisation, allerdings schaffen sie Orte der Äquivalenz, an denen sich jede*r gleichberechtigt einbringen kann. Das erfordert ein besonderes Führungsverständnis.

Es ergibt sich die Notwendigkeit, Unterschiedlichkeit zuzulassen bzw. diese zu balancieren (vgl. von Schlippe & Schweitzer, 1996): *„Also, wenn ich sagen würde, ihr könnt ruhig über alles reden, aber man erlebt mich dann dreimal, wenn ich sage: ‚Wie kannst denn du nur', dann wäre das keine glaubwürdige Offenheit. Sondern einfach mit der Erfahrung, dass es unterschiedliche Standpunkte geben muss, dass es sogar ein Fehler wäre, wenn es keine gäbe. Und dass man auch aushält, dass es Unterschiede gibt."* (Interview 8, Zeile 658).

Die enge Verknüpfung eines Unterschiedlichkeit zulassenden und diese sogar fördernden Führungsverhaltens auf der einen Seite und innovativer, kreativer Arbeit auf der anderen Seite wird als zentrales Moment integraler evolutionärer Organisationen gesehen (vgl. Laloux, 2015): *„Und man kann natürlich jetzt nicht hergehen und sagen: ‚Als Profi bei der Zielgruppe, mach und sei super!', und als Person würde ich dich jetzt einschneiden und sagen: ‚Du darfst gar nicht!'"* (Interview 1, Zeile 273) Das erfordert ein neues Herangehen an die Führungsaufgabe, bei der auf direkte Vorgaben verzichtet wird und werden muss. Anstelle der Anweisung tritt das Ringen um ein intrinsisch motiviertes Commitment: *„Ich kann eigentlich in Wahrheit nur Vorschläge machen. Also das ist ja die Krux bei der Sache, ich soll was durchsetzen, aber ich kann eigentlich nur Vorschläge machen. Weil sie müssen es nicht annehmen. Die sind ja nicht gebunden. Also es ist ein ..., eigentlich ein Goodwill."* (Interview 6, Zeile 199).

Daher besteht das Anliegen, die Kolleg*innen in den Entscheidungsprozess miteinzubeziehen, denn vielfach geht es darum, *„die Waage zu halten zwischen sagen ‚So machen wir es jetzt' und Meinungen einholen und einfließen lassen, das ist eine ganz schöne Herausforderung."* (Interview 6, Zeile 100).

Ein roter Faden, der sich durch die Interviews aller Einrichtungen zieht, ist der Hinweis, dass Spannungen und Konflikte mit einer wertschätzenden Grundhaltung bearbeitet werden. Probleme werden offen angesprochen: *„Deswegen sage ich, Mut zur Offenheit, aber in einem Setting, wo man es auch annehmen kann [...]. Da würde ich für alle Dienststellenleiter*innen bei uns [...] sagen, dass sie da sehr wertschätzend sind. Dass sie sagen, was sie sich denken, und damit dem anderen auch die Möglichkeit geben, seine Position darzustellen [...]."* (Interview 7, Zeile 331).

Das Ergebnis eines wertschätzenden, offenen Führungsverhaltens zeigt sich, wenn die Arbeit *„ein Selbstläufer"* ist und *„saugut funktioniert."* (Interview 6, Zeile 162).

3.4 Autogen – Organisation in Bewegung

Wenn nun ein offenes Klima herrscht, die einzelnen Mitarbeiter*innen sich mit ihren Meinungen und Lösungsvorschlägen einbringen und in den Teams eine konstruktiv-kritische Auseinandersetzung passiert, kann es geschehen, dass die ganze Einrichtung eine neue Richtung einschlägt.

Im Zuge der Immigrationsbewegungen im Sommer 2015 kommt es in Österreich zu einer Welle von spontanen Hilfsangeboten aus der Zivilgesellschaft. Zahlreiche NGOs entwickeln eigene Dienstleistungen, so auch ein paar Mitglieder einer der untersuchten Organisationen. Spontan werden Angebote für Asylsuchende entwickelt. Diese werden von der Gesamtorganisation kurzfristig abgesegnet und unterstützt. In weiterer Folge wird diese „Einzelinitiative" zu einem fixen Bestandteil der Angebotspalette dieser Einrichtung. Wie kann dieser Prozess der spontan entstandenen (autogenen) Selbstorganisation verstanden werden?

Die Systemtheorie bietet dazu einige Ansatzpunkte. Sie geht davon aus, dass Veränderung in lebenden Systemen vernetzt und an vielen Orten gleichzeitig geschieht (vgl. Exner et al., 2009). Im Fall der Adaption der

Organisation an neue gesellschaftliche Herausforderungen ist es evident, dass die Disposition für eine schnelle Reaktion auf verschiedenen Ebenen vorhanden ist: Einerseits werden auf Managementebene grundsätzliche Fragen über die Orientierung der Einrichtung gestellt. Andererseits ist es kulturell verankert, dass Mitglieder der Organisation „vieles anstarten dürfen" (Interview 1, Zeile 654). Und als dritter Faktor kann genannt werden, dass sich gesamtgesellschaftlich ein Milieu der Veränderung etabliert. Dieser „gleichzeitige, korrelative Wandel" (Maturana & Varela, 1992, S. 128) zeigt sich konkret in folgenden Entwicklungen:

Der neue Leiter sieht seine Hauptaufgabe darin, „Dinge aufzumachen, infrage zu stellen und zu diskutieren" (Interview 1, Zeile 103). Im systemtheoretischen Zusammenhang bedeutet das, die Systemvarietät, d. h. die Komplexität im System, zu erhöhen, um die Anschlussfähigkeit an andere Systeme und die Dynamik im und zwischen den Systemen zu fördern (vgl. Kasper, 2004). In erhöhtem Maße werden Unterscheidungen getroffen, was zum System gehört und was nicht: „Also, es gibt eine unglaubliche Dynamik. In der Organisation zeigt sich das aber auch so, dass wir jetzt wissen, da sind so viele Baustellen aufgemacht, dass wir sehr gut schauen müssen, welche Projekte wir jetzt wirklich umsetzen, welche wir liegen lassen, dass wir uns nicht kollektiv überfordern." (Interview 1, Zeile 447).

Entsprechend dieser Dynamik werden die Grenzen der Organisation neu definiert und damit auch bestimmt, welche Abläufe und Strukturen dafür notwendig sind. In der Organisation führt das zu einem Transformationsprozess, bei dem sich z. B. die Verwaltung umorganisiert: „Die Flüchtlingsgeschichte war halt für uns selbst überraschend, weil wir doch relativ viele Businessleute gehabt haben im Büro [...]. Es gab ein puur parallele Gespräche und Telefonate und ganz klar war die Aussage: ‚Fangt sofort an, und das Organisatorische und das Controlling und die anderen Sachen ziehen wir nachher auf. Tut es gleich einmal!' Das hat so eine Kraft gehabt. Das hat bei den Leuten im Office und bei uns selbst auch nochmal unglaublich Energien freigesetzt. [...] Da sagt die Organisation: ‚Volles Go! Wir kriegen das hin, macht das. Schaut, was ihr braucht, und wir werden uns dann sukzessive organisieren'." (Interview 1, Zeile 850).

Die große Anzahl von Asylsuchenden wird zur „relevanten Umwelt", weil Mitglieder der Organisation sich im Wissen, dass *„alles, was die Qualität der Arbeit verbessert, […] nach Möglichkeit unterstützt wird"* (Interview 1, Zeile 654), „autonom" auf den Weg machen.

Indem neue Angebote und administrative Abläufe entwickelt werden, findet in der Organisation Innovation statt; „spontane Ordnung" (von Foerster & Pörksen, 2004, S. 91) entsteht, weil Komplexität auf den verschiedenen Ebenen der Organisation zugelassen wird. Diese Dynamik entspricht der Definition von Selbstorganisation als „Fähigkeit eines Systems bei Änderung der Umweltparameter Übergänge zwischen verschiedenen Strukturen vollziehen zu können, wobei für die Struktur(neu)bildung keine äußere Instanz bemüht werden muss" (Beisel, 1996, zitiert nach Moser, 2017, S. 60).

Das System schafft dabei autogene Regeln, Strukturen und Prozesse, die das Verhalten der Systemmitglieder zukünftig bestimmen. Das lässt sich etwa daran ablesen, dass die Grenzen der unterschiedlichen Teams durchlässiger werden und ein intensiverer Austausch passiert, wenn Kolleg*innen sagen: *„Ich bin da zwar der Schreibtischhengst und kontrolliere eure Monatsabrechnungen und ich möchte euch am Jahresende sagen, es ist fantastisch, mit euch zusammenzuarbeiten und da eingebunden zu sein. Das ist der Spirit, der irrsinnig groß und irrsinnig stark ist."* (Interview 1, Zeile 875).

4 Zusammenfassende Diskussion und Konsequenzen für die Praxis

Selbstorganisation bezeichnet ein Geschehen, bei dem Teams „die Ausrichtung bestimmen und Prioritäten setzen, Probleme analysieren und Entscheidungen treffen, statt diese an Vorgesetzte zu delegieren" (Laloux, 2015, S. 65). Diese Selbstorganisationsprozesse werden aber oftmals implizit und ohne direkten Bezug zu Konzepten entwickelt und erfolgreich umgesetzt.

Gelebte selbstorganisierte Praxis jenseits von Konzepten zeigt sich in den untersuchten wertebasierten Organisationen folgendermaßen:

Auf individueller wie auch auf Teamebene können Menschen selbstverantwortlich über ihre operative Tätigkeit entscheiden. Sie gestalten dabei die

Methodik, den Zeitpunkt, das zeitliche Ausmaß und andere Rahmenbedingungen der Arbeit selbst.

Durch die Reflexion im Team, vor allem über Intervisionen oder ähnliche Formate, werden Erfahrungen geteilt und bessere Lösungen gesucht. Ein lebhafter Austausch entsteht, der dabei hilft, die Qualität der Arbeit zu verbessern und die Organisation weiterzuentwickeln.

Dieser Prozess ist durch eine offene Diskussion im Team und insbesondere auch mit den Vorgesetzten gekennzeichnet. Dabei werden individuelle Initiativen ernstgenommen und die Ideen Einzelner nach Möglichkeit rasch umgesetzt.

Wesentlich in wertebasierten Organisationen ist, dass nicht nur die operative Arbeit, sondern auch die Beziehungs- und Organisationsdynamik mittels Intervisionen und anderer Formate reflektiert wird. Die starre Hierarchie wird durch diese Reflexionsschleifen aufgebrochen, da wesentliche Themen ins Team eingebracht werden, anstatt Entscheidungen an die Vorgesetzten zu delegieren.

Das Gelingen von Organisation hängt neben dem Vorhandensein definierter Strukturen und Prozesse wesentlich von einer offenen, proaktiven Grundhaltung in der Kommunikation ab. Dabei sticht besonders die Thematisierung von wahrgenommener Spannung im System sowie zwischen System und Umwelt hervor. Wird den Wahrnehmungen der Mitglieder einer Organisation Relevanz zugeschrieben und werden diese über Feedbackschleifen anderen zugänglich gemacht, bildet das die Grundlage für eine passende „koevolutionäre" Entwicklung des Systems (Boos & Mitterer, 2014). Im besten Fall verknüpft sich dabei der „Flow" autogener Veränderung mit einer bewusst gewollten und klar kommunizierten Erhöhung der Autonomie für die Beteiligten in der gesamten Organisation.

5 Ausblick

Zusammenfassende Diskussion und weiterführende Perspektiven

Thomas Schweinschwaller und Georg Zepke

Die im vorliegenden Band dargestellten Beiträge haben höchst unterschiedliche Akzentsetzungen. Sie beschreiben verschiedene Organisationstypen und diskutieren Erfahrungen aus sehr unterschiedlichen Perspektiven. Nichtsdestotrotz kristallisieren sich als gleichsam „rote Fäden" immer wieder zentrale Erfolgsfaktoren für einen Einsatz von Selbstorganisationskonzepten in Unternehmen heraus. Im Folgenden sollen einige Anregungen als Quintessenz für Praktiker*innen in Organisationen dargestellt werden:

Beachten Sie die bereits vorhandene Selbstorganisation vor Ort

Selbstorganisation ist ein wesentliches Prinzip in allen Organisationen und ermöglicht die Stabilisierung von Systemen. Sie findet tagtäglich in Organisationen ohnedies bereits statt und sorgt dafür, dass diese flexibel sein können – d. h. es gibt schon Expertise und Wissen von Mitarbeiter*innen und Führungskräften in Bezug auf Selbststeuerung und -verantwortung. Aus dieser Praxis lassen sich viele Anregungen und Handlungsfelder ableiten, welche Form von bzw. welches Ausmaß an implizierter Selbstorganisation sinnstiftend wirken kann. Vielleicht ist diese gelebte Form der Selbstorganisation nicht ein Problem oder eine Abweichung von der vorgegebenen Hierarchie, sondern ein Ausdruck der Selbstwirksamkeit der Beteiligten?

Prüfen Sie aber auch die Voraussetzungen Ihrer Organisation: Welche Vorerfahrungen gibt es bisher in Ihrer Organisation mit Partizipation, Selbststeuerung und selbstgestalteten Arbeitsformen? Wie gut passt ein neues Vorgehen zu der bisher gelebten Organisationskultur? Welche Methoden und Ansätze könnten sich für Ihre Organisation eignen, welche würden dagegen zu sehr irritieren oder auch umgekehrt zu wenig Energie mobilisieren?

Bevor Sie in Ihrem eigenen Schaffensbereich überlegen, verstärkt Verantwortung zu delegieren, selbstgesteuerte Teams zu etablieren, agilere Praktiken anzuwenden oder die eigene Organisation in ein gänzlich neues Organisationsmodell überzuführen, klären Sie vorab gründlich und selbstkritisch die Ausgangslage. Klären Sie zum einen Ihre eigene Motivation: Welche Intention verbinden Sie mit dem Vorhaben? Welche Hoffnungen und Erwartungen sind damit verknüpft? Welche Befürchtungen haben Sie? Wie fühlt es sich tatsächlich an, als Führungskraft Entscheidungspouvoir konsequent abzugeben und welche Vorbehalte entstehen hier auch bei Ihnen? Wenn Sie selbst nicht in einer zentralen Entscheider*innenrolle sind, prüfen Sie, was in Ihrem Handlungsbereich überhaupt realistischerweise möglich ist. Was können Sie aus Ihrer Position heraus initiieren und welche Motivation für die Gesamtorganisation treibt Sie dabei an?

Lassen Sie sich von Konzepten und Erfahrungen anderer inspirieren, halten Sie sich aber auch nicht zu eng daran

Mittlerweile gibt es umfangreiche Fachliteratur, Kongresse und Konzepte rund um Themen der Selbstorganisation. Diese bilden einerseits einen wichtigen Erfahrungsschatz, der Ihnen dabei helfen kann, ein für Sie passendes Vorgehen zu entwickeln. Gleichzeitig besteht aber auch die Gefahr des „Trendhoppings" oder der Überforderung durch überhöhte Ansprüche. Achten Sie darauf, einen für Sie und Ihre Organisation passenden Weg zu finden. Seien Sie selbstbewusst genug, um Konzepte, Anregungen etc. weiterzuentwickeln, und nutzen Sie Pionierorganisationen als Inspirationsquelle – nicht mehr und nicht weniger.

Gestalten Sie Lernwege anstelle von Masterplänen

Im Zentrum der Selbstorganisation steht kontinuierliches Lernen. Die Einführung von Selbstorganisation bedeutet zum einen, Zeit und Ressourcen für das Verlernen von bisherigen Gewohnheiten zur Verfügung zu stellen, zum anderen, Experimente anzuregen. Dafür sind Projekte, Prototypen und auch Trainings eine hilfreiche Unterstützung beim Aneignen neuer Organisationsparadigmen und beim Übernehmen von mehr Verantwortung. Wichtig ist es aber auch, diese mit dem konkreten Arbeitsalltag zu verbinden. Selbstorganisation ernst genommen heißt, sich überraschen zu lassen und Unverfügbarkeit anzuerkennen. Wer Selbstorganisation in fixfertigen Masterplänen verordnet, darf sich nicht wundern, wenn Selbstorganisation nicht mehr als ein Label auf der Schauseite der Organisation ist.

Bleiben Sie in einer Suchbewegung und experimentieren Sie

Auch wenn zuweilen manche Konzepte ein sehr klares und eindeutiges Vorgehen proklamieren, behalten Sie sich dennoch eine neugierig experimentierende und suchende Haltung bei der Umsetzung bei. Eine konzeptkritische Haltung, in der als selbstverständlich erachtete Grundannahmen – nicht nur der traditionellen Vorstellung von Organisation, sondern auch der aktuellen „neuen" Organisationskonzepte – hinterfragt werden, ist hier hilfreich. Es geht nicht darum, den „one best way" zu finden, sondern über eine gemeinsame experimentierende Suchbewegung leicht nachjustierbare Vorgehensweisen iterativ zu entwickeln – „step by step" oder, wie auch gesagt werden kann, agil. Nicht umsonst sind viele erfolgreiche Innovationen oft Überraschungen und Ergebnisse von Experimenten!

Sorgen Sie für ausreichend Zeit für Reflexion

Bei den Anforderungen nach immer größerer Geschwindigkeit und höherer Flexibilität ist es besonders bedeutsam, sich ausreichend Zeit für die laufende Reflexion zu nehmen. Reflexion darüber, was sich gut bewährt hat, wo aber auch Schwierigkeiten aufgetreten sind und welche Konsequenzen sich daraus für die weitere Gestaltung der Organisation ziehen lassen. Wenngleich unter dem wachsenden Druck des operativen Tagesgeschäfts Reflexion als verlangsamender „Zeiträuber" gesehen wird. Gerade unter zunehmender Beschleunigung ist es besonders wichtig, innezuhalten und das Vorgehen regelmäßig zu überprüfen. Dabei geht es nicht allein um eine Reflexion der Zielerreichung und der betrieblichen Prozesse, sondern auch um die Reflexion der entstanden sozialen Dynamiken, Interaktionen und möglicherweise aufgetretenen Konflikte. Dafür benötigt es ein Setting, einen sozialen Ort im Unternehmen, um diese zu bearbeiten.

Schärfen Sie Ihren Blick für soziale Prozesse und üben Sie laufend, Feedback zu geben und einander wertzuschätzen

Was tun, wenn die Räume zur Reflexion zwar zur Verfügung stehen, aber nicht betreten werden? Ein Sprichwort sagt: „Wer Fragen stellt, bekommt Antworten!" Gerade das passende Ansprechen von Kritik, aber auch der Ausdruck von Anerkennung und der Umgang mit den eigenen Emotionen stellen für viele Mitglieder in Organisationen eine Hürde dar und führen zu Kommunikationsblockaden, Lagerbildungen und Animositäten im Alltag, die Energie binden –

gerade am Anfang. Der Umgang mit Rückmeldungen ist ebenso ein persönlicher Lernprozess, der Zeit und Reflexionsorte braucht.

Beginnen Sie die Veränderung zuerst bei sich selbst – und dann bei den anderen

Selbstorganisation und Agilität sind nicht nur Methoden und Trends, sondern sie fordern und fördern gleichsam persönliches Engagement und die Bereitschaft, sich und bisherige Selbstverständlichkeiten infrage zu stellen. Selbstorganisation und Agilität fördern Dilemmata und Spannungen in Organisationen – z. B. im Umgang mit Ressourcen bzw. Entscheidungen – für alle Beteiligten – und nicht nur für Führungskräfte – zutage und stellen die handelnden Personen vor die Herausforderung, einen konstruktiven Umgang damit zu finden. Viele Mitarbeiter*innen und Führungskräfte berichten von den Herausforderungen in Bezug auf Selbstmanagement, Verantwortungsübernahme bzw. -delegation sowie von Widersprüchlichkeiten in Bezug auf die Vorgaben durch die Organisation und dem eigenen Handlungsrahmen. Häufig wird von persönlicher Reife und Reifung bzw. auch vom bestimmten „Mindset" gesprochen, um in der agilen Welt zu bestehen. Die Anforderungen der Praxis von Selbstorganisation und Agilität haben Auswirkungen auf die handelnden Personen. Während sich ein Teil der Mitarbeiter*innen und Führungskräfte durch Selbstorganisation entfalten kann, kämpfen andere mit der Sorge, etwas falsch zu machen oder nicht flexibel genug zu sein.

Alle Beteiligten werden in dem organisationalen Veränderungsprozess mit der Ambivalenz, die mehr Freiheit und Verantwortung auch auslöst, konfrontiert sein. Dieser Lernprozess gehört geführt, von den Initiator*innen – die sich diesen persönlichen Herausforderungen ebenso stellen müssen – sowie den Change-Manager*innen in Organisationen und auch den Mitarbeiter*innen selbst! Dafür braucht es „haltende" Umgebungen in Organisationen. Das sind Orte eines angstfreien Miteinanders, in denen die Lernenden Halt, Unterstützung und Ermutigung finden können.

Würdigen Sie Bestehendes

Genaue Dokumentationen, detaillierte Abläufe, strenge Führungsvorgaben etc. sind Elemente eines traditionellen Organisationsverständnisses, die häufig zu Recht für Kritik sorgen. Schütten Sie das Kind aber nicht mit dem Bade aus! Auch bisherige traditionelle Vorgehensweisen haben und hatten ihre

Funktionalität und haben einen wichtigen Beitrag zum bisherigen Erfolg geleistet, auch wenn sie für Ihre Organisation möglicherweise nicht mehr passend sind. Geben Sie diese gut etablierten Praktiken nicht leichtfertig auf, und wenn Sie es tun, würdigen Sie auch das, was diese bisher in Ihrer Organisation geleistet haben.

Unterschätzen Sie nicht die Vorteile von klassischer Führung

Gerade im Selbstorganisationskontext und in neuen Organisationen besteht zuweilen ein ambivalentes Verhältnis zu Führung. Zum einen werden zu Recht die Nachteile eines traditionellen – auf einzelne Personen reduzierendes und die Selbststeuerungspotenziale von Mitarbeiter*innen wenig nutzendes – Führungsverständnis kritisiert, gleichzeitig bietet traditionelle hierarchische Führung auch eine wichtige Entlastungsfunktion für Organisationen. Des Weiteren gilt es zu bedenken, dass in selbstgesteuerten, hierarchieärmeren Organisationmodellen Führung nicht an Bedeutung verliert, sondern im Gegenteil alle Mitarbeiter*innen verstärkt Führungsverantwortung übernehmen, und dass dafür etwa unternehmerisches Denken, das Einnehmen der Perspektive des Gesamtunternehmens sowie die Bereitschaft, auch unpopuläre und schwierige Entscheidungen umzusetzen, notwendig sind: Anstelle dass Macht zentriert wird, leben Konzepte der Selbstorganisation und Agilität vor, wie Macht verteilt werden kann – mit allen positiven und negativen Wirkungen!

Achten Sie auf die Nebenwirkungen

Häufig werden Veränderungen in Organisationen angestoßen und mit großem Enthusiasmus begonnen, weil sich die Initiator*innen viel davon versprechen und denken, die passende Form der Umsetzung gefunden zu haben. Aber wo Licht ist, ist auch Schatten! Veränderungen fördern häufig auch Verdecktes oder Verschwiegenes in Organisationen zutage. Viele Selbstorganisationsprojekte greifen in die bereits bestehenden Praktiken der Selbstorganisation im Unternehmen ein und führen zu einer Paradoxie: Je mehr Selbstorganisation explizit verordnet wird, umso mehr höhlt sie die implizite und häufig funktionale Selbstorganisation aus. Eine mögliche Nebenwirkung davon kann sein, dass Entscheidungen, die vor einem Veränderungsprozess von Mitarbeiter*innen durchaus selbstorganisiert entschieden wurden, nach einem Transformationsprozess von denselben Mitarbeiter*innen nicht mehr entschieden werden, weil die verordnete Selbstorganisation auf deren Eigeninitiative lähmend wirkt! Zudem kann Selbstorganisation und Agilität in Unternehmen zu nicht erwünschten Nebenwirkungen führen, wie Überforderung und Unsicherheit, weil nicht alle Mitarbeiter*innen auf die neuen Möglichkeiten angstfrei reagieren können.

Sorgen Sie für ein gemeinsam getragenes Selbstverständnis und Regelwerk

Eine der zentralen Erfahrungen der neuen Organisationmodelle ist, dass Selbstorganisation nicht einfach subversiv-chaotisch oder anarchisch-„bottom-up" etabliert werden kann, sondern nur eine Chance auf Realisierbarkeit hat, wenn sie auf einem gemeinsam getragenen Regelwerk basiert. Dabei gilt es einerseits, Grundprinzipien zu definieren, und andererseits, vorab zentrale Entscheidungen zu treffen und Regelungen festzulegen. Besonders wesentlich ist dabei, dass dieses grundlegende Regelwerk ebenfalls breit partizipativ entsteht und darüber abgestimmt wird. Eine Herausforderung besteht darin, dass die Regelungen konkret genug sind, um tatsächlich Orientierung zu bieten, sie gleichzeitig aber nicht zu einem akribisch überreglementierten, detaillierten Organisationshandbuch ausarten.

Widmen Sie sich der Rollengestaltung

Wenn hierarchische Steuerung in Organisationen hinterfragt wird und neue Praktiken eingeführt werden, werden nicht nur Methoden und Abläufe neu gestaltet, sondern es ändern sich auch die Anforderungen an die Rollengestaltung von Gründer*innen, Geschäftsführer*innen, Führungskräften und Mitarbeiter*innen. Erwartungsmanagement – d. h. die Aushandlung und Klärung von gegenseitigen Erwartungen – schützt vor zu hohen Ansprüchen und bildet die Basis für ein kundiges Bewegen in der agilen Welt. Viele Rollen sind zwar beschrieben, und dennoch ist die Aneignung von neuen Rollen und Rollenkompetenz ein persönlicher Lernprozess, der sich aus Versuch und Irrtum, Feedback und Reflexion im Lauf der Zeit entwickelt. Rollen können nicht durch eine formalisierte Beschreibung allein eingeführt werden. Die Ausgestaltung der Rolle und die Entwicklung eines Rollenrepertoires sind ein experimenteller Akt. Dieser Prozess erfordert Achtsamkeit, Zeit und Zuversicht.

Achten Sie auf Ihre Grenzen und die Grenzen Ihrer Mitarbeiter*innen und Kolleg*innen

Organisationen, die Identifikation bieten, in denen ein kooperatives Miteinander gelebt wird und in denen Entfaltungsmöglichkeiten bei der eigenen Arbeit geboten werden, sind durchaus wünschenswert; aber sie bergen auch ein oft unterschätztes Risiko. Solche Organisationen neigen leicht dazu, „gierig" zu werden: eigene Belastungsgrenzen, Bedürfnisse nach einer klaren Abgrenzung zwischen Arbeit und Privatleben etc. laufen Gefahr, übergangen zu werden. Achten Sie gerade bei gelingender Organisation und hoher Identifikation mit Organisationsmodellen und dem Unternehmen auch auf ausreichend Rollendistanz.

Respektieren Sie die Grenzen des Möglichen

Zweifellos gibt es noch viele Möglichkeiten und nicht ausgereiztes Potenzial für eine bessere und vitalere Gestaltung von Organisationen, dennoch sollen keine überzogenen Hoffnungen damit verknüpft werden. Organisationswidersprüche, strukturelle Spannungen, Herausforderungen in der Marktdynamik, zwischenmenschliche Animositäten – das alles bleibt auch in „neuen" Organisationsmodellen bestehen und radikalisiert sich zum Teil auch. Insofern ist es wichtig, sich darauf einzustellen, dass neue Organisationen zwar manche Nachteile von traditionellen Organisationen verflüssigen können, manche Spannungsfelder – wie z. B. Machtspiele und Silodenken – aber weiter bestehen bleiben.

Denken Sie über die Organisationsgrenzen hinaus und berücksichtigen Sie gesellschaftliche Herausforderungen und Nachhaltigkeit

Die wichtigsten Themen für eine lebenswerte gemeinsame Zukunft betreffen globale und politische Fragen. Wesentliche Punkte wie der Klimaschutz, der Umgang mit demografischen Entwicklungen, die wachsende Mobilität, die Schattenseiten einer immer intensiveren Digitalisierung etc. benötigen auch politische Handlungen und Entscheidungen. Selbstorganisation, die sich ausschließlich als effizientere und flexiblere Organisationsform versteht, um dennoch unverändert ein in vielerlei Hinsicht zu hinterfragendes Wirtschaftssystem voranzutreiben – nur eben agiler, schneller und flexibler – wird nicht zur Lösung der dringlichsten globalen Probleme beitragen können.

Literatur

Aichholzer, J., Friesl, C., Hajdinjak, S. & Kritzinger, S. (Hrsg.) (2018). *Quo vadis, Österreich? Wertewandel zwischen 1990 und 2018.* Wien: Cernin.

Altrichter, H. & Maag Merki, K. (2016). Steuerung der Entwicklung des Schulwesens. In H. Altrichter & K. Maag Merki (Hrsg.), *Handbuch Neue Steuerung im Schulsystem* (Educational Governance, Bd. 7, S. 1–27). Wiesbaden: Springer VS. DOI: 10.1007/978-3-531-18942-0_1

Andresen, J. (2017). *Retrospektiven in agilen Projekten: Ablauf, Regeln und Methodenbausteine.* München: Carl Hanser.

Andriyani, Y., Hoda, R. & Amor, R. (2017). Reflection in Agile Retrospectives. In H. Baumeister, H. Lichter & M. Riebisch (Hrsg.), *Agile Process in Software Engineering and Extreme Programming: 18th International Conference* (S. 3–19). Cham: Springer Open. DOI: 10.1007/978-3-030-19034-7

Appen, K. von (2019). *New Work unplugged. Die Arbeitswelt von morgen heute gestalten.* München: Vahlen.

Arnold, H. (2016). *Wir sind Chef. Wie eine unsichtbare Revolution Unternehmen verändert.* Freiburg: Haufe.

Au, C. (2016). Paradigmenwechsel in der Führung: Traditionelle Führungsansätze, Wandel und Leadership heute. In C. Au (Hrsg.), *Wirksame und nachhaltige Führungsansätze* (S. 1–42). Wiesbaden: Springer. DOI: 10.1007/978-3-658-11956-0

Badura, B. (2017). Sozialkapital und Gesundheit. In B. Badura (Hrsg.), *Arbeit und Gesundheit im 21. Jahrhundert. Mitarbeiterbindung durch Kulturentwicklung* (S. 38–67). Wiesbaden: Springer Gabler. DOI: 10.1007/978-3-662-53200-3

Baecker, D. (2005). *Schlüsselwerke der Systemtheorie.* Wiesbaden: Springer VS. DOI: 10.1007/978-3-322-80488-4

Baecker, D. (2015). *Postheroische Führung. Vom Rechnen mit Komplexität.* Wiesbaden: Springer Gabler. DOI: 10.1007/978-3-658-08431-8

Bass, B. M. & Bass, R. (2008). *The Bass Handbook of Leadership: Theory, Research, and Managerial Applications* (4. Aufl.). New York, NY: Free Press.

Bauer, C., Hohl, E. & Zirkler, M. (2019). Der lange Weg zur Holakratie. Vom Betriebssystem zum Unternehmensalltag: Der Einstieg in eine Holacracy-Transformation aus der Perspektive der begleitenden Forschung. *OrganisationsEntwicklung. Zeitschrift für Unternehmensentwicklung und Change Management, 2* [Ohne Oben. Die Kunst der Selbstorganisation], 37–44.

Beck, D. E. & Cowan, C. (2007). *Spiral Dynamics – Leadership, Werte und Wandel: Eine Landkarte für Business und Gesellschaft im 21. Jahrhundert.* Bielefeld: Kamphausen.

Beck, K. (2000). *Extreme Programming Explained. Embrace Change.* Boston, MA: Addison-Wesley.

Beck, K., Beedle, M., Bennekum van, A., Cockburn, A., Cunningham, W., Fowler, M., . . . Thomas, D. (2001). *Manifesto for Agile Software Development.* Zugriff am 20.08.2020 unter http://agilemanifesto.org/

Beck, U. (2007). *Schöne neue Arbeitswelt.* Frankfurt: Campus.

Beedle, M., Devos, M., Sharon, Y., Schwaber, K. & Sutherland, J. (1999). SCRUM: An extension pattern language for hyperproductive software development. *Pattern Languages of Program Design , 4*(1), 637–651.

Bergmann, F. (2004). *Neue Arbeit. Neue Kultur.* Freiburg: Arbor.

Bildungsministerium für Bildung, Wissenschaft und Forschung (2020). *Der Forschungsatlas. Zukunftstechnologien.* Zugriff am 20.08.2020 unter http://www.forschungsatlas.at/zukunftstechnologien/

Bockelbrink, B., Priest, J. & David, L. (2019). *Soziokratie 3.0 – Ein Praxisleitfaden.* Verfügbar unter https://sociocracy30.org/_res/practical-guide/S3-Praxisleitfaden.pdf

Boos, F. & Mitterer, G. (2014). *Einführung in das systemische Management.* Heidelberg: Carl-Auer.

Bortz, J. & Döring, N. (2006). *Forschungsmethoden und Evaluation für Human- und Sozialwissenschaftler* (4. Aufl.). Heidelberg: Springer. DOI: 10.1007/978-3-540-33306-7

Bottani, E. (2010). Profile and Enablers of Agile Companies. *International Journal of Production Economics, 125,* 251–261. DOI: 10.1016/j.ijpe.2010.02.016

Brafman, O. & Beckstrom, R. A. (2006). *The Starfish and the Spider. The Unstoppable Power of Leaderless Organizations.* New York, NY: Penguin.

Brown, A. M. (2017). *Emergent Strategy: Shaping Change, Changing Worlds.* Chico, CA: AK Press.

Brückner, F. & Ameln, F. von (2016). Agilität. Gruppe. Interaktion. *Organisation. Zeitschrift für Angewandte Organisationspsychologie (GIO), 47,* 383–386. DOI: 10.1007/s11612-016-0334-6

Coser, L. A. (2015). *Gierige Institutionen – Soziologische Studien über totales Engagement.* Berlin: Suhrkamp.

Creutzfeld, P. (2018). *(Selbst-)Führen in der Arbeitswelt 4.0. Coaching und Achtsamkeit als Erfolgskompetenzen im Digitalchaos.* Frankfurt am Main: Frankfurter Allgemeine Buch.

CYNEFIN (2020). *CYNEFIN.* Verfügbar unter https://cognitive-edge.com/

Czeslik, M. (2018). *Die Autonomielüge. Warum wir gerade in agilen Zeiten konsequente Führung brauchen.* Göttingen: BusinessVillage.

Deci, E. & Ryan, M. (2008). Self-Determination Theory: A Macrotheory of Human Motivation, Development, and Health. Canadian Psychology, 49(3), 182–185. DOI: 10.1037/a0012801

Denning, S., Goldstein, J. & Pacanowsky, M. (2015). *The Learning Consortium for the Creative Economy. 2015 Report.* Zugriff am 20.08.2020 unter http://www.scrumalliance.org/salc15report

Dijkstra, E. (1972). The humble programmer. *Communication of the ACM, 15*(10), 859–866. DOI: 10.1145/355604.361591

Deutsches Wörterbuch der deutschen Sprache (2020). *Agil.* Zugriff am 20.08.2020 unter https://www.dwds.de/wb/agil

Dörner, D. (1989). *Die Logik des Misslingens. Strategisches Denken in komplexen Situationen.* Reinbeck: Rowohlt.

Duden Etymologisches Wörterbuch (2020). Zugriff am 10.7.2020 unter https://www.duden.de/suchen/dudenonline

Edmondson, A. (1999). Psychological Safety and Learning Behavior in Work Teams. *In Administrative Science Quarterly, 44,* 350–383. DOI: 10.2307/2666999

Exner, A., Exner, H. & Hochreiter, G. (2009). *Selbststeuerung von Unternehmen. Ein Handbuch für Manager und Führungskräfte.* Frankfurt: Campus.

Fischer, K. (2016). Was ist Neoliberalismus? Geschichte, Grundüberzeugungen und Strategien des neoliberalen Denkkollektivs. SWS-Rundschau, 56(1), 6–26. Verfügbar unter https://nbn-resolving.org/urn:nbn:de:0160 ooar-59763-1

Foerster, H. von & Pörksen, B. (2004). *Wahrheit ist die Erfindung eines Lügners.* Heidelberg: Carl-Auer.

Follett, M. P. (1924). *Creative Experience.* New York, NY: Longmans, Green and Co. Verfügbar unter https://archive.org/details/creativeexperien00foll/page/6/mode/2up

Foucault, M. (1977). *Überwachen und Strafen. Die Geburt des Gefängnisses.* Frankfurt: Suhrkamp.

Foucault, M. (2005). *Analytik der Macht.* Frankfurt am Main: Suhrkamp.

Frey, C. B. & Osborne, M. A. (2013). *The Future of Employment: How susceptible are jobs to computerisation?* Oxford: University of Oxford. Verfügbar unter https://www.oxfordmartin.ox.ac.uk/downloads/academic/The_Future_of_Employment.pdf

Furnham, A. & Marks, J. (2013). Tolerance of Ambiguity: A Review of the Recent Literature. *Psychology, 13*(9), 717–728. DOI: 10.4236/psych.2013.49102

Füllsack, M. (2009). *Arbeit.* Facultas: Wien.

Germanis, O. & Hutmacher, S. (2020). *Der Mensch in der Selbstorganisation. Kooperationskonzepte für eine dynamische Arbeitswelt*. Wiesbaden: Springer Gabler. DOI: 10.1007/978-3-658-27048-3

Gloger, B. (2011). *Scrum. Produkte zuverlässig und schnell entwickeln*. München: Hanser.

Gloger, B. & Häusling, A. (2011). *Erfolgreich mit Scrum – Einflussfaktor Personalmanagement*. München: Hanser.

Gloger, B. & Rösner, D. (2014). *Selbstorganisation braucht Führung. Die einfachen Geheimnisse agilen Managements*. München: Hanser.

Goutrié, C. A. (2013). *Teamentwicklung und Leadership*. Unveröffentlichtes Skript für Master-Studiengang Cross Media. Hochschule Magdeburg-Stendal.

Gregs, H.-J., Lakeit, A. & Linke, B. (2018). Das Agilitäts-Stabilitäts-Paradox –Was Unternehmen von Kampfflugzeugen, James Bond und östlicher Philosophie lernen können. In O. Germanis & S. Hutmacher (Hrsg.), *Identität in der modernen Arbeitswelt* (S. 177–188). Wiesbaden: Springer Gabler. DOI: 10.1007/978-3-658-18786-6

Hackl, B., Wagner A., Attmer, L. & Baumann, D. (2017). *New Work: Auf dem Weg zur neuen Arbeitswelt Management-Impulse, Praxisbeispiele, Studien*. Wiesbaden: Springer Gabler. DOI: 10.1007/978-3-658-16266-5

Hartmann, E. (2015). Arbeitsgestaltung für Industrie 4.0: Alte Wahrheiten, neue Herausforderungen. In Botthof A. & Hartmann E. (Hrsg.), *Zukunft der Arbeit in Industrie 4.0*. Berlin: Springer Vieweg. DOI: 10.1007/978-3-662-45915-7_2

Haufe (2017). *Das Agilitätsbarometer*. Zugriff am 20.08.2020 unter https://www.haufe.de/personal/hr-management/agilitaetsbarometer-2017-agilitaet-kommt-langsam-voran_80_422664.html

Hauser, C. (2017). *Neue Organisationsformen von Arbeit mit Fokus auf hierarchiefreie und hierarchiereduzierte Unternehmen in Österreich*. Norderstedt: Books on Demand.

Heintel, P. & Krainz, E. (2000). *Projektmanagement. Eine Antwort auf die Hierarchiekrise?* (4. Aufl.). Wiesbaden: Springer Gabler. DOI: 10.1007/978-3-663-05990-5

Hines, P., Holweg, M. & Rich, N. (2004). Learning to evolve: A review of contemporary lean thinking. *International Journal of Operations & Production Management, 24*(10), 994–1011. DOI: 10.1108/01443570410558049

Höge, T. (2006). Mitarbeiterkapitalbeteiligungen. Zum Stand der Forschung zu den psychologischen Effekten. *Arbeit. Zeitschrift für Arbeitsforschung, Arbeitsgestaltung und Arbeitspolitik, 15*(4), 246–258. DOI: 10.1515/arbeit-2006-0402

Hofert, S. (2016). *Agiler führen: Einfache Maßnahmen für bessere Teamarbeit, mehr Leistung und höhere Kreativität*. Wiesbaden: Springer Gabler. DOI: 10.1007/978-3-658-12757-2

Hofert, S. (2018). *Das agile Mindset. Mitarbeiter entwickeln, Zukunft der Arbeit gestalten*. Wiesbaden: Springer Gabler. DOI: 10.1007/978-3-658-19447-5

Kaltenecker, S. (2016). *Selbstorganisierte Teams führen. Arbeitsbuch für Lean & Agile Professionals*. Heidelberg: dpunkt.

Kaltenecker, S. (2017). *Selbstorganisierte Unternehmen. Management und Coaching in der agilen Welt*. Heidelberg: dpunkt.

Kasper, H. (2004). Komplexitätsmanagement. In G. Schreyögg & A. v. Werder (Hrsg.), *Handwörterbuch Unternehmensführung und Organisation* (S. 618–628). Stuttgart: Schäffer-Poeschl.

Kaudela-Baum, S. (2019). Autonomiefördernde Führung in wissensintensiven Organisationen. In P. Kels & S. Kaudela-Baum (Hrsg.), *Experten führen. uniscope. Publikationen der SGO Stiftung* (S. 305–343). Wiesbaden: Springer Gabler. DOI: 10.1007/978-3-658-23028-9_16

Kegan, R. (1986). *Die Entwicklungsstufen des Selbst*. München: Kindt.

Klaffke, M. (2014). *Generationen-Management. Konzepte, Instrumente, Good-Practice Ansätze*. Wiesbaden: Springer Gabler. DOI: 10.1007/978-3-658-02325-6

Klammer, U., Steffes, S., Maier, M. F., Arnold, D., Stettes, O., Bellmann, L. & Hirsch-Kreinsen, H. (2017). Arbeiten 4.0 — Folgen der Digitalisierung für die Arbeitswelt. *Wirtschaftsdienst, 97*(7), 459–476. DOI: 10.1007/s10273-017-2163-9

Kleemann, F., Matuschek, I. & Voß, G. (1999). *Zur Subjektivierung von Arbeit*. Berlin: Wissenschaftszentrum Berlin für Sozialforschung GmbH. Verfügbar unter https://nbn-resolving.org/urn:nbn:de:0168-ssoar-116668

Kneer, G. & Schroer, M. (2009). *Handbuch soziologischer Theorien*. Wiesbaden: Springer VS. DOI: 10.1007/978-3-531-91600-2

Komus, A. & Kuberg, M. (2017). *Status Quo Agile – Studie zu Verbreitung und Nutzen agiler Methoden*. Koblenz: Hochschule Koblenz.

König, E. & Volmer, G. (2016). *Einführung in das systemische Denken und Handeln*. Wiesbaden: Beltz.

Koudela, C. (2016). *Neue Organisationsformen, oder von der Hierarchie in Kreisen*. Zugriff am 12.08.2020 unter https://smart-organisations.com/organisation/neue-organisationsformen-oder-von-der-hierarchie-in-kreisen/

Kühl, S. (2004). *Arbeits- und Industriesoziologie*. Bielefeld: transcript.

Kühl, S. (2011). *Organisationen: Eine sehr kurze Einführung*. Wiesbaden: Springer VS. DOI: 10.1007/978-3-531-93185-2

Kühl, S. (2015). *Wenn die Affen den Zoo regieren: Die Tücken der flachen Hierarchien* (6. Aufl.). Frankfurt: Campus.

Kühl, S. (2017, Januar). Die agile Organisation ist kalter Kaffee. Interview mit Stefan Kühl. *Human Resources Manager*. Zugriff am 20.08.2020 unter https://www.humanresourcesmanager.de/news/die-agile-organisation-ist-kalter-kaffee.html

Kühl, S. (2019). Warum sachlich, wenn es auch persönlich geht. Interview. *brand eins*. Verfügbar unter https://www.brandeins.de/magazine/brand-eins-wirtschaftsmagazin/2019/gefuehle/warum-sachlich-wenn-es-auch-persoenlich-geht

Kuckartz, U. (2018). *Qualitative Inhaltsanalyse. Methoden, Praxis, Computerunterstützung* (4. Aufl.). Weinheim: Beltz Juventa.

Laloux, F. (2015). *Reinventing Organizations. Ein Leitfaden zur Gestaltung sinnstiftender Formen der Zusammenarbeit*. München: Vahlen.

Laloux, F. (2017). *Reinventing Organizations. Ein illustrierter Leitfaden zur Gestaltung sinnstiftender Formen der Zusammenarbeit*. München: Vahlen.

Lieder, T. & Roth, K. (2011). Scrum im Unternehmen einführen. Teil 2: Einführung „von unten". *Projektmagazin, 7*, 1–12.

Lindner, D., Ludwig, T. & Amberger, M. (2018). *Arbeit 4.0 – Konzepte für neue Arbeitsplatzgestaltung in KMU*. Wiesbaden: Springer Fachmedien.

Lobodda, S. (2019). Soziokratische Prinzipien und Werte – die Voraussetzung der Zusammenarbeit. In M. Lang & S. Scherber (Hrsg.), *Der Weg zum agilen Unternehmen – Strategien, Potentiale und Lösungen* (S. 39–54). München: Hanser.

Löffler, M. (2014). *Retrospektiven in der Praxis: Veränderungsprozesse in IT-Unternehmen effektiv begleiten*. Heidelberg: dpunkt.

Luhmann, N. (1988). Organisation. In W. Küpper & G. Ortmann (Hrsg.), *Mikropolitik: Rationalität, Macht und Spiele in Organisationen* (2. Aufl., S. 165–185). Wiesbaden: Springer VS. doi:10.1007/978-3-663-10802-3

Luhmann, N. (2000). *Organisation und Entscheidung*. Wiesbaden: Springer VS. DOI: 10.1007/978-3-322-97093-0

Luhmann, N. (2009). *Vertrauen – ein Mechanismus der Reduktion sozialer Komplexität* (4. Aufl.). Stuttgart: Lucius & Lucius.

Maringer, J. (2009). *Der psychologische Vertrag von Normalangestellten und Leiharbeitskräften im Vergleich sowie dessen Auswirkungen auf organisationales Commitment und Organizational Citizenship Behavior.* Unveröffentlichte Diplomarbeit. Wien: Universität Wien.

Maruping, L. M., Venkatesh, V. & Agarwal, R. (2009). A Control Theory Perspective on Agile Methodology Use and Changing User Requirements. *Information Systems Research, 20*(3), 377–399. DOI: 10.1287/isre.1090.0238

Maturana, H. & Varela, F. (1992). *Der Baum der Erkenntnis. Die biologischen Wurzeln des menschlichen Erkennens.* München: Goldmann.

Mayring, P. (2015). *Qualitative Inhaltsanalyse. Grundlagen und Techniken* (12. Aufl.). Weinheim: Beltz.

Mayring, P. (2016). *Einführung in die qualitative Sozialforschung.* Weinheim: Beltz.

Maxa, M. (2016). *Gierige Institutionen und Unternehmensberatung. Das Fallbeispiel McKinsey & Company.* München: GRIN.

Moser, M. (2017). *Hierarchielos führen. Anforderungen an eine moderne Unternehmens- und Mitarbeiterführung.* Wiesbaden: Springer. DOI: 10.1007/978-3-658-04636-1

Mueller, D. (2012). Introduction. The Good, The Bad, And The Ugly. In D. Mueller (Hrsg.), *Handbook of Capitalism.* (S. 1–6). Oxford: Oxford Press.

Nagl, W., Titelbach, G. & Valkova, K. (2017). *Digitalisierung der Arbeit: Substituierbarkeit von Berufen im Zuge der Automatisierung durch Industrie 4.0 Endbericht.* Verfügbar unter https://www.ihs.ac.at/fileadmin/public/2016_Files/Documents/20170412_IHS-Bericht_2017_Digitalisierung_Endbericht.pdf

Nasir, M. H. & Sahibuddin, S. (2011). Critical success factors for software projects: A comparative study. *Scientific Research and Essays, 6*(10), 2174–2186. DOI: 10.5897/SRE10.1171

Oberwimmer, K., Baumegger, D. & Vogtenhuber, S. (2019). Kontext des Schul- und Bildungswesens. In K. Oberwimmer, S. Vogtenhuber, L. Lassnigg, & C. Schreiner (Hrsg.), *Nationaler Bildungsbericht 2018 – Band 1. Das Schulsystem im Spiegel von Daten und Indikatoren.* Graz: Leykam. DOI: 10.17888/nbb 2018-1.4

Oesterreich, B. & Schröder, C. (2017). *Das kollegial geführte Unternehmen: Ideen und Praktiken für die agile Organisation von morgen.* München: Vahlen.

Parsons, T. (1951). *The Social System.* London: Routledge.

Pfaff-Czarnecka, J. (2018). Zugehörigkeit neu denken. Herausforderungen der Arbeitswelt von heute und morgen. In O. Geramanis & S. Hutmacher (Hrsg.), *Identität in der modernen Arbeitswelt. Neue Konzepte für Zugehörigkeit, Zusammenarbeit und Führung* (S. 32–49). Wiesbaden: Springer. DOI: 10.1007/978-3-658-18786-6

Pfläging, N. (2018). *Organisation für Komplexität. Wie Arbeit wieder lebendig wird – und Höchstleistung entsteht* (4. Aufl.). München: Redline.

Pichler, R. (2008). *Scrum – Agiles Projektmanagement erfolgreich einsetzen.* Heidelberg: dpunkt.

Picot, A. & Neuburger, R. (2013). *Arbeit in der digitalen Welt. Zusammenfassung der Ergebnisse der AG1-Projektgruppe anlässlich des IT-Gipfels-Prozesses 2013.* Verfügbar unter http://www.forschungsnetzwerk.at/downloadpub/arbeit-in-der-digitalen-welt.pdf

Pierenkemper, T. (2015). *Economic History: the Origins of the Modern National Economy.* Berlin: De Gruyter.

Preußig, J. (2015). *Agiles Projektmanagement. Scrum Use Cases, Task Boards & Co.* Freiburg: Haufe.

Pulakos, E., Kantrowitz, T. & Schneider, B. (2019). What leads to organizational Agility: It's not what you think. *Consulting Psychology Journal: Practice and Research, 71*(4), 305–320. DOI: 10.1037/cpb0000150

Rahner, S. (2014). *Architekten der Arbeit. Positionen, Entwürfe, Kontroversen.* Hamburg: Körber-Stiftung.

Reckwitz, A. (2019). *Das Ende der Illusionen.* Frankfurt: Suhrkamp.

Reinmann-Rothmeier, G. & Mandl, H. (1993). Lernen in Unternehmen. *Zeitschrift für Lernforschung, 3*, 233–260. URN: urn:nbn:de:0111-opus-81902

Redmann, B. (2017). *Agiles Arbeiten im Unternehmen: Rechtliche Rahmenbedingungen und gesetzliche Anforderungen*. Wien: Haufe.

Rinner, C. (2017). *Die Kanban-Methode*. Zugriff am 20.08.2020 unter https://settingmilestones.com/die-kanban-methode/

Ritter, G. (2012). *Der Sozialstaat. Entstehung und Entwicklung im internationalen Vergleich*. Berlin: De Gruyter.

Robertson, B. J. (2016). *Holacracy. Ein revolutionäres Management-System für eine volatile Welt*. München: Vahlen.

Roethlisberger, F. J. & Dickson, W.-J. (1939). *Management and the Worker: An Account of a Research Programm conducted by the Western Electric Company, Hawthorne Works.* (16. Aufl.). Cambridge: Harvard University Press.

Roock, S. (2012). Enterprise Transition mit Scrum. it-agile, *agile review, 1*, 24–27.

Rosa, H. (2020). *Unverfügbarkeit* (7. Aufl.). Salzburg: Residenz.

Rosa, H., Strecker, D. & Kottman, A. (2013). *Soziologische Theorien*. München: UTB.

Rüther, C. (2018). *Soziokratie, Holakratie, S3, Frederic Laloux' „Reinventing Organizations" und New Work* (2. Aufl.). Norderstedt: Books on Demand. Verfügbar unter http://www.soziokratie.org/wp-content/uploads/2018/07/buch-soziokratie-holakratie-laloux-2018-zweite-auflage.pdf

Rüther, C. (2019). Werkzeugkiste (59). Gruppenentscheidungsverfahren für Teams. *OrganisationsEntwicklung. Zeitschrift für Unternehmensentwicklung und Change Management, 2* [Ohne Oben. Die Kunst der Selbstorganisation], 92–99.

Sanz, A. & Schinnerl, G. (2020). Führen aus der Mitte. Peer-Gruppencoaching als Ressource für Sandwich-Führungskräfte. *Supervision. Mensch. Arbeit. Organisation. Zeitschrift für Beraterinnen und Berater, 38*(2), 36–44. DOI: 10.30820/1431-7168-2020-2-36

Sattelberger, T., Welpe, I. & Boes, A. (2015). *Das demokratische Unternehmen: Neue Arbeits- und Führungskulturen im Zeitalter digitaler Wirtschaft*. Freiburg: Haufe.

Sauter, R., Sauter, W. & Wolfig, R. (2018). *Agile Werte- und Kompetenzentwicklung. Wege in die neue Arbeitswelt*. Berlin: Springer Gabler. DOI: 10.1007/978-3-662-57305-1

Sauter, W. (2017). *2017 – Paradigmenwechsel zu digitalisierten Lernkonzeptionen?* Zugriff am 20.08.2020 unter https://blendedsolutions.wordpress.com/2017/01/08/2017-paradigmenwechsel-zu-digitalisierten-lernkonzeptionen/

Sauter, W. & Scholz, C. (2015). *Von der Personalentwicklung zur Lernbegleitung*. Wiesbaden: Springer Gabler. DOI: 10.1007/978-3-658-10798-7

Schein, E. H. (2009). *Humble Inquiry: the gentle art of asking instead of telling*. San Francisco, CA: Berrett-Koehler.

Scheller, T. (2017). *Auf dem Weg zur agilen Organisation*. München: Vahlen.

Schlippe, A. von & Schweitzer, J. (1996). *Lehrbuch der systemischen Therapie und Beratung*. Göttingen: Vandenhoeck & Ruprecht.

Schreyögg, G. (1998). *Organisation. Grundlagen moderner Organisationsgestaltung* (2. Aufl.). Wiesbaden: Springer Gabler.

Schreyögg, G. (2016). *Grundlagen der Organisation* (2. Aufl.). Wiesbaden: Springer Gabler. DOI: 10.1007/978-3-658-13959-9

Schröder, C. & Oesterreich, B. (2019). Die Organisation der Selbstorganisation. Einsichten aus der Praxis. *OrganisationsEntwicklung. Zeitschrift für Unternehmensentwicklung und Change Management, 2* [Ohne Oben. Die Kunst der Selbstorganisation], 45–50.

Schumacher, T. & Wimmer, R. (2019). Der Trend zur hierarchiearmen Organisation. Zur Selbstorganisationsdebatte in einem radikal veränderten Umfeld. *OrganisationsEntwicklung*.

Zeitschrift für Unternehmensentwicklung und Change Management, 2 [Ohne Oben. Die Kunst der Selbstorganisation], 2–18.

Schwaber, K. (2007). *Agiles Projektmanagement mit Scrum.* Redmond: Microsoft Press.

Sennet, R. (2000). *Der flexible Mensch. Die Kultur des neuen Kapitalismus.* Berlin: Berlin Verlag.

Sherehiy, B., Karwowski, W. & Layer, J. (2007). A review of enterprise agility: Concepts, frameworks, and attributes. *International Journal of Industrial Ergonomics, 37*(5), 445–460. DOI: 10.1016/j.ergon.2007.01.007

Simon, F. B. (2007). *Einführung in die Systemtheorie und Konstruktivismus.* Heidelberg: Carl-Auer.

Skinner, R., Land, L., Chin, W. W. & Nelson, R. R. (2015). Reviewing the Past for a Better Future: Reevaluating the IT Project Retrospective. *International Research Workshop on IT Project Management 2015.3*, Fort Worth, TX. Verfügbar unter http://aisel.aisnet.org/irwitpm2015/3

Spiekermann, S. (2019). *Digitale Ethik. Ein Wertesystem für das 21. Jahrhundert.* München: Droemer.

Spitzer, M. (2016). *KreaMont Schule – Lernen als Gemeinschaftsaufgabe.* Zugriff am 20.08.2020 unter https://soziokratiezentrum.org/privatschule-kreamont

Steinke, I. (2009). Gütekriterien qualitativer Forschung. In U. Flick, E. von Kardorff & I. Steinke (Hrsg.), *Qualitative Forschung: Ein Handbuch* (7. Aufl., S. 319–331). Reinbek bei Hamburg: Rowohlt.

Strauch, B. & Reijmer, A. (2018). *Soziokratie. Kreisstrukturen als Organisationsprinzip zur Stärkung der Mitverantwortung des Einzelnen.* München: Vahlen.

The Standish Group International (2020). *The CHAOS Report.* Zugriff am 12.08.2020 unter https://www.standishgroup.com

Vanderslice, V. J. (1988). Separating Leadership from Leaders. An Assessment of the Effect of Leader and Follower Roles in Organizations. *Human Relations, 41*(9), 677–696. DOI: 10.1177/001872678804100903

Vidgen, R. & Wang, X. (2009). Coevolving Systems and the Organization of Agile Software Development. *Information Systems Research , 20*(3), 355–376. Verfügbar unter https://www.jstor.org/stable/23015470

Wageman, R. (1999). So haben sich selbst steuernde Teams Erfolg. *OrganisationsEntwicklung. Zeitschrift für Unternehmensentwicklung und Change Management, 1,* 44–55.

Wagner, D. (2018). *Digital Leadership. Kompetenzen – Führungsverhalten – Umsetzungsempfehlungen.* Wiesbaden: Springer. DOI: 10.1007/978-3-658-20127-2_2

Weber, W. G. (1999). Organisationale Demokratie – Anregungen für innovative Arbeitsformen jenseits bloßer Partizipation? *Zeitschrift für Arbeitswissenschaften, 4,* 270–282. Verfügbar unter https://www.uibk.ac.at/psychologie/mitarbeiter/weber/docs/organisationale_demokratie.pdf

Weick, K. E. (1995). *Der Prozess des Organisierens.* Frankfurt: Suhrkamp.

Wendler, R. (2012). Reifegradmodelle. In S. Kammerer, M. Lang & M. Amberg (Hrsg.), *IT-Projektmanagement-Methoden: Best Practices von Scrum bis PRINCE2* (S. 238–241). Düsseldorf: Symposion Publishing.

Wilber, K. (2011). *Eine kurze Geschichte des Kosmos.* Frankfurt am Main: Fischer.

Willke, H. (1996). *Systemtheorie III: Steuerungstheorie* (2. Aufl.). Stuttgart: UTB.

Wimmer, R. (1996). Die Zukunft von Führung. Brauchen wir noch Vorgesetzte im herkömmlichen Sinn? *OrganisationsEntwicklung. Zeitschrift für Unternehmensentwicklung und Change Management, 4,* 46–57.

Wimmer, R. (2004). *Organisation und Beratung. Systemtheoretische Perspektiven für die Praxis.* Heidelberg: Carl-Auer.

Wimmer, R. (2017). Die digitale Revolution und ihre Konsequenzen für Führung. *Leadership Days.* Wien.

Wimmer, R. & von Ameln, F. (2019). Agilität, Ambidextrie und organisationale Veränderungskompetenz. Rudi Wimmer über Erbe und Zukunft des Change Managements. *Gruppe. Interaktion. Organisation. Zeitschrift für Angewandte Organisationspsychologie (GIO), 50*, 211–216. DOI: 10.1007/s11612-019-00458-0

Wirdemann, R. (2011). *Scrum mit User Stories*. München: Hanser.

Woolley, A., Aggarwal, I. & Malone, T. (2015). Collective Intelligence and Group Performance. *Current Directions in Psychological Science, 24*(6), 420–424. DOI: 10.1177/0963721415599543

Zepke, G. (2016). *Lust auf qualitative Forschung! Eine Einführung für die Praxis*. Wien: Texte zur Systemischen Organisationsforschung.

Zeuch, A. (2016). *Holacracy. Vom Scheitern eines Betriebssystems*. Zugriff am 20.08.2020 unter https://unternehmensdemokraten.de/2016/12/12/holacracy-vom-scheitern-eines-betriebssystems/

Zuboff, S. (2018). *Das Zeitalter des Überwachungskapitalismus*. Frankfurt: Campus.

Zukunftsinstitut (2018). *Megatrends*. Frankfurt: Eigenverlag.

Autor*innen

Mag.a Andrea Alexa, MSc

Agile Catalyst bei Nagarro GmbH, Gestaltung von Transformationsprozessen, Organisationentwicklung, Coaching, Lektorin an der FH Technikum Wien und an der FH Burgenland.

a.alexa@gmx.at

Dipl.-Wirtsch.-Ing. (FH) Mario Dambauer, MBA

Mitglied der erweiterten Geschäftsführung Admiral Sportwetten GmbH; Leitung Produktmanagement, Entwicklung und Operation; Agile Transformation, Skalierung und Organisationsdesign.

mario.dambauer@gmx.at

Claud A. Goutrié, MSc

Organisationsentwicklung, Supervision und Beratung bei SYMPOI:ETHICS; Lehrauftrag Masterstudiengänge Cross Media und Digital Business Management HS Magdeburg-Stendal, feministischer, queerer und antirassistischer Aktivismus; intersektional-antidiskriminatorische Konzeptentwicklung, nicht-hierarchische Organisationsstrukturierung und diskriminierungsbewusstes Teambuilding, Konfliktprävention und -bearbeitung, Gestaltung inklusiver partizipativer Prozesse.

contact@sympoi.com

Christian Hauser, MSc

Organisationsberater bei BRAINS AND GAMES, „New Work"-Aufklärer und Change-Begleiter, 15-jährige HR- und Führungserfahrung in internationalen IT-Konzernen, systemischer Coach und Supervisor (ÖVS), Lektor an der FHWien der WKW und an der LIMAK Austrian Business School.

christian.hauser@bag.at

Mag. Klaus Kreisel, MSc

Geschäftsführer der Kreisel GmbH; Systemischer Therapeut, Coach, Organisationsentwickler; akademischer Unternehmensberater;

klaus.kreisel@kreisel.at

Mag.a Petra Morgenbesser

Organisationsberaterin, Supervisorin/Coach (ÖVS), Bildungswissenschaftlerin; Kooperationspartnerin von Loop Organisationsberatung und der BeraterInnengruppe Naschmarkt; langjährige Tätigkeit im Bildungsbereich, u. a. im Management eines privaten Bildungsträgers; Lehrbeauftragte an der Akademie der bildenden Künste Wien.

kontakt@petramorgenbesser.at

Sandra Nowak, MSc

HR-Generalistin, Systemische Coach und Organisationsentwicklerin, Change Management, Selbstgesteuertes Lernen in Organisationen, Employee-Life-Cycle, Recruiting von Mitarbeiter*innen, Employer Branding, Personalmarketing, Umsetzung von Personalentwicklungsmaßnahmen, Einsatz von Digital Learning, Arbeits- und Sozialrecht.

https://www.linkedin.com/in/sandra-nowak-72ba85196/

Dipl.-Päd. Mag. Elisabeth Scherrer, MSc

Wirtschaftspädagogin, BMHS-Lehrerin, Lektorin an der PH Wien und FH Tulln,Dissertantin der Universität Salzburg.

elisabeth.scherrer@gmx.at

Prof. (FH) Mag. Thomas Schweinschwaller

Gesellschafter und Mitbegründer von Vielfarben; Organisationsberater, Lernbegleiter und Coach; Psychologe; Resonantes Change Management, Musterwechsel und vitale Organisationskultur; Universitäts- und Fachhochschullektor (u. a. Ferdinand Porsche FernFH und SFU Wien).

thomas.schweinschwaller@vielfarben.at

DI Gernot Weißensteiner, MSc

Leitung Softwarentwicklung bei der Unternehmensgruppe Casinos Austria & Österreichische Lotterien; Entwicklung und Implementierung agiler Methoden im Unternehmen.

www.linkedin.com/in/gernot-wei%C3%9Fensteiner-245930a2/

Mag. Dr. Georg Zepke

Leiter des Instituts für systemische Organisationsforschung; Unternehmensberater, Trainer, Organisationswissenschaftler und Verleger; Universitäts- und Fachhochschullektor (u. a. Ferdinand Porsche FernFH und SFU Wien); Lehrtrainer der Österreichischen Gesellschaft für Gruppendynamik und Organisationsberatung (ÖGGO), Lehrsupervisor (ÖVS), Netzwerkpartner mehrerer Beratungsfirmen.

georg.zepke@organisationsforschung.at

www.ingramcontent.com/pod-product-compliance
Lightning Source LLC
LaVergne TN
LVHW012017060526
838201LV00061B/4346